市場化時代の地域経済

九州とアジアの経済発展

鹿児島経済大学
地域総合研究所編

日本経済評論社

刊行にあたって

　鹿児島経済大学附属地域総合研究所は，機関研究に毎年取り組んでいるが，その総合テーマは「南九州・沖縄の経済・社会・文化」で，近年はこの課題に一貫してきた。

　本叢書でその研究成果を刊行することになった機関研究は，総合テーマを基軸としながら，より巨視的にこの地域の経済の現状と将来を究明することとし，サブテーマを「九州とアジアの経済発展」としてスタートした。経済が地域の問題に極限できる性格のものでなく，地域・民族・国家を越えてグローバルに展開する時代を迎えているいま，このようなサブテーマは時宜を得たものといえよう。南九州・沖縄地域の経済は，九州あるいはアジアを視野に入れて論じることによって，その現状はよく理解できるし，また将来への展望が開けるのである。

　しかしながら，この数年のアジア経済は，日本を含めて混迷の状況下にある。本研究のプロジェクトチームはそのような状況の原因がどこにあるかを見極めようとして多角的に，精力的に検討を重ねてきたとの報告を受けている。また，現状を踏まえての発展への契機をどこにどのようにして見出そうとしているのかについても，しばしば話を聞かされてきた。その成果が，いまここにまとめられたことは，大いに期待されたところであり，まことに喜ばしいことである。

　ところで，本学地域総合研究所は，1968年に「地域経済研究所」として発足して以来，今年で32年の歴史を持っている。その間に，1983年に従来の経済学部に加えて社会学部が増設されたのを機に，現名称に改組されて今日にいたった。また，2000年4月には新たに国際文化学部が新設されることになっており，3学部体制となる。同時に，大学名も鹿児島国際大学と変わり，21世紀に向けて大きく発展することを期している。本叢書はその画期の年の刊行となった。その点でも，旧大学名での最後の年度を飾る研究成果として世に問うモニュメントといえよう。

本書の出版に際しては，津曲学園・鹿児島経済大学の助成があったことを付記し，その積極的支援に謝意を表したい。本書が地域社会の現状打開のために広く活用されることを願っている。

2000年3月
　　　　　　　鹿児島経済大学附属地域総合研究所所長　　　中村　明蔵

　　　　　　　　　は　し　が　き

　本書は鹿児島経済大学地域総合研究所の機関研究プロジェクト――九州とアジアの経済発展――による研究成果である。平成9年度および10年度には,資料の収集,現地調査,研究会等を実施し,取り纏めの年度となる平成11年度にさらに研究会,編集会議等を重ねながら報告書となる本書の執筆が行なわれた。
　プロジェクトのテーマである九州とアジアの関係は,あらためて言うまでもなくきわめて深い。中国大陸や朝鮮半島との交流は経済,文化,政治,さまざまな側面で数千年にわたる長大な歴史を積み重ねてきた。それには肯定的な側面も否定的な側面もあるが,各地域の特性がかなり強く反映されていたことは見逃せないであろう。西暦2000年のいま,グローバルな地域間交流時代を迎え,もう一度この九州の位置や機能をアジアという視点から見なおしてみる必要があると思われる。
　東京圏を中心に強固に形成されている1極集中的な経済・政治構造のなかで,各地域には自立的な経済の確立が強く期待される。決定的な単一の方向があるわけではもちろんないが,ひとつの可能性としてアジアとの交流の拡大・深化という方向はかなり自然な選択肢である。しかし,グローバルな交流とは,交流先の拡大であると同時に交流先から選別されることでもある。選択肢が広がれば,各地域にとってベストの選択をするのは当然である。交流とは同時に地域間競争でもあり,すでに指摘されてきているように,その競争は熾烈なものになることが予想される。
　九州とアジアの経済の現状を分析し,既に始まっている地域間競争への政策対応を考察しようというのが,このプロジェクトの基本的な目的であった。日本経済の構造改革の必要性が指摘されて久しいが,九州における構造改革はさらに先進的でなければならないと言うのが結論のひとつである。日本においても本格的に進む兆しのある地方分権化は,そのための絶好の機会であると捉え

なければならないであろう。護送船団方式の地域支援政策を当てにすることができないのは、保護されてきた諸産業だけではなく地域経済の全体も同じなのである。そして、自立的な経済を再構築できなければ、各地域の歴史や伝統に基づいた独自の交流も展開することは望めない。経済・社会諸機能の分担を明確にしつつ、既存の枠組みを超えた強固な連携を進める必要性が高いと考えられる。

このプロジェクトは鹿児島経済大学経済学部スタッフを中心に進められたが、幸いにして国外を含む学外の専門家の快い協力を当初から得ることができ、研究作業は大きく進展し広がりと深みを増すことができた。参加いただいた方々には、学内スタッフを代表して心より感謝申し上げたい。なお、本書に述べられた見解は個人的なものであり、各執筆者の所属機関・団体とは関係がないことを念のため明記しておきたい。

プロジェクト開始直後から、地域総合研究所および鹿児島経済大学附属図書館のスタッフの方々には、研究会の開催、図書・資料の購入や整理など、多くのご苦労をおかけした。お名前は挙げないが、この場を借りて感謝申し上げたい。最後に、出版をお引き受けいただいた日本経済評論社の宮野芳一氏には、編集作業を通じて有益なご教示をいただくとともに適切なタイミングで激励をいただいた。深甚の謝意を表する次第である。

2000年2月

執筆者を代表して　　石川　祐三

市場化時代の地域経済――目　次――

刊行にあたって ……………………………………………………………… i
はじめに …………………………………………………………………… iii

序　章　国際化時代の地域経済政策 ………………………石川　祐三　1
　1　はじめに ……………………………………………………………2
　2　経済発展と都市 ……………………………………………………3
　　(1)　アジアの経済と都市　3
　　(2)　経済発展と都市化　7
　　(3)　都市集積の重要性　8
　　(4)　都市機能の充実　9
　3　国際化時代の地域開発 ……………………………………………11
　　(1)　地域政策環境の変容　12
　　(2)　地域政策の変容と政策主体　13
　4　おわりに ……………………………………………………………15

第 I 部　経済発展の長期的動向

第1章　成長波及理論の考察 ………………………………笠井　信幸　21
　1　はじめに ……………………………………………………………22
　2　先駆的業績の再考 …………………………………………………24
　　(1)　貧困の悪循環仮説　24
　　(2)　累積的因果関係の原理　24
　　(3)　不均整成長論　26
　　(4)　2つの疑問　27
　3　双方向成長波及のメカニズム ……………………………………28
　　(1)　成長の遠心作用　28

（2）　成長の求心作用　29
　4　市場圏の膨張原理 …………………………………………31
　　　（1）　国内地域の膨張原理　31
　　　（2）　国際地域の成長波及　34
　5　おわりに──先駆的業績との整合性 ………………36

第2章　経済発展と地域政策 ……………………石川　祐三　39
　1　はじめに ……………………………………………………40
　2　経済発展と地域経済 ………………………………………41
　　　（1）　経済発展と地域格差　41
　　　（2）　経済成長と地域格差のトレード・オフ　43
　　　（3）　成長・格差水準と政策選好　45
　　　（4）　地域政策の消長　47
　3　地域経済構造と地域政策の諸問題 ………………………49
　　　（1）　地域経済の累積的成長　49
　　　（2）　地域経済成長と地域経済構造　52
　　　（3）　地域開発政策と地域政策　54
　4　おわりに ……………………………………………………56

第3章　地域経済構造の産業連関モデル分析 ……呼子　徹　61
　1　はじめに ……………………………………………………62
　2　地域産業連関モデル ………………………………………62
　　　（1）　地域経済の構造　62
　　　（2）　地域の機能比較　66
　3　最終需要モデル ……………………………………………75
　　　（1）　地域モデルの構築　75
　　　（2）　産業連関モデルへの展開　80
　4　地域経済のシミュレーション ……………………………84

(1) 地域経済の波及効果　84
　　　(2) 地域経済の予測　87
　5　おわりに …………………………………………………94

第Ⅱ部　アジア経済発展の諸相

第4章　アジア経済の現況と課題 ……………………田中　一史　99
　1　はじめに ………………………………………………100
　2　アジア経済の現況 ……………………………………101
　　　(1) 通過危機後のアジア経済　101
　　　(2) アジア諸国の貿易・投資にみる通貨危機の波紋　111
　3　通貨危機を契機に経済構造改革が進展 ……………118
　　　(1) 東アジア諸国の経済危機の原因　118
　　　(2) 経済構造改革の取り組み　120
　4　経済再生に向けた課題 ………………………………122
　　　(1) 資本市場の好転　122
　　　(2) 地域協力が不可欠　122

第5章　アジアの金融危機とその対応 ………………衣川　恵　125
　1　はじめに ………………………………………………126
　2　アジア通貨危機の震源地タイ ………………………127
　　　(1) タイの通貨危機　127
　　　(2) 通貨危機の原因　129
　　　(3) IMFの支援とコンディショナリティ　130
　　　(4) 金融システムの問題点とその改革　131
　3　騒乱状態となったインドネシア ……………………133
　　　(1) インドネシアの金融危機　133
　　　(2) 金融システムの脆弱性　136
　　　(3) 求められる社会の安定　137

4 近代化途上の韓国 ……………………………………138
- (1) 韓国の金融危機　138
- (2) 韓国経済の脆弱性　140
- (3) 金融システム改革　141

5 独自路線のマレーシア ……………………………………142

6 お わ り に ……………………………………144

第6章 東アジア・九州の経済発展と産業構造……………土井　紀夫　149

1 は じ め に ……………………………………150

2 東アジアにおける雁行型経済発展 ……………………151
- (1) 経済発展の連鎖　151
- (2) 雁行型経済発展のメカニズムとその帰結　156

3 日本国内における雁行的展開 ……………………………157
- (1) 経済発展と産業構造の変化　157
- (2) 工業化の波及　159
- (3) 九州産業構造の高度化　163

4 九州と東アジアの経済交流 ………………………………166
- (1) 経済交流の進展　166
- (2) 環黄海地域の経済交流　169

5 お わ り に……………………………………171

第III部　経済発展と地域経済

第7章 九州の経済と地域開発政策 …………外間　安益・石川　祐三　179

1 は じ め に ……………………………………180

2 九州の経済構造 ……………………………………180
- (1) 人口　180
- (2) 県民所得　183
- (3) 就業者数　184

(4)　県内総支出　186
　3　製造業の動向 …………………………………………187
　　　(1)　業種別の構成　187
　　　(2)　九州の特化産業　189
　4　地　方　財　政…………………………………………192
　　　(1)　地方財政支出　192
　　　(2)　地方財政収入　195
　　　(3)　地方税と地域経済　197
　5　地域開発政策と九州 …………………………………200
　　　(1)　全国総合開発計画　200
　　　(2)　将来の地域開発と九州経済の課題　203
　6　お わ り に………………………………………………205

第8章　島嶼経済の開発と課題——鹿児島・奄美群島の経済分析
　　　　……………………………………………福永　敬大　209
　1　は じ め に——鹿児島県の地域政策と奄美 …………210
　2　奄美の経済振興と鹿児島 ……………………………211
　　　(1)　意識としての沖縄と現実としての鹿児島　211
　　　(2)　復帰時と現在の経済水準　212
　　　(3)　奄美群島の地際収支　214
　3　奄美と沖縄のマクロ指標比較 ………………………217
　　　(1)　人口，所得　218
　　　(2)　産業構造　220
　　　(3)　交通および海上出入貨物　222
　　　(4)　財政と行政投資　224
　4　奄美経済振興の課題——計量モデル分析の試み ……226
　　　(1)　モデル作成の前提　226
　　　(2)　モデルの概要　226

(3)　予測の制約条件と評価　230
　　　(4)　政策的含意　231
　5　おわりに ………………………………………………232

第9章　韓国の地域経済開発と財政 …………石川　祐三・崔　源九　237
　1　はじめに ………………………………………………238
　2　経済発展と財政 ………………………………………238
　　　(1)　経済発展と産業・経済構造　239
　　　(2)　経済と財政の推移　241
　　　(3)　財政構造の変化　243
　3　経済発展と地域経済 …………………………………246
　　　(1)　地域経済の概況　247
　　　(2)　地域格差の動向　248
　4　地域開発政策 …………………………………………250
　　　(1)　国土計画　251
　　　(2)　経済開発5カ年計画　252
　5　今後の地域開発──仁川市を中心として …………253
　　　(1)　内外経済環境の変化と地域経済　253
　　　(2)　仁川市の地域経済開発　255
　6　おわりに………………………………………………258

補　章　九州地域を中心とした産業連関モデルの分析 ……呼子　徹　263
　1　はじめに ………………………………………………264
　2　九州・全国産業連関表 ………………………………265
　3　投入係数と九州各県の産業特性 ……………………272
　4　九州のスカイライン分析 ……………………………275
　5　九州産業連関表の予測 ………………………………278
　6　おわりに………………………………………………278

序章　国際化時代の地域経済政策

石川　祐三

1　はじめに
2　経済発展と都市
3　国際化時代の地域開発
4　おわりに

1 はじめに

　地域経済は新しい時代を迎えている。経済の国際化はすでに深く進行し，企業・投資活動の海外展開はもとよりであるが，多くの人材もより有意義な活動の場を求めて広く海外へ進出するようになった。この国際化の流れは，将来さらに深化し拡大することはあっても，弱まることはないであろう。地域経済のさまざまな問題に対する政策を考察するとき，こうした資金と人材の急速かつ大規模な流動化を視野に入れなければならないのは当然である。ある意味では，本書を通じるキーワードのひとつである「地域」という概念は，政策の場としての重要性が著しく低下しているのかもしれない。

　国際化よりも多少不確実な側面が残されてはいるが，もうひとつの大きな流れは意思決定の分権化であろう。この分権化は企業経営の現場やいわゆる民営化をはじめとして，社会・経済のさまざまな部面に及び，経済全体として見るとすれば，よりいっそうの自由市場経済化であると概括することもできよう。しかし，分権化の全体を論じるには改めて一書を必要とする。そこで，ここではとりあえず政策に関連する重要な現象として，財政や行政における分権化を政策の条件変化として位置づけておくことに留めたい。

　国際化の流れのなかで行財政システムの分権化が進展すれば，国あるいは中央政府の政策主体としての機能はおそらくは低下する。地方政府の政策機能は相対的に重要性が増加することになるであろうが，分権化は本来，政府の役割を縮小させるという方向性を持った動きでもある。加えて，国際化のなかで地域概念が揺らいでいるとすれば，そのなかで地方政府はどのような役割を果たしていくことができるのか。より具体的に言えば，九州や南九州といった地域の経済政策を国際化や分権化の流れのなかでどのように構想したらよいのか。また，その前提としてこれからの地域経済をどのように把握したらよいのか。

各地域の歴史を含む独自性はその地域の資産になりうるが，グローバルな経済社会のもとでは行動・思考パターンの国際性や市場構造の普遍性を備えなければならないこともはっきりしている。これからの地域経済は，これまでとはかなり異なる政策対象としての地域経済である。地域に蓄積された多様な知識や技能が有効性を発揮するとしても，それは従来とは異なる，常識的には否定されるような発想を基盤にするのかもしれない。前例に従う常識的な判断はほとんど有効性を持たないと構えて事に臨むしかない。

　以下では，本書の各章における論述の緩い外枠あるいは前提といった，地域経済を巡るこれまでのいくつかの議論を整理しておくことにしたい。

2　経済発展と都市

　まず，本書のもうひとつのキーワードである経済発展あるいは経済開発を，地域概念としての「都市」との関連で，アジア経済の概況とともに確認しておくことにしよう。経済発展にとって都市の成長が必須に近い条件であることは言うまでもないが，情報化社会における都市は単に経済的な意味だけではない重要な機能を果たしていると考えられる。

（1）アジアの経済と都市

　アジア諸国のこれまでの経済発展と近年の苦境およびそこからの脱却については，産業構造の変動や貿易・投資動向，さらに金融経済改革など主要な論題が第Ⅱ部の第4章から第6章で詳しく論じられるので，ここでは，アジア経済の概況を観察しておくことにしたい。次の表序－1は，日本を含むアジア諸国の近年の経済状況を都市化の進展とともに示したものである。参考としてアメリカ合衆国のデータも掲載している。

序表-1 アジア経済概況

区　分	1998年GNP (10億ドル)	同1人当たり額 (ドル)	1998年人口数 (100万人)	都市化率(%) 1980	1997
中　国	928.9	750	1,238.6	20	32
香港*	158.3	23,670	6.7	91	95
インド	421.3	430	979.7	23	27
インドネシア	138.5	680	203.7	22	37
日　本	4,089.9	32,380	126.3	76	78
韓　国	369.9	7,970	46.4	57	83
マレーシア	79.8	3,600	22.2	42	55
フィリピン	78.9	1,050	75.1	37	56
シンガポール	95.1	30,060	3.2	100	100
タ　イ	134.4	2,200	61.1	17	21
アメリカ	7,921.3	29,340	270.0	74	77
低所得国	1,843.7	520	3,514.7	22	28
低位中所得国	1,557.4	1,710	908.3	31	42
高位中所得国	2,862.1	4,860	588.1	62	74
高所得国	22,599.0	25,510	885.5	75	76

＊　香港の数値はGDPである。
資料：World Bank, *World Development Report 1999/2000*.

　アジア経済と一口に言ってもアジアは極めて多様である。そのなかには，まだ本格的で全面的な経済成長局面を経験しているとは言えないような国も含まれている。しかし，いくつかの国・地域は日本やアメリカに迫り，なかにはすでに追い越している国があるという事実を確認することがまずは必要であろう。近年の経済的な困難に際しての政策対応に関しても，その迅速性には開発途上国といった呼称はすでに相応しくないという感じすら与える国もある。
　とくに各国内部の地域経済，例えば日本の九州地域という視点でアジア経済を見る場合には，人口300万人，1人当たりGNP3万ドルを超え，GNP総額950億ドルのシンガポールは疑いなく先進「地域」経済であるし，1,600億ドルの香港は言うまでもなく，800億ドル前後のGNPをもつと見られる韓国のソウル市もそうであろう。ちなみに，九州全体のGNPは日本全体の僅か8.7％にすぎ

ず，表出のGNP数値から計算すれば，約3,500億ドルである。もちろんこれ自体がいくつかの先進国にも匹敵する巨大な数字ではあるが，ここから各県・各市の経済規模を推量すれば，日本の「地域」がアジアの諸地域に比べて必ずしも優位にあるわけではないことがわかる。

しかし同時に，アジア諸国の将来の発展可能性を考慮すれば，日本の各地域の大きな可能性を想像することもできる。例えば，人口数百万人の日本の地域経済が安定的に成長しつづけるにはアジアの市場は充分すぎるほど大きいと言えるのではないだろうか。問題は，成長し高度化するアジア市場に的確に対応し，取り引きを拡大できるような継続的なイノベーションを維持することができるかどうかであり，対応しだいでは日本の各地域経済とりわけ九州の可能性はさらに広がることも充分にあり得るのである。

アジア諸国の都市化も，その経済発展に歩調を合わせて，この10数年間にかなり進んではいる。しかし，シンガポールや香港が例外的な国土・地域面積であることを考慮すれば，韓国の83％が日本以外では高いことが目立つ程度であり，都市化水準はさほど高いものではない。言いかえれば，さらにこれからの都市化の可能性が残されているということである。そして，次節でさらに論じるが，都市化の進展する余地が残されているということは，ごく一般的に言えば経済成長の可能性がかなりあるということでもある。

都市化の将来について，これまでの推移とともに国連による推計を紹介しておこう。次の表序-2は1950年から2030年までの予測を含む都市化の動向である。20世紀はまさに都市化の時代であり，21世紀も少なくともその前半は都市化が進行すると予測されている。そして，将来は人口の80％から90％が都市に居住することになる。もちろん，居住に関する欲求はさらに多様化することも予測され，情報通信機器・施設の発達は都市以外の地域における居住可能性を拡大させるとは思われる。しかし，居住に関わるアメニティを都市以外で享受することは高齢者だけに限らず実際には以外とむずかしい。将来の都市化比率80〜90％という予測はごく穏当なものであろう。

国連推計によれば，2000年時点でアジア諸国・地域には人口数100万人以上

序表-2　都市人口比率

(単位：%)

区　分	1950	1975	1995	2015	2030
全世界合計	29.7	37.8	45.3	54.4	61.1
先進開発地域*	54.9	69.9	74.9	80.0	83.7
低開発地域	17.8	26.7	37.6	49.3	57.3
最少開発地域	7.1	14.3	22.7	34.5	44.0
アジア合計	17.4	24.6	34.7	46.6	55.2
中　国**	12.5	17.3	30.2	45.9	55.2
香　港	82.5	89.7	95.0	96.7	97.2
日　本	50.3	75.7	78.1	82.0	85.3
韓　国	21.4	48.0	81.3	92.2	93.6
インドネシア	12.4	19.4	35.4	52.4	61.0
マレーシア	20.4	37.7	53.6	66.2	72.5
フィリピン	27.1	35.6	54.0	67.8	73.8
シンガポール	100.0	100.0	100.0	100.0	100.0
タ　イ	10.5	13.3	20.0	29.3	39.1
アメリカ合衆国	64.2	73.7	76.1	81.0	84.5
オーストラリア	75.1	85.9	84.7	86.0	88.5
ニュージーランド	72.5	82.8	85.9	89.4	91.3

＊　ヨーロッパ，北アメリカ，オーストラリア，ニュージーランドおよび日本の合計である。
＊＊　統計上の理由から，中国には香港が含まれていない。
資料：United Nations, *World Urbanization Prospects, The 1996 Revision*, 1998.

の都市集積の数は328であった。100万という人口数に確たる意味づけがあるわけではないが，自立的な地域経済運営を通じて国際的競争に対して適切にかつ継続的に対応できるという観点からの，一種の閾値と見ることができるかもしれない。集積の経済効果は，さらに大規模な都市が競争的環境において優位性を持つことを示しているが，仮に人口100万人規模の維持が最低ラインであると考えたとしても，国際的な投資，貿易，経済活動における地域間競争の相手は大変な数になる。各地域にあっては経済構造の変革を含めた経済力の拡充と全般的な政策実施能力の強化が望まれるところである。

(2) 経済発展と都市化

　ここで経済発展と都市化の関連を改めて数量的に検討してみよう。経済発展が進展して1人当たり所得水準が上昇するとともに，その国の都市居住人口の割合（都市化率）が増加していくことは，これまでにもさまざまに確かめられてきた。もちろん，都市化の程度や速度を左右する要因はさまざまである。人口数それ自体，国土の面積や可住地面積，国内各地域間の人種構成の違いや言語・宗教の違い，交通・通信手段の位置や発達の程度，そして産業構造など，その国その時代によって重要性が異なる多くの要因がある。しかし，経済発展の過程における都市化の進展は各国に共通してほぼ不可避の現象でもある。

　都市化率と人口1人当たりGNPの水準は，1995年の132カ国・地域データによって計測すると，次式のような関係となる[1]。ここで都市化率（Ur）は各国の都市人口の全人口に対する割合で，百分率で表わされている。1人当たりGNP（Yp）は経済発展水準の最も単純な尺度であるが，アメリカ・ドルに換算したものである。最小自乗法の実際の計算では1人当たりGNPを自然対数に変換したデータを使用している。係数および切片下の括弧内はt値，R^2は自由度修正済みの決定係数である。

$$Ur = -29.667 + 11.153 \mathrm{Ln} Yp$$
$$(-4.819)\quad(13.739)\qquad R^2 = 0.589 \qquad F = 188.75$$

この式が示しているのは要するに，所得水準の変動が都市化率の変動の約6割を説明できると言うことである。つまり，所得水準の上昇とともに都市化率が上昇していくことが確実であるということにほかならない。

　都市化と経済発展に一定の関係があるのは明らかであるが，それには経済発展が都市化を引き起こすという側面と都市化が経済発展をもたらすという2つの側面がある。ここで注目したいのは後者，都市化が経済発展をもたらす側面である。とりわけ，都市システムが1国全体の成長・発展に重要な機能を発揮するということに加えて，ある地域内の都市の成長がその地域の発展を牽引す

るということに注目しなければならない。

確かに，国全体がすでに高度に都市化している日本では，経済活動の都市集中が地域の経済水準を左右する部分は相対的には決して大きいとは言えないであろう[2]。インターネットの時代には，立地要因としての都市機能の重要性は相対的には低下することも考えられる。しかし，経済活動の基礎的な条件として都市基盤を含む都市機能それ自体の整備・充実，一言でいえば都市集積の拡充が将来の発展にとって最も基本的なものであることは変わりないであろう。

　(3)　都市集積の重要性

地域経済発展の基盤となっているのは集積の経済効果である。集積の経済効果は，地域特化の経済効果と都市化の経済効果の2つに区分して捉えられている[3]。

地域特化の経済とは，要するに特定の地域に同じ産業に属する多数の企業が立地することによる経済的利益である。産業に関する規模の経済効果ということもでき，比較的に小規模な地域でも地域特化が生じることは珍しいことではない。いわゆる産地の形成は地域特化の例と見ることができよう。

地域特化の利益としては，生産側ではその産業内部における専門化とそれによる技術の深化・発達，補助的な産業の立地による生産・供給・販売システムの充実，特定の技能や技術の伝習可能性の増加，その産業の活動に必要な施設や装置などの共同利用による経済的効率性の発揮などをあげることができよう。地域特化している地域に立地することによって，企業には費用の低下や売上の増加がもたらされ，それが新たな企業の立地を誘引することもあり得る。ただし，需要の拡大していることが必要であるし，イノベーションの前提として競争的企業環境が維持されなければならない。

地域特化の利益は生産側だけでなく需要側にも及ぶ。消費財の場合には，消費者は短時間で多くの製品やサービスを比較することができるし，競争的な市場が展開していれば他の地域よりも低廉な価格で購入することができるかもし

れない。在庫がない場合にも他店との融通ができれば，長時間待つという不利は生じないであろう。中間財や部品の場合にもほぼ同じことが当てはまり，地域に同種産業が集中していることによって，生産者・消費者双方にさまざまな利益が生じるわけである。

　地域特化の経済効果が発揮されるような地域はすでに小規模な都市であるといってよいが，都市経済がさらに発展するには都市化の経済効果が必要である。都市化の経済効果とは，さまざまな産業に属する多くの企業が特定の地域に集中して立地することから生じる経済的利益である。多くの大都市の形成にとって最も重要な要因と考えられているものである。

　都市化の経済効果は，第1に都市における経済主体の近接性によって生じる。経済主体の近接は，情報流通面における接触の利益をもたらし，情報量の増加や情報の質の深化による意思決定の的確性や迅速性の向上の基盤になる。第2に，多種多様な産業が立地することによって，需要変動に対する地域全体としての安定性が増加することも重要な経済効果である。第3に，産業・企業間の相互補完性から利益が生じる。金融業，各種商業，さまざまな対事業所サービス業など，補完的機能を持った企業の立地によって，産業・企業活動の発展基盤が形成される。つまりこれは都市における産業構造の高度化といってよいが，都市においてこそ産業構造の高度化は可能になると見ることもできよう。

　こうした都市化の経済効果によって，その地域は産業・企業活動の場としての魅力を高め，新しい企業活動の立地を外部からであろうと内部からであろうと誘引し，発展は累積的に進むことになり得るのである。

(4) 都市機能の充実

　以上の都市化の効果と関連するが多少次元の異なるもうひとつの要因が都市の成長・発展には認められる。その要因を考察するために，都市とは何かを改めて整理しておこう。都市をそのほかの地域と区分する性質は，非農業的な土地利用に加えて，密集性や多様性あるいは異質性が挙げられる。

非農業的な土地利用については改めて説明するまでもなく，地域住民の大多数が工業や商業に従事するということである。密集性は非農業的土地利用に関連するが，人口や事業所の立地が相対的に高い密度で行なわれているということに他ならない。この密集性は同時に経済各主体の近接性をもたらすものでもあり，接触の機会が増加するということでもある。この密集性や近接性は先に述べた集積の経済効果の要因でもある。情報交換の高い密度は，依然として新しいアイデアや発想の源泉のひとつであろうし，イノベーションの基盤でもある。

　多様性も都市の特徴として重要である。多様性とは産業や企業，職業の多様性であり，社会的・文化的属性の異なる個人が同じ地域に存在することでもある。就業者の視点から見れば就業選択肢が拡大していることでもある。都市における多様で異質な経済主体の接触や交流は，さまざまな思考，価値観，情報の流れを創り出し，独創的なアイデアや新しい技術の発生にとって不可欠の基盤を形成する。多様性とはまた，財・サービスの多様性でもある。拡大する都市経済では，その経済圏の住民を含む都市住民つまり消費者に対して，多様な財・サービスを提供していくことができ，その多様な選択肢の提供が都市の発展を促進する。

　こうした財・サービスを消費し利用する選択肢の拡大それ自体が，かなり重要な意味を持っている。例えば，美術館や博物館，コンサートホールや体育施設といった文化的な，あるいはレクリエーション関連の施設などは誰もが何時でも利用するという性格のものではない。何時も使おうと思うわけではないが，ときには利用する必要があり，実際に利用した時には多くの満足をもたらすようなサービスである。そうしたサービスを何時でも利用できるという可能性を持つことによる心理的な満足，あるいは一種のステイタスの所有によっても満足が生まれる。また，そうしたサービスが確保されれば将来の嗜好の変化にも対応できることになる。

　すなわち，潜在的で散発的なオプション・ディマンド（option demand）に対していつでも準備が整っている，ということが都市の魅力の枢要な部分なので

ある[4]。言うまでもなく,各種のサービス供給が経済的に維持されるには,ある規模以上の需要量つまりは一定の所得を持った一定量の人口が必要であり,供給できるサービスの多様性を増やせば増やすほど利用頻度は低下するから,サービス供給を維持するのに必要な所得も人口も増加しなければならない。そして,これを可能とするのが都市とその成長なのである。

　もちろん,全国のどの地域もがこうした高度に発展した都市になることはできないし,必ずしもそれが望ましいとは限らない。しかし,広い意味での都市基盤の整備とは,地域住民のオプション・デマンドを含む公私にわたる財・サービス需要に対して適切に応える能力の整備に他ならないのである。そこで,地域全域を高度に都市化することができないとすれば,その内部によく整備された高度な都市を含む地域を再編成していくことが重要な課題となると思われる。国際的な地域間競争とは実はそうした地域形成競争でもあると言えよう。

3　国際化時代の地域開発

　国際化時代の地域開発が都市を起点とする以外にないとしても,農山村を含む外部世界との交流・経済関係の深化が必要であることは言うまでもない。そのうえで,どのように地域開発を行ない,生産・就業の場として安定的で成長力があり,生活の場として快適な都市空間を用意できるか。各地域はその特性を踏まえて,これまでとは異なる取り組みを迫られている。本書の主に第Ⅲ部では,九州とその各地域,中国と福建省,韓国と仁川市の地域経済動向などを分析し地域開発への取り組みを考察しているが,以下では,そうした考察の外枠となる地域開発を巡る与件の変化や主体の問題などを整理しておくことにしよう。

(1) 地域政策環境の変容

　地域開発を巡る条件はここ10年ほどの間に大きく変化してきた[5]。第1の変化は国際化あるいはグローバライゼイションである。貿易や資金フローの変化に対応すべく，国際的な協調が不可欠になり，各国経済の連携や統合が進展している。第2の変化はグローバライゼイションの基礎ともなっているが，通信技術（IT）の飛躍的な進歩である。これによってコミュニケーション・コストは急速に低下しつつあり，知識・技術の分散速度はかつてないほど増加している。

　こうした変化の影響はまさにグローバルであり，各国経済に構造改革あるいは産業構造調整を競争的に促すものとなっている。産業構造の再構築は一国経済にとって，一方では大きな利益をもたらす可能性がある。産業構造調整においては，ある産業が衰退しあるいは消失して新しい産業が発展する。これによって生産性が上昇し新しい経済発展が開始されることが期待される。これ自体は好ましい展開であり，1国経済としては積極的に構造転換を成し遂げなければならないのは言うまでもない。

　しかし，産業構造転換には地域経済にとっては重要な問題がある。つまり，これまでの経験や理論分析が示しているように，転換過程で衰退した産業が立地していたその同じ地域で新しい産業が展開する可能性はむしろ少ない[6]。産業の退出によって，地域経済は重大なマイナスの影響を蒙ることになりうる。一般的には，地域の規模が小さくなればなるほどそのダメージは大きく，これまでにも構造調整過程で小規模な地域が「貧困の悪循環」に陥ったケースは数多い。

　そうした地域の雇用と所得，つまりは生活を維持させようとすれば，何らかの政策が必要になるのは当然であろう。今進行している変化が急速であるだけに，適切な地域政策の樹立と実行が早急に必要である。ただし，その地域政策はこれまでのものとはかなり異なったものにならざるを得ないのである。

地域開発を巡る第3の条件変化は，経済における政府の位置の変化である。社会主義経済が行き詰まり市場経済化が追求されるなかで，経済各部面における規制緩和が進んでいる。すでに，いわゆる民営化がかなりの深度まで進行していることに加えて，社会保障制度の見直しが進み，社会資本形成にPFIの導入などが真剣に議論されている。また，経済構造改革とも連動して，企業活動や労働のインセンティブを高めるために，従来の平等化政策が踏襲されなくなる可能性がかなり高い。

　こうした変化を一言でいえば，政府機能の縮小，小さな政府への移行であるが，地域政策もその例外ではない。相対的に遅れた地域に対して国税収入を補助金として移転したり国の直轄事業として投入したりするという財政資金配分政策は，その効果が疑問視されてきたこともあり，すでにかなり見なおされてきている。すなわち，将来の地域政策は少なくとも量的には縮小する可能性が高いのである。財政資金効率や説明責任（アカウンタビリティ）を考慮すれば，そうした選択にはかなりの合理性があると見られている。

(2) 地域政策の変容と政策主体

　これまで地域政策の主体はおもに中央政府，国であった。地域間の経済的な格差，所得格差や雇用格差を全国的な観点から調整し，資源配分の効率化を図るとともに，地域間のバランスを維持し平等化を促進するのが地域政策であるとすれば，中央政府が主体となるのは当然でもある。

　しかし，前節で見たように地域政策環境は大きく変化しているし，とくに先進諸国ではこれまでの経済成長の成果として各地域経済には相当の経済力がついている場合もある。そこで，まず政策対象となる格差の内容が多少変化してくることは自然であろう。すなわち，所得や雇用それ自体の格差ではなく，その基盤となっている諸条件の格差を是正対象として問題とするというわけである。新しいインフラストラクチャーや教育機会，資本・資金利用へのアクセス，情報や専門的技能といった経済活動基盤における格差が政策対象として注目さ

れるようになった[7]。

　政策目標の変更の背景には，開発対象地域での租税誘因（tax incentive）政策や公共投資政策が予想された効果をあげていないという事情もある。1990年代を通じて経済が不況にあり，国内における設備投資が振るわないという，地域政策に不利なマクロ経済環境も考慮しなければならないが，地域の産業・経済構造を変更しなければ，減免税政策や補助金政策が有効性を発揮できないというより基本的な問題が強く認識されたということでもある。いずれにしても，地域経済は少なくとも戦後からこれまでの間に経験しなかったような経済的・財政的自立を達成しなければならないというのが現在の状況である。そこで，地域政策の主体のひとつとして地方政府の重要性が注目されるのである。

　例えばインフラストラクチャーの整備について，地域における起業（もちろんその多くは小規模企業である）や事業拡大にとっては，ハード・インフラよりもソフト・インフラの重要性が高いであろう。情報提供やそのための支援組織・制度による各種サービス供給，専門的教育・訓練等々が，その地域の民間経済活動にとって適切なタイミングで適切な質量で供給されなければならない。また，ハード・インフラについてもその使い勝手を良くするにはよりいっそう実情に即した整備・運用が必要である。地域政策を効果的に実施するには，地方政府が民間企業・諸団体との緊密な連携のもとに，実情を踏まえて実行しなければならない。

　もちろん，地方政府が地域政策に強く関与するとしても，地域政策に全国的な観点からの調整が必要であるかぎり，中央政府の役割は依然として大きい。現実的には中央政府の指揮のもとに，中央・地方（ときには複数の地方政府）両者の協調的な政策実施が望ましいと思われる[8]。政策資金の多くは国民負担による租税収入が占めるからには，その支出には国の説明責任が伴うはずであり，特定地域に資金を提供するだけで良いということにはならないであろう。

　政策の実効性に関連することであるが，地方政府の組織上の問題，すなわち政策主体としての地方政府の規模の問題がある。機能としての都市経済，つまり都市周辺の地域を含む都市圏経済を政策対象にするとすれば，政策主体とし

ての地方政府はその都市圏域に合致する必要がある[9]。しかし，現行の行政区域は経済機能の展開する都市圏域とは一致せず，費用対効果を計算した経済合理的な地域経済政策を実施するにはかなりの困難がある。また，市町村レベルでは単独での政策展開には政策資金を始めとする限界が多々あり，国あるいは上級政府との垂直的な協調に加えて，水平的協調を積極的に進めなければならない。歴史的経緯を踏まえることは当然であるが，将来の発展の基盤となる市町村（あるいは都道府県）の合併は，自立を求められるなかでの国際的な地域間競争時代には有力な選択肢のひとつである。

4 おわりに

　中央政府の直轄事業として行なわれる社会資本形成や租税誘因の供与といった伝統的な地域政策の手段は，とくに低成長経済においては，その経済効果が弱い。それだけではなく，財政資金の効率性からみても評価することは難しく，生産性向上に寄与するところも大きいとはいえない。さらに，援助対象地域あるいは地域内企業には援助依存的な行動・思考パターンを醸成していく可能性も強い[10]。

　地域政策の目標も手段も主体も変化しつつあり，地域には自立的な開発努力が望まれるが，グローバライゼイションと分権化の進展は地域間の競争を促進させる。地域間競争それ自体は一国の経済発展にとっておそらく望ましいが，既存の都市集積は高規格インフラストラクチャーなどによる比較優位性をすでに歴史的に獲得しており，競争的環境のなかで都市の魅力を含めた比較優位性は次第に強化されていく可能性が強い。

　地域の経済発展が経路依存的（path dependent）な継起を辿るとすれば[11]，1極集中的な経済構造の生成は自然の成り行きとなる。中央政府の地域政策によってそれをどこまで是正するか，すなわち，公正な地域間競争に必要な中央

政府の地域政策の具体的内容は将来の検討事項のひとつである。いずれにしても，地域の自立を前提にすれば，都市集積の弱い地域では行政区域の再編成を含めた格段の努力が必要であり，グローバルな地域間競争の時代には，これまでの「地域」では対応ができない可能性を認識しなければなるまい。

地域における産業高度化のための積極的な政策展開に際して重要なことは，その政策が新しい産業の発展に対する援助であって旧産業の単なる延命のための援助ではないという点である。地域政策が経済構造の高度化や1国の経済発展を阻害してはその意義がないし，旧産業の延命措置では競争に打ち勝つこともできないであろう。しかし，地域レベルにおける産業構造転換の政策過程では，地域内における何らかの軋轢が調整可能範囲を超えて生じることもありうる。利害調整の場としての地方政治の機能強化も欠かせない。

1980年代から続く東京圏への諸産業活動の集中は容易なことでは変更されない状況にある。それを認めたうえで，広くアジア経済圏のなかで核（core）となる都市集積の形成を目指さなければならないと考えられる。九州地域でいえば福岡における都市集積の拡大・深化を前提として，九州内各地域の都市集積を充実させることであろう。港湾や空港をはじめとするハード・インフラについても，近隣アジア諸国に遅れている現状は早急に打開しなければならない。経済構造・組織の再編成は，地域経済を構成するすべての経済主体にとって21世紀を望むいま緊急の課題である。

注

1) データはWorld Bank, *World Development Report 1997*による。石川［1998］参照。こうした計測は他にも数多く行なわれている。
2) 日本の都道府県別データによる分析では，DID人口の対全人口比で測った都市化率は，1人当たり県内総生産または県内純生産の変動について，20％以上の説明力をもつことが示される。もちろん，都市化が進めば1人当たり生産額が増加するという関係である。大きくはないが，日本でも都市化が一定の影響力を持っていることは間違いないようである。
3) 集積の経済効果については主に山田［1980］，Blair［1995］などによっている。

4) これに関しては，オプション・ディマンド概念を含めて，Hirsch［1984］pp.32-34を参照。
5) 近年の地域政策を巡る諸条件の変化については，Rietveld and Shefer［1999］，Prud'homme［1995］などに詳しい。
6) 産業展開の各局面ごとに適切な立地条件つまり地域があると言う点については，例えばVernon［1966］などを参照。どの地域にも新しい産業の展開する可能性があるのは確かであろうが，一般的には一定規模以上の都市集積を維持している都市が有利である。
7) Prud'homme［1995］参照。戦後から約半世紀にわたって地域間平等を追及してきた日本においては，すでにハードもソフトも含めたインフラストラクチャーはかなり均等に整備されてきたし，教育・訓練についても組織・制度面についても大きな格差はないと言うこともできる。しかし，実際には情報通信基盤を含めてやはり格差はあり，それがたとえ僅かな格差であっても限界的には大きな作用を及ぼす可能性があるというのがIT革命下の現在であろう。
8) 自律性を維持する地方政府およびその構成員を前提にして中央政府の「指揮」をイメージしている。これについてはPrud'homme［1995］を参照。
9) 都市経済圏の地域政策主体としての重要性は，例えばBarnes and Ledebur［1991］を参照。
10) Richardson［1984］，Prud'homme［1995］などを参照。
11) 経路依存性についてはDavid［1985］を参照。経路依存性は技術的相互関連性，規模の経済性，投資の準不可逆性によって構成される。これら要素の相互作用によって，ある製品，あるシステムは市場経済における優位性を次第に強化され，やがて一種の国際標準として確立されることになる。構造的かつ累積的な地域経済動向については，制度や慣行といった側面を含めて，本書の第Ⅰ部で多面的な分析が行なわれている。

参考文献

Barnes, W. R. and L. C. Ledebur［1991］"Toward a New Political Economy of Metropolitan Regions," *Environment and Planning C: Government and Policy*, Vol.9, No.2, May, pp.127-141.

Blair, John P［1995］*Local Economic Development: Analysis and Practice*, Sage.

David, Paul. A.［1985］"Clio and the Economics of QWERTY," *American Economic*

Review, Vol.75, No.2, May, pp.332-337.

Hirsch, Werner Z [1984] *Urban Economics*, Macmillan.

石川祐三 [1998]『地方財政論――地域間競争と財政調整――』高城書房。

Prud'homme, Remy [1995] New Goals for Regional Policy, *The OECD Observer*, No.193, April/May, pp.26-28.

Richardson, Harry W. [1984] "Regional Policy in a Slow-growth Economy," in G. Demko (ed.), *Regional Development Problems and Policies in Eastern and Western Europe*, Croom Helm, pp.258-281.

Rietveld, Piet and Daniel Shefer [1999] "Spatial Consequences of Structural Change," in P. Rietveld and D. Shefer (eds.), *Regional Development in an Age of Structural Economic Change*, Ashgate, pp.1-12.

Vernon, Raymond [1966] "International Investment and International Trade in the Product Cycle," *Quarterly Journal of Economics*, Vol.80, No.2, pp.190-207.

山田浩之 [1980]『都市の経済分析』東洋経済新報社。

第Ⅰ部 経済発展の長期的動向

第1章　成長波及理論の考察

笠井　信幸

1　はじめに
2　先駆的業績の再考
3　双方向成長波及のメカニズム
4　市場圏の膨張原理
5　おわりに——先駆的業績との整合性

1 はじめに

　1980年代に顕著になった東アジアの経済ダイナミズムは，これまで堅く閉ざしてきたアジア社会主義市場を開扉させ，既にその内方深く浸潤し世界でも活気あふれる成長地域として台頭してきた。90年代後半に至り経済危機に見舞われているものの成長の基調はさほど変わっていない。この地域は日本，アジアNIEsの国際的発展に加えて，中国の対外開放政策の進展を契機としたアジア社会主義国の連鎖的発展によるものである。つまり，日本の成長がアジアNIEsの成長を促し，それとともにASEAN諸国に成長波及が拡散するとともにアジア社会主義諸国の停滞を改革開放政策によって克服するという方策が相俟って，いわゆる雁行形態的連鎖がこの地域の経済空間を形成してきたといえる。その中で日本の成長波及がこれら諸国の工業化発展に則して起こってきたために，資本財・生産財，中間財の供給センターの役割を担ってきた。

　ところで，発展段階の異なる複数の国を包括した1つの国際地域が同時的発展を達成した経験は世界的にも希有の事例といえる。特に戦後，先進国の発展に対して開発途上国の相対的・絶対的停滞が長らく続いてきたために，その格差を説明する見解が多く現れてきた。しかしこれらの見解では，日本の成長とアジアの停滞は説明できても，上で述べたような地域的紐帯の中での発展現象を説明するまでには至っていないのである。その意味で，日本の発展が他の東アジア地域を巻き込んで，各経済単位が有機的に作用し合う東アジアの経済ダイナミズムを理解できる論理が求められているといえよう。

　東アジア経済発展の特徴は，連鎖的にテイクオフが起ってきたことと，適度な発展格差があることである。前者は，1950年代に高度成長期に入った日本経済のテイクオフから始まって，60年代に外向型発展に転じたアジアNIEs，70年代に外資を本格的に受け入れて成長軌道に乗ったASEAN，80年代に改革

開放が定着し市場経済が拡大していった中国，これに続いて90年代にはベトナムなどの社会主義国の改革開放の進展，といった「テイクオフの10年サイクル」が実現し，東アジアが全体として経済成長を達成させてきた事実である。

後者の適度な発展格差の存在とは，「サイクル」が実現する期間が，産業の発展サイクルと連動してきたことである。即ち，日本の高度成長期から始まったこのサイクルにおいて，これを連結的に実現できたのは比較優位産業が劣位化し発展水準の低い地域に後方移転し，受け入れる地域にその基盤が次々に生まれていたことである。具体的には，履物などの雑製品から始まり，繊維産業，電子・電気，鉄鋼，自動車，コンピュータなどの産業である。しかも技術水準が次第に高度になるごとに後方移転が加速化することによって東アジア全体が経済発展のスピードを上げてきたことが特徴である。

このような発展的特徴を抽象化すると，先行する成長地域から次の地域に発展要素の波及が起こりそれが次々に後方連鎖を起こし，ついには最後尾へ到達するという発展類型を想定することができる。本章では，本書が扱う分析の基底となるこの「発展類型」の原理を開発経済学の立場から解明することで，東アジア地域の一つの発展モデルを描写することを目的としている。

そのために先ず，これまで提起されてきた代表的な成長波及理論を取り上げ，これらを批判的に考察しながら不足な諸点を明らかにする。第2は，上で明らかになった不足な諸点を補う成長波及に関する考え方を「双方向成長メカニズム」として提示する。そして第3に，成長波及が起こった結果，市場の膨張がどのようにして起こるのかに関して局地的市場圏から国民経済に至る拡張過程を明らかにし，第4で，成長波及が国内地域で起こる場合と国際地域で波及する場合の特徴を考察することで，国際地域の同時的発展が達成することを論理上明らかにする。最後に結論として，先に考察した先駆的業績との関係に言及してみたい。

2　先駆的業績の再考

(1)　貧困の悪循環仮説

　開発途上国の成長運動原理として有名な理論は，貧困問題に対してその要因を1つの運動原理として明らかにしたラグナー・ヌルクセの「貧困の悪循環」仮説がある[1]。彼は，開発途上国が発展軌道に乗ることができないでいる理由を貧困と経済社会的停滞が相互に作用し合う世界として素描し，そこに一連の発展下方運動がはたらいており，開発途上国はその「罠」に呪縛されていると主張した。貧困の悪循環仮説は，2つの循環から成るとして，供給サイドからは，貧困→低生産性→低所得→低貯蓄→低投資→貧困という循環を辿り，需要サイドからは，貧困→低需要→低投資機会→低投資→低消費→貧困というサイクルを形成し，いずれも「貧しいが故に貧しい」という結論を導き出している。
　このヌルクセの見解は，貧困の原因を上のような循環モデルで説明するもので，したがってこの循環を絶ち切って発展へ向かうためには経済全般を押し上げる投資（ビッグプッシュ）が必要であるとした[2]。こうした均整成長論に対しては，先進国の景気後退期において採られる景気刺激策と未開発状態の経済を成長軌道に乗せる方策は根本的に異なる，とする不均整成長論からの反論がある。この立場は，後述するように，供給面の困難を取り除くために各経済部門の間で全体的に歩調を合わせるのではなく，経済リンケージの強い産業に投資を集中させ成長核を形成する必要を説くものである。

(2)　累積的因果関係の原理

　ところで，グンナー・ミュルダールは開発途上国の発展原理を経済発展波及という視点から，それを「累積的因果関係の原理」として波及効果（Spread effects）と逆流効果（Backwash effects）という概念を用いてヌルクセの「貧困の悪循環」という一方的下方運動原理に対して「累積過程は両方の方向に動くものであるという真理」として捉えられるべきであると批判した[3]。

即ち，波及効果とは，まさに経済的拡張地域がその周辺地域に農産物の提供や技術的進歩に対する刺激を与えたり成長産業の原材料の供給を求めるなどの効果をいい，逆流効果は，周辺地域からの移住を促したり資本，財貨を吸収することによって与える不利益をいう。そして，両効果は比較的富裕な地域・国に対しては波及効果が，貧困な国・地域に対しては逆流効果がそれぞれ強く作用し，しかもこの効果は累積的循環過程を辿りながら両国・地域間の経済的不平等を益々増大させてゆくというのである。

例えば，下方的累積過程の事例として，地方税率を取り上げ，次のように述べる。所得基礎の狭隘な地域では税率が引き上げられる。するとそこの企業や労働者は税率の低い地域に流出し，高税率は他の地域からの企業や労働者の流入阻害要因となる。したがって，この地域では所得や需要が減少し，再び税率を引き上げなければならなくなるであろう。一方労働者の流出により生産年齢人口は減少し，従属人口の所得も低下しついには公共福祉まで低下してしまう。

反対に，上昇的累積過程の事例としては，産業立地を取り上げ，ある地域に産業が創設されるとそこで雇用機会の増大が起こり，失業者の減少と低所得者の所得が上昇する。そして周辺企業や地域の発展が起こり労働者，資本そして企業の流入が活発化する。さらに新企業の創設や旧企業の成長を通して市場が拡大し，貯蓄・投資の増加が需要・利潤の増大をもたらし，この地域は外部経済の創出を達成することができるというものである。

この2つの事例は，前者は逆流効果によって下方的累積過程が進み，後者は波及効果によって上昇的累積過程が進行することで，それぞれが反対方向のベクトルとなることを説明している。この結果，1国内の不平等が拡大することになるが，それは貧困国において大きく現れる。つまり，貧困国では貧困それ自体が原因となって波及効果を弱めるため，逆流効果によって益々貧困化するのである。

しかしながら，富裕国では波及効果が強いため逆流効果を中和・消滅させてしまうという。国際間で見ると，貿易や資本移動は逆流効果を持つため，富裕国に有利に作用する。1国内よりも国際間では波及効果は弱く現れる。というのも国境を境として，法律・政治・社会習慣・生活水準・生産能力・教育基盤などの違いが波及効果の阻害要因として作用するからである。また，貧困国が全般的に波及効果が弱いことで国際間の不平等を累積的に強めることになる。

しかしながら，ミュルダールの累積的因果関係の原理は成長波及の方向をどちらかの一定方向の累積過程として2つの効果を捉えているために，効果の方位は説明されるが「方位の転換」という視点が欠如するという欠陥がある。ということは，南北問題という2極世界の説明は可能であるが，アジアNIEsをはじめとする現代アジアの発展や経済的拡張拠点の周辺地域が逆流効果を乗り越えて波及効果に基づいて発展方向に向かうといった現代的課題を理解することはできないと言わざるを得ない。

(3) 不均整成長論

この点を指摘するのは，縷述の不均整成長論を唱えるアルバート・O. ハーシュマンである[4]。彼は，ミュルダールの理論に対して，成長拠点の出現は国内地域，国際地域における発展格差を引き起こすことは不可避なものであるが，しかしその事実こそが成長の必要条件となること，また，ミュルダールは累積的因果関係の機構という先入観に過度に捕われすぎたため，国内で南北分裂傾向が相当期間継続すると，ある強力な要因が出現して1つの転換点を作り出すことを見落としてる。さらに，逆流効果は国内地域に比べて国際地域の方が弱い，つまり国際地域における波及効果を過小評価しすぎているという3点で批判を加えた。

ハーシュマンは自身の浸透効果（Trickling-down effects）と分裂効果（Polarization effects）という2つの概念をミュルダールの波及効果と逆流効果に「まさに対応する概念である」として同様な定義をしたものの「しかし，力点

の置き所と結論は相当違う」と主張している。彼によれば，先ず国内地域の成長波及については，経済成長地域（北部地域）と成長に取り残されている地域（南部地域）はもともと相互接触，相互作用が弱いために両効果が強く現れ，このうち浸透効果については南北の生産要素が補完的であればあるほどその効果は強く，分裂効果は労働力を吸収してしまったり，南部地域の競争産業に打撃を与えるため浸透効果の阻害要因として作用するようになる，と指摘している。また，分裂効果が強い場合には，政府が適正なマクロ経済政策，特に投資政策を採用することでその効果を弱め，成長波及の浸透効果を強めることになると主張した。

複数国にまたがる国際地域での成長波及では，成長国と低成長国の相互接触，相互作用は国内地域の場合より弱いため，生産要素の移動性などの分裂効果の悪影響は小さく発展の可能性を残すことになる。しかし，分権主義に基づき両国が高関税などの保護主義的行動を採ればとるほど浸透効果も小さくなる。つまり，国際地域では，国内地域で起る両効果ほどそれぞれが強いものではないという。したがって，国際地域では成長国が低成長国の産業を潰さないが，国内地域では南部の産業は放棄されるまで至ることもある。ハーシュマンは，この点国際地域での競争は比較優位に基づくが，国内地域では，つまり1国内での産業競争は絶対優位に基づいて行われることを指摘しており，それ故国際地域での波及効果は国内地域より弱いというわけである。

(4) 2つの疑問

ところで，この2つの理論は基本的に両効果が成長核から後進地域へ波及するという構図である。しかしながら，ここに2つの疑問が生ずる。第1は，果たしてこれらの効果を成長核から後進地域への一方通行の原理として捉えてよいのであろうか，むしろ双方が影響を受け合っているのではないかという疑問である。第2は，両理論とも成長核から後進地域への効果の影響といういわば2部門モデルとして捉えているが，そうであると南部地域内において両効果が

与える影響の格差が不明確になるであろう。つまり，効果は成長拠点から放射線状に波及し，その中で浸透効果（波及効果）の強いところから市場圏が次第に拡大してゆくと考えるほうが自然であるという疑問である。次に，この疑問を考慮しつつ，新しい成長の波及メカニズムについて考察してみよう。

3　双方向成長波及のメカニズム

(1) 成長の遠心作用

　ある特定地域（成長核）において起こる経済成長が，周辺のより後進地域に波及する効果に2種類あるという先のハーシュマン，ミュルダールの指摘は，我々がここで考察する「成長の遠心作用」と呼ぶものである。というのは，我々はその逆に成長核も周辺の後進地域から受ける作用があると仮定するからである。

　成長核において社会的分業が起ると，核内の労働力吸収に加えて周辺地域の労働力に対しても雇用創出機会を創り出し農村の偽装失業を吸収したり，そこにある天然資源や農産物の消費市場も核内に創出・拡大されるであろう。また，農業近代化につながる成長核からの工業製品が提供され周辺地域に工業製品市場が生成し，労働の限界生産力と人口1人当たり消費水準を引き上げよう。さらに，人口移動や流通の活発化に伴って交通手段も次第に発達して従来では困難であった中長距離輸送などが可能となる。このような成長核との関りから周辺地域に対して上昇的経済効果をもたらす作用を「外部成長促進効果」と呼ぼう。ちなみに，この効果は浸透効果，波及効果に相当するものである。

　これとは逆に下降的経済効果も想定する。それを一言でいうと周辺地域の生産要素が十分に自給できなくなる作用である。具体的には，周辺地域の労働流出に伴う労働力不足や天然資源の過剰供出，農業資本の過剰工業資本化などの成長不利化作用であり，またこうした状況が継続することによって現れてくる

過疎現象なども含まれる。周辺地域の土着工業が成長地域の工業と競合する場合には，絶対優位に基づく産業政策により当該産業が倒壊に至るような深刻な影響を受けることにもなろう。たとえ競合しない場合でも時間の経過とともに伝統工業部門の労働者継承力を削ぐことになるであろう。さらに資源開発が進むと環境破壊も引き起こすことになる。こうした周辺地域にとって一連の不利な作用を「外部成長阻害効果」と呼ぶ。これは逆流効果，分裂効果に当たる概念である。

　こうした成長核から周辺地域・国に対して放射状に波及するこれら2つの効果を合わせて「成長の遠心作用」という。遠心作用は国内地域でも国際地域でも起こりうる作用であることは言うまでもないが，国内地域において国際地域よりも一層強く作用する。なぜならば，国内地域における相互接触及び相互作用は国際地域における主権国家間にまたがる作用よりもより強くかつ広範囲に及ぶと考えられるからである。したがって，国際地域内では遠心作用が弱められるため外部成長阻害効果によって受ける影響が小さくてすむことから，周辺国は外部成長促進効果を高める政策を採ることで成長の恩恵に浴することができる。

(2) 成長の求心作用

　縷述のように，我々は成長核は周辺地域・国に影響を与えるだけでなく自らもその周辺から影響を受けると考える。周辺地域・国からの生産要素の流入は，言うまでもなく成長地域の社会的分業をさらに拡大させ，天然資源の確保は生産力強化をもたらす。農産物の流入は地域内労働者を自給自足的生活から解放し，工業労働者へと特化させる。労働移動や物資の流通拡大に伴って交通網や住宅などの生活関連インフラストラクチャーも整備されるようになる。成長地域を取り巻く周辺地域・国から成長核へ向かって起こるこのような影響を「内部成長促進効果」という。

　遠心作用と同様にこの効果も成長核にとって成長下方運動をもたらすものも

ある。例えば，核内での雇用効果の創出によって周辺から労働力の流入が長く続くと，雇用機会の拡大スピードをそれが上回ることにより労働者の需給バランスが崩れ成長核内に失業者が堆積しスラム等を形成することになり，住宅不足や犯罪などの社会問題が発生することになろう。また，成長に伴って土地価格の高騰による企業経営環境の悪化や，公害問題，交通問題など都市化に伴う悪影響が出ることになる。さらに，開放経済体制であれば，特に輸出競争力の強化が相手国市場との摩擦を生み出すことから市場開放や為替レートの切り上げなどの国際的圧力を受けると同時に国内でも労働組織の発達により賃金保障などの労働環境改善要求の高まると考えられ価格競争力喪失傾向が続くことにもなろう。特に相互依存が高まっている現在では外圧が成長国の経済開放を促進させる強い力となり，そのことが成長下方運動を促すことになる。

　しかし，こうした問題は，本来成長核の自生的な成長を推進する深部の力，即ち成長核そのものから発生する要素とも密接に関り合っており周辺からの影響と明確に区別することは困難である。だが，いずれにしても周辺地域・国からの影響が成長コストを生み出すことは明らかであり，我々はこれを「内部成長阻害効果」と呼ぶことにする。

　成長核内で起こる以上のような内部成長促進効果と内部成長阻害効果を合わせて「成長の求心作用」といい，ミュルダールやハーシュマンの成長波及理論において言及されていなかった概念である。両者の議論は，先に述べたように成長の波及効果の中で我々の遠心作用として定義づけた2つの効果のみを説明したものである。

　したがって，遠心作用によって誘発される影響だけでは周辺地域・国への成長波及を説明するには不十分である，というのが我々の彼らの理論に対する批判である。例えば，周辺地域・国が外部成長波及効果を強める政策が採られたとしても，我々が新たに提唱した求心作用の内部成長促進効果によって既に成長核内に労働吸収が起こっており，優れた企業者能力を持つ労働力は周辺地域の成長を引き上げるに足るだけ存在しているとは考えられないし，また近代的企業者が多くいるとは考えられないからである。

以上の様に，遠心作用による2つの効果は周辺地域・国に成長波及効果をもたらすとはいえ，それだけでこれらの地域が成長核に準ずるような発展を実現できるわけではない。遠心作用はあくまでも後進地域・国に対する成長のデモンストレーション効果（成長の下地作り）をもたらすものであって，真の成長軌道に乗るためには，これら地域の自生的成長推進力がなければ成長を達成することは困難であると言わざるを得ないのである。このことは，まさにハーシュマンが言う浸透効果，即ち Trickling-down Effects，言い換えると「成長のお零れ効果」と呼ぶ真の意味を明示しているといえよう。

では，成長核からの成長波及と周辺地域・国の成長という因果関係をどのように説明できるのであろうか。

4　市場圏の膨張原理

(1)　国内地域の膨張原理

我々が定義した四つの効果は，波及当初はそれぞれが独立的に影響を及ぼすし，その影響も核内と周辺地域では異なるが，時間の経過につれて，つまり浸透度が深まるにつれてそれぞれの効果が強く関連するようになってくると考える。即ち，周辺地域が受ける遠心作用の外部成長促進効果と外部成長阻害効果の間には時間的な格差が存在する。

例えば労働移動についていえば，既に家計を担っている労働者やその社会を支えている者が外部成長促進効果によってすぐに移動するというよりは，その社会で生業に就いていないいわゆる偽装失業者群が先に移動するであろう。そして，成長核内での就業機会の拡大と彼らの情報が周辺地域にフィードバックされて連鎖的に労働移動が進むと考えられる。周知のアーサー・ルイスの転換点モデルがそこに展開され，周辺地域がやがて労働過少状態を迎えることになる[5]。

このように，周辺地域は当初堆積する偽装失業者の減少と社会負担の縮小という外部成長促進効果を受けるが，時間の経過（こうした傾向の継続）につれて次第に外部成長阻害効果が生まれてくるという過程を辿ることになる。求心作用の内部成長促進効果も同様に内部成長阻害効果に先行すると考えてよい。つまり，成長の波及効果は，先ず成長地域の自生的発展が起こりそれが内部成長促進効果を誘発し，次の段階で遠心作用を生み出し外部成長促進効果を高めつつ時間が経過するにつれて外部成長阻害効果をも発生するようになる。

　他方，求心作用の浸透につれて内部成長促進効果によって成長核はより高度な社会的分業構造へと移行するが，その過程で徐々に内部成長阻害効果も醸成されてくると考えられる。ここに至り，成長核内は内部成長促進効果によって高度分業社会に到達するとともに周辺地域は外部成長促進効果によって成長の下地作りがなされ局地的市場圏が形成されると考えられるのである。

　さて，このような状況から波及効果によって周辺地域経済を成長核水準にまで引き上げる，言い換えると局地的市場圏から地域的市場圏に拡大する論理をどのように考えたらよいであろうか。

　かつて，ドイツの経済学者であるフランツ・オレインブルグは1932年のその著『広域経済とアウタルキー』において，広域経済が成立する条件を，土地基礎の存在，土着工業，交通網の発達，購買力のある人口規模，相互依存の意識，統一的な経済指導及び広域経済の動態的認識の7項目を上げている[6]。特に，最後の動態的認識は「現在の土地基礎のみならず，購買力が増加し需要が向上するに伴ひこの土地基礎が将来発展する可能性」があることを指摘し「この動態を必然に生ぜじめるものは，まさに新進国民国家の発展並びに欲望の変化などである」として成長核である局地的市場圏が常に不安定状態にあることを指摘した。

　成長核が求心作用の2つの効果によって不均等に「動態的」に発展するということは，内部成長促進効果と内部成長阻害効果の関係に依存しており，言い換えると先の局地的市場圏のメカニズムが限界に達し，さらに大きな地域的市場圏形成メカニズムに拡張するときである。先に述べたように，局地的市場圏

形成メカニズムとして，内部成長促進効果によって成長核の社会的分業が継続的に多様化すると遠心作用によって周辺地域との結合がさらに深まると同時に，核内では内部成長阻害効果による影響も強まってくることを指摘した。そして，この段階になると輸出産業の拡大による国際市場競争から生ずる摩擦の調整やさまざまな新産業の発生とともに産業構造の比較劣位産業調整の必要性が高まることになる。そればかりではなく成長核内の内部成長阻害効果の高まった産業そのものが核外の成長促進効果の高い地域を求めて進出するようになる。

このように，内部成長促進効果を享受していた成長核がさまざまな内圧，外圧によって内部成長阻害効果が次第に高まってくるために核内の企業経営環境が悪化し，やがて資源の効率的配分メカニズムが崩れある限界点を迎えることになる。これは，これまでの成長核と周辺地域で構成されていた一定規模の局地的市場圏における相互波及メカニズムが限界を迎え，これが経済規模のより大きな地域的市場圏を形成するための必要条件となるのである。具体的には，内部成長阻害効果に耐えきれない企業が次の内部成長促進効果を求め生産拠点を外延的に拡散し，これまで遠心作用のデモンストレーション効果によって成長の「下地」作りがなされてきた周辺地域を内部化し，より拡大した成長核として形成されてゆくことになり，その拡大成長核はさらにその周辺地域により規模の大きい遠心作用を波及するようになる。このような成長核の拡大過程が累積することによって地域的市場圏が形成されるのである。

こうした地域市場圏は，国内の生産要素賦存状況にも影響されるが，社会的分業が活発に行われている複数の地域が結合されると考えられるため，地域市場圏の拡大は最も近い他の地域市場圏との結合を自然にもたらすことになる。即ち，生産要素の流動性の高まりや広域化によって地域市場圏の要素交流が活発化し，また，国家による投資政策は地域市場圏に対して相対的優位の論理よりは絶対的優位の立場で産業特化させる傾向が強いため，双方に補完性が高まり，より地域的市場圏間の交流が強まる傾向を持つからである。

生産特化が進んだ地域市場圏の間では遠心作用と求心作用は，より強く作用するため地域市場圏交流の強まりから両市場圏の結合までのスピードは速く，

国内に点在する各地域市場圏がそれほど時間的格差がなく結びついてゆくと考えられる。地域市場圏同士の結合によりさらに大きな広域地域市場圏が形成され，いずれこれらの大規模統合が起こり最終的に国民的市場圏（国民経済）として統一されるのである。

(2) 国際地域の成長波及

　複数国を包含する国際地域では，社会的分業の進んだ先進市場がその成長核になる場合が多い。というのは，社会的分業がそれほど進展していなくとも石油などの資源保有国が成長核になる場合も考えられるからである。しかし，ここでは前者のケースを想定して考察してみよう。

　先ず，先進市場と後進市場に成長格差が大きい場合から論じよう。国際地域内では基本的に分権主義に基づくため，主権が統一されている国内地域内における成長波及とはやや異なる。遠心作用においては，外部成長促進効果は国内地域のそれに比べて強く現れる。それは，効果を受ける後進市場において産業育成政策や高関税政策さらには為替の過大評価などの保護政策が採られる可能性が強いため外部成長阻害効果は弱められ，逆に外部成長促進効果が強められるためである。

　他方，求心作用は海外資源の確保などによって核内の生産力増大要因が高まったり，低価格輸入財による物価引下げ効果などが期待されるため内部成長促進効果が強く現れると考えられる。内部成長阻害効果は，基本的にこの場合は経済交流も限られるため，後進地域からの労働力流入による弊害などは考え難いであろう。したがって，内部成長阻害効果は極く小さいものと考えられる。

　次に成長格差の小さい事例として先進市場とそれに続く中進市場との間での波及効果を考えよう。中進市場は，既に先進市場との一定期間の交流があり，しかも成長格差も少ないため産業構造や労働市場，さらには生産体制などで同じような問題を抱えることも少なくない。先進市場からの遠心作用においては，外部成長促進効果を受ける範囲が新技術，先端産業などに限られてくる。

これに反して外部成長阻害効果は次第に大きくなるであろう。例えば，中進市場内で高度な産業を興すと，これに関する技術や中間財などは先進市場からの外部成長促進効果によって得ることができる。しかし，それ故に中進市場ではこうした部門の国産化の進展が遅れ先進市場からの外部成長促進効果に依存する傾向が強くなり，従属的な産業構造になってしまう。こうしたケースが重なると中進市場の産業構造に歪みが生ずることになる。このような中進市場に不利な影響は外部成長阻害効果として増大するようになる。

　中進市場からの求心作用は先進市場にとって次第に不利な影響（競合的傾向）をもたらすようになると考えられる。内部成長促進効果は，当初原材料や輸出市場などの確保を保証し，その効果が強く現れるが中進市場の成長とともに原材料の国内消費機会が拡大したり産業成長によって国内市場の保護が進み，先進市場の内部成長促進効果が縮小することになるであろう。

　これに対して，中進市場からの内部成長阻害効果は徐々に強く現れることになる。例えば，中進市場内で成長した産業が輸出産業化すると相対的に市場開放が進んでいる先進市場に向かうことになる。中進市場からの輸出が増大すると価格競争力によって次第に先進市場の類似産業との競合が進み深刻な影響をもたらすことになる。外部成長促進効果によって成長した中進市場の産業がついには先進市場を脅かすことになる衆知のブーメラン効果が現れるようになる。また，この現象が多くの産業に拡大すると貿易摩擦を引き起こすことになろう。このように，内部成長阻害効果はキャッチングアップレースとして展開され，中進市場からの深刻な影響として現れることになるのである。

　国際市場においては分権主義に基づくため競合関係は急速に進む傾向があり，この限りでは先進市場の内部成長阻害効果も強く現れる。しかしながら，他方において相対的な比較優位に基づいた関係に立脚することから先進市場の産業構造の高度化が中進市場との競合関係を次第に補完関係に換えてゆく。そのため国際地域内の産業構成の幅が拡大するとともに成長核の規模も中進市場を包含して拡張すると同時に後進市場への外部成長波及効果も強化されることになる。そして，国際市場における新たな成長核の出現は域内の相互主義を指示す

る傾向があるため保護主義の縮小を誘導する。これは，外部成長波及効果を後発市場が享受できる機会の増大によって益々強くなってゆくであろう。

5 おわりに——先駆的業績との整合性

　成長波及に関する理論は，開発経済学の黎明期において盛んに行われてきた。貧困，停滞などの開発途上社会・経済を象徴する現象を動態的に捉える論理として循環モデルを提唱したヌルクセでは，その悪循環は説明してもビッグ・プッシュという政策的手段に依らなければこの循環の罠から抜け出ることはできなかった。開発途上地域の深部から生まれ出る自生的成長力はここでは議論の外にある。

　ミュルダールは「波及力」に注目し，その波及ベクトルが一定方向で循環するのではなく下方的に累積する運動と上方向運動として説明した。この議論は，状況が悪化する方向と成長してゆく方向を明らかにし波及力が両方向に働くことを解明したことで南北問題の原理を説明している。彼の理論は我々の遠心作用に含まれ，波及効果と逆流効果の概念は我々が言う遠心作用の2つの効果に概ね対応する。しかし，我々と異なるのは波及効果（外部成長促進効果）によって周辺地域のもたらされるのはあくまでも「成長の下地」であるという認識がないことである。

　均整成長モデルをハーシュマンが批判するのは，発展格差を生みだすことが成長に不可避であるという認識に立っているからであり，累積的因果関係の原理に対する批判は「方位の転換」に気づいていない，という点である。縷述のように「南北分裂傾向が相当期間継続するならば，ある強力な要因が出現して1つの転換点を作り出す」と言うハーシュマンの指摘は明らかに方位の転換を認識した波及理論である。

　では「ある強力な力」とは何か。彼は，これを「国内における南北最接近を

促す政治的要因」として捉え,ミュルダールが「先進国と低開発国とのギャップを埋めるに役立つ政治的要因が国際的レベルで出現する必要性を唱えている」ことを指示している。つまり,ミュルダールもハーシュマンも「方位の転換」をもたらす諸力は政治的要因であるとして,経済分析から離れていってしまっているのである。

ここに一方通行的成長波及理論の限界があると我々は考えている。双方向的成長波及理論を提唱したのは,この政治的要因として片づけられる方位の転換要因を経済分析の対象とするためである。これまで述べたように,我々は「この諸力」を内部成長阻害効果として捉え,この増大が一方通行の成長波及を反転させる力になるとともにそれがさらに大きな成長核を作り出す諸力と考えているのである。内部成長阻害効果は,成長の結果現れる市場の失敗論を受け入れるものであり,これが成長抑止要因となるとともに次の成長核を求める力となる仮説的概念である。この点がミュルダールやハーシュマンの仮説から抜け出る論理であると考えている。

注

1) Nurkse [1953]
2) 均整成長論の代表的なものはヌルクセの他に次のような研究が挙げられる。Rosenstein-Rodan [1943], Scitovsky [1954], Lewis [1955]
3) Myrdal [1957]
4) Hirschman [1958]
5) Lewis [1955]
6) Eulenberg [1932]

参考文献

Nurkse, Ragnar [1953] *Problems of Capital Formation in Underdeveloped Countries*, Oxford(土屋六郎訳『後進諸国の資本形成』巌松堂出版,1973年)。

Rosenstein-Rodan, Paul N. "Problems of Industrialization of Eastern and South-Eastern Europe," *Economic Journal* [June-Sept. 1943].

Scitovsky, Tibor "Two Concepts of External Economies" *Journal of Political Economies* [April 1954].

Lewis, W. Arthur [1955] *The Theory of Economic Growth*, Homewood.

Myrdal, Gunnar [1957] *Economic Theory and Under-Developed Regions*, Gerald Duchworth（小原敬士訳『経済理論と低開発地域』東洋経済新報社, 1959年）。

Hirschman, Albert O. [1958] *The Strategy of Economic Development*, Yale University Press.

Lewis, W. Arthur [1954] "Economic Development with Unlimited Supplies of Labour" *Manchester School of Economic and Social Studies*.

Eulenberg, F [1932] *Großranumwirtschaft und Autarkie*, Jena.

第2章　経済発展と地域政策

石川　祐三

1　はじめに
2　経済発展と地域経済
3　地域経済構造と地域政策の諸問題
4　おわりに

1 はじめに

　本章では，経済発展の地域的な波及に関して前章で展開された議論をベースに，またこれまでの実証研究の成果を参照しながら，経済発展と地域政策について考察する。

　市場メカニズムが1国全体に浸透していく経済発展の過程で，地域間の経済格差には縮小する傾向が確かに認められる。しかし，すでに前章でも指摘されたように，市場メカニズムの作用に加えて，地域格差の縮小に対して何らかの政策介入が実際に行われ，一定の効果を持つことは充分にありうることである。

　開発途上国における相対的に稀少な投資財源という条件のもとで，先進諸国経済へのキャッチアップを実現させながら，地域格差を縮小させることが実際に可能なのか，もし可能であるとすれば，どのような条件の下で可能になるのか。政策介入によって地域格差を縮小することができたとしても，それによって国全体の資源配分が非効率化し，経済成長が本来可能なレベルを達成できないとすれば，格差是正の客観的な条件が劣化するのであるから長期的には好ましいとはいえない。

　地域格差を是正する経済政策は，経済開発がかなり進んだ段階でなければ資源の浪費に終わるだけであるという危険がある。しかし，国によっては政治的な理由から格差是正のために一定の努力を傾注しなければならないという事情もある。市場メカニズムの完成度，中央政府の政策実施能力，地域における経済開発能力，国際的な経済事情，等々，考慮されなければならない条件は多様であるが，以下では中央政府による地域政策に焦点を当て，経済発展過程における地域経済の成長の可能性を検討しよう。

2　経済発展と地域経済

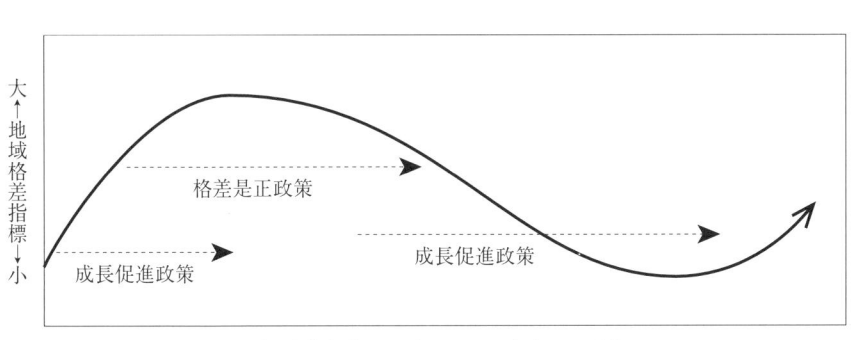

(1) 経済発展と地域格差

　経済発展と地域格差の動向には重要な関連があると考えられてきた。第1章と多少重複するが，両者の関係を簡単に確かめておこう。これまでの諸研究の成果は，次の図に示されるような経済発展と地域格差の関係を明らかにしている。図2-1は横軸に時間とともに成長する経済水準を測り，縦軸には地域格差の水準を測って，経済水準の上昇とともに地域格差がどのように推移するかを示したものである。

　経済が発展するにつれて，初めは大きくなかった地域格差がしだいに拡大する。しかし，さらに経済が発展する過程で地域格差はやがてピークを迎え，このピークを過ぎた後は縮小に転じる。こうした動向がこれまでの先進諸国の経済発展の過程でかなり一般的に見られた[1]。市場経済において地域格差がこのように推移していくとすれば，少なくとも地域格差の是正を目的にした地域政

図2-1　経済発展と地域格差の長期的動向

策は長期的な観点に立つかぎり必要性は低い。経済政策を実施するには必ずコストがかかり，それは多くの場合に租税収入によって賄われるのであるから，政策の必要がなければ租税負担は少なくて済む。民間経済の活力を租税負担によって阻害せず，多少時間はかかるが，格差が縮小に向かうのを待てばよい。

しかし，図に示された地域格差動向には注意すべき点が少なくとも3つある。第1に，格差の拡大過程ですでに何らかの地域政策が行われている。つまり，地域格差がピークを迎える前に，遅れ始めた地域に対する経済基盤整備などの地域政策が行われ，格差縮小の一部分はそうした政策努力によって実現していることを無視することはできないであろう。国民的な統合が進んでいる国では，こうした「政治的」配慮によって，地域政策が行われることになるというのがハーシュマンの予測であり期待でもあった[2]。

地域間平等化を促進させようとする地域政策は，こうして例えば図に示したように，地域格差がおそらくピークに達する以前から何らかの方法で実施に移されることになろう。地域政策の効果が短い期間で生じるとは考えにくいし，格差是正の地域政策が制度化されるようになれば，その制度は簡単に廃止することが難しい。その強度は別として，地域政策は一定の期間にわたって継続されることになると思われる。

地域格差動向に関して注意すべき第2の点は，ひとたび縮小した格差がふたたび拡大に転じる場合があるということである。近年の日本でも実際に生じたことであるが，これにはおそらく経済活動の内容が常に変動しているという基本的な理由がある。第1次産業を中心とした経済構造から第2次産業，さらに第3次産業の比重の高い経済構造といった変動に加えて，各産業のなかでも時代によって主導的な産業は異なるのが常である。経済発展を主導する，いわゆるリーディング産業は時代とともに変化する。

活力のある経済では，常に新しい産業や経済活動が成長し，経済全体をときには強力に牽引する。もちろん，そうした牽引力の強い新産業が一国全体に一様に分布するわけではないから，縮小した格差がふたたび拡大し始めることはいくらでも可能である。情報産業や文化的産業など新産業の発生基盤という意

味も含めてみれば，各地域が完全に均質化することはまず望めない。新しい産業・経済の展開局面で比較的有利な地域と比較的不利な地域の差が生じるのは自然であろう。新産業の発展の規模が大きいほど，地域格差の拡大は生じやすくなる。

　こうして，地域格差をある一定水準に維持する必要があるとすれば，急速に経済が成長する過程でも，また格差が再び拡大に転じた過程でも，何らかの地域政策が必要である。ただし，後者の場合には格差縮小それ自体の意味をさらに考える必要もある。この局面では一国全体の経済規模はすでにかなり拡大しており，それを構成する各地域経済の規模も大きく，所得水準も国際的に見て高くなっている可能性が高いからである。経済・社会・文化・生活一般に関する価値意識が変化するなかで，経済格差を相対化できるような状況になるとすれば，格差是正のための地域政策は必要性が下がるかも知れない。

　地域格差動向に関する第3の留意点は，格差が縮小している局面で経済成長率が低下するとすれば，政策スタンスは再び変更されるということにある。国全体の成長率が低下すれば格差の拡大は当然に抑制されるが，地域政策に必要な財政資金を確保することはいっそう難しくなる。各地域の経済力が上昇しているとすれば，成長指向への政策転換は受け入れられやすいものになるであろう。地域政策の効果が上がって格差が縮小していればいるほど，政策転換は生じ易いはずである。

(2) 経済成長と地域格差のトレード・オフ

　長期的な経済発展過程のなかで展開される成長と格差を巡る政策対応について，成長の可能性と格差縮小の可能性を考慮しながら考察しておこう[3]。

　ある国のある時点で達成できる経済成長率と地域間経済格差の水準は，その時点で利用できる資源・資金量を一定とすると，トレード・オフ関係にあると考えられる。利用可能な全資源を最も成長率の高い地域に集中させれば，国全体の成長率は引き上げられる。高成長率地域では既に所得水準が高いとすれば，

そのとき地域格差も拡大する。成長力の低い地域へ資源を投入すれば，国全体の成長率は低下するが格差は縮小する。あるいは，どの地域においても同一の成長率を実現させるようにすれば地域格差は変わらないが，そのためには生産性の低い地域により多くの資源を投入しなければならないから国全体の成長率は低下するわけである。

　次の図2-2はこうしたトレード・オフ関係を示している。縦軸には成長率（例えば1人当たりGDPの対前年増減率，y）を測り，横軸には地域格差の尺度，例えば変動係数CVを測る[4]。ただし，図の原点から右方へいくほど格差が小さくなるように，変動係数の逆数（$z=1/CV$）を測るものとする。

　さて，成長率と地域格差のトレード・オフ関係は図のGD曲線で示される。ある経済のある時点で達成できる経済成長率にはおそらく限界があり，それがG点である。この成長率では地域格差は最大になるが，その格差がどの程度のものであるかは各地域および地域間の経済的，社会的な状況によって変化する。成長率を低下させれば格差の縮小が可能であるが，成長率を1単位引き下げることによって実現できる格差縮小の程度は，格差が小さくなるほど小さくなると考えられる。全国成長率がゼロ（おそらくどこかの地域ではマイナス成長となっている）の場合には格差は最小水準のDになるが，この水準も各地域および地域間の経済・社会状況に規定されるであろう[5]。

　以上の推論では，経済活動水準が高ければ成長力が大きいと想定している。この想定の下では，活動水準が低位の地域経済を高位の地域経済と同じように成長させるには，より多くの資源が必要とされ，その場合には確かに成長と格差是正はトレード・オフ関係になる。しかし，活動水準が低位でも成長力が大きい地域経済がもし存在すれば，そこへの資源投入は経済全体に高い成長と小さい格差を実現させることになる。この場合には，成長と格差はトレード・オフ関係ではなくなる。経済開発の初期にそうした地域がいくつか存在すると考えるのは無理がないであろう。トレード・オフ関係はかなり基本的ではあるが，普遍的なものとまで考えるのは適切ではない。

　トレード・オフ曲線は中・長期的にはもちろんさまざまにシフトする。した

図 2-2　経済成長と地域格差：トレード・オフと政策選好

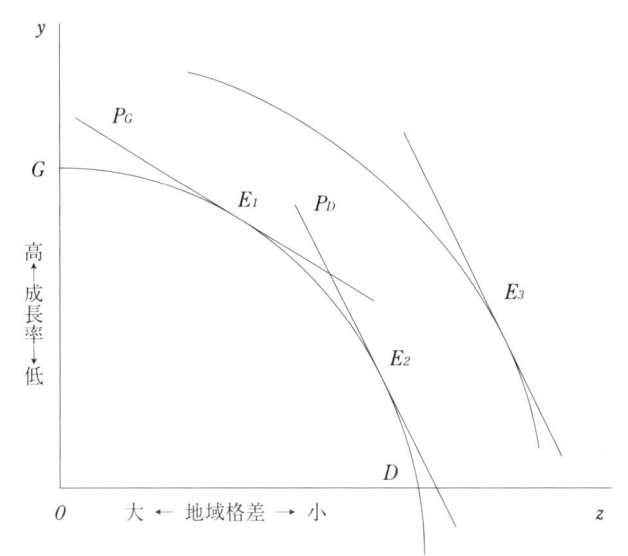

がって，同じ成長率を維持しながら格差が縮小することがありうるし，格差が同じ水準のままで成長率が上昇することももちろんありうる。一般的には，経済発展のために動員できる資源量が拡大するにつれて，トレード・オフ曲線は右上方へ移動するであろう。こうした移動が生じると，成長率の上昇と地域格差の縮小は中・長期的に両立する可能性が強くなる。

(3) 成長・格差水準と政策選好

一定の資源量の下で実現できる，成長率と格差水準の組合せはトレード・オフ曲線上に無数に存在する[6]。結局はその内の1つが実現されるが，その選択には成長率と地域格差を巡る政策形成者の価値判断—政策選好が働くと考えられる。この政策選好はある特定の個人の選好というよりも，政治的な交渉過程を含む一種の政策決定システムの作動によって生じる政策スタンスや基本的な

方向性とでもいうべきものを想定している。

政策選好は,図2-2で右下がりの曲線(原点に凸の曲線であるが,作図の容易さから直線)として表示できる。この政策選好曲線は成長率と格差水準に関する一種の無差別曲線である。成長率が高ければ大きな格差が容認されるが,成長率が低ければ格差水準は低下しなければならない。もちろん,選好曲線の位置は経済状況や社会・政治状況を反映してさまざまであり,一概に確定できるわけではない。しかし,これ以下の成長率は望ましくないという成長率の下限,またこれ以上の格差は好ましくないという格差水準の上限はおそらく存在するはずであり,その意味で一定の限界はあると思われる。

選好曲線の勾配は,成長率と地域格差の相対的な評価を表わしている。緩やかな勾配は,単位あたり成長率がより大きな格差の縮小に対応しており,成長率を相対的に高く評価していることを示している。その意味で,緩やかな勾配の選好曲線(例えばP_G)は相対的に成長促進選好であると言える。この場合,産業政策をはじめとするさまざまな経済政策は1国経済の成長を優先して組み上げられる。これに対して,急な勾配の選好曲線(例えばP_D)は,単位あたり成長率が相対的に小さな格差縮小に対応し,格差の縮小が相対的に高く評価されている。そこで,急な勾配の選好曲線は格差是正選好と呼ぶことができよう。この場合には,産業配置が低開発地域に優先されるなど,さまざまな経済政策が地域格差の是正に配慮して行なわれることになる[7]。

成長と地域格差の最も適切な最大限可能な組合せは,トレード・オフ曲線と選好曲線が接する点で達成される。図2-2でみると,もしトレード・オフ曲線がG_Dで与えられ,選好曲線がP_Gならば,E_1点で相対的に高い成長率と大きい格差が実現される。選好曲線がP_Dならば,E_2点で相対的に低い成長率と小さい格差がもたらされることになろう。トレード・オフ曲線のシフトは,選好曲線の勾配が不変であったとしても,より高い成長と小さい格差をもたらす可能性がある(点$E_2 \rightarrow E_3$)。

(4) 地域政策の消長

さて以上の政策選好による成長率と格差水準の決定をベースに，地域格差の長期的動向を政策の変遷との関連で定式化してみよう。さらに厳密な構成が必要であると思われるが，図2-3がこの試みを示すものである[8]。

まず，経済開発が進んでいない，地域間格差が拡大していない状況を出発点にしよう。ある開発途上国でまず成長促進選好が支配的になり成長指向政策が採られ，例えばA点（ある程度の成長率とある程度の格差）が実現される。開発政策の実施とともに資源の動員が進みトレード・オフ曲線は右上方にシフトする。経済成長が簡単に放棄できる目的ではなく，初期の困難が経験された後はむしろ成長選好が強化されることも考えられる。そこで，B点では成長率は高くなるが地域格差が拡大することになる。しかし，地域格差の拡大は次第に（その時期は格差の程度や実現した経済成長の成果の大きさにもよるであろうが）政策選好の変更を求めることになるであろう。つまり，成長促進から格差是正へと政策スタンスが変更され，政策体系が変化する（$B \to C$）。それまでの経済成長によって国全体の経済規模が拡大し，政策に必要な資金が確保しやすいとすれば，格差是正選好は強化され格差是正政策の広範な制度化が生じるかもしれない。この経済はすでに先進国の段階にあるが，低成長地域へ資源が配分されると，国全体の成長率は低下することになる（$C \to D$）。

こうした地域格差の縮小と経済成長率の低下は，一方では各地域の経済規模の拡大をもたらしており，依然としてある程度の格差はあるものの各地域における経済的自立の可能性とその認識を高めることになりうるであろう。しかし他方では，経済成長率の低下によって，租税収入は成長率の鈍化以上に伸び悩むことになろう。国際競争力が1国全体として低下すれば，失業の増加も心配されるようになる。そこで，何れかの時点で政策選好は格差是正から再び成長促進へとシフトする可能性がある（$D \to E$）。成長促進政策は，おそらく再び地域格差を拡大させるはずであり，その拡大が好ましくないと判断されれば，あ

48　第Ⅰ部　経済発展の長期的動向

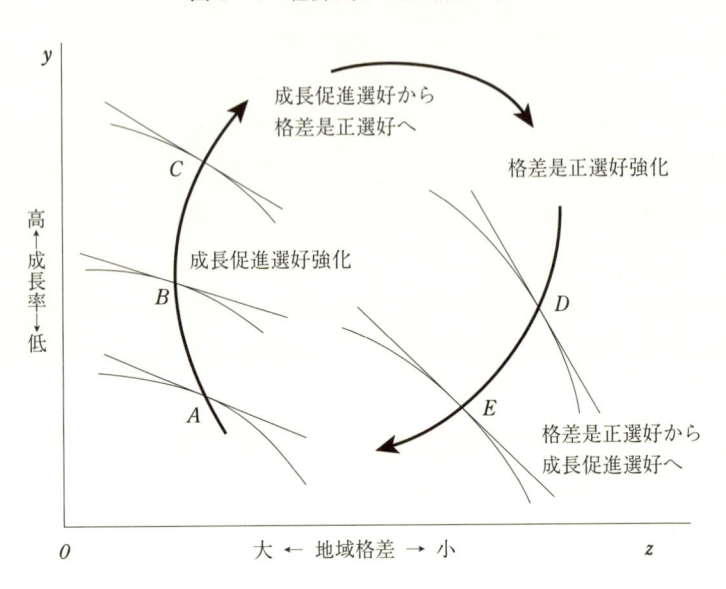

図 2-3　経済成長と地域格差の継起

る時点で再び格差是正政策が重視されることになろう。

　以上のような循環的な政策変更が実際に行われるかどうかは，とくに経済政策が制度化され，制度の改廃はほとんどの場合に容易でないという点を考慮すると，必ずしも判然としない。しかし，経済成長と地域格差と経済政策にはこうした少なくとも長期的な相互関連を想定することができるように思われる。現実には，国際的な競争環境の変化や国内における人種的マイノリティに対する政治的配慮，成長率と地域間格差に関する価値観の変動などいくつかの要因を考慮することが必要であるが，以上の推論は地域政策の消長の一面を表わすものといえよう。

3　地域経済構造と地域政策の諸問題

　経済発展の長期的な過程で，その動機はさまざまであるとしても，何らかの地域政策が実施されることはほぼ確実である。しかし，そうした地域政策は必ずしも効率性基準を満たすものではない。むしろ効率性を進んで犠牲にするところに地域間の平等性や公平性を追求する地域政策の意義があるともいえる。しかしある場合には，地域政策の継続が国民経済全体に負担になることもあり得よう。以下では，地域経済の成長メカニズムをいくぶん詳しく考察することによって，地域政策のあり方や政策対象を考察してみよう[9]。

(1)　地域経済の累積的成長

　各地域にはそれぞれの経済構造にしたがって独自の均衡成長率があり，その成長率が長期的に維持されるとすれば，各地域の成長率格差は地域経済規模の格差をもたらす。そしてその格差は当然ながら累積的に拡大することになる。地域格差拡大についてのミュルダール (G. M. Myrdal) の理論はカルドア (N. Kaldor) によって批判的に継承され，地域政策の必要性を示す論理として展開された。このカルドアの推論はさらに継承され定式化されて，いくつかの数式モデルに組み上げられている。まず，この地域経済成長モデルを要約しよう[10]。

　さて，地域経済の均衡成長率は次のような地域経済モデルによって説明される。

　まず，地域経済の開放性と移出需要の重要性を考慮すれば，移出ベース理論にしたがって，地域の生産の成長率 g が移出の成長率 x によって決定されると想定することができるであろう。そこで，

$$g = \gamma x \tag{1}$$

と書くことができる。ここで係数 γ（ガンマ）は定数であり，移出成長率に対する生産成長率の弾力性を示す係数である。つまり，移出成長率が生産の成長率を決定する。γが1であれば，例えば10％の移出成長が10％の地域経済成長をもたらすわけである。

移出に対する需要は地域内価格 P_d，地域外価格 P_f，地域外所得 Z によって決定される。この各変数の成長率あるいは変化率を小文字で示すとすれば，移出の成長率は，

$$x = \eta p_d + \delta p_f + \varepsilon z \tag{2}$$

のように表すことができる。p_d は地域内価格の変化率，p_f は地域外（の当該財に対する競争財の）価格の変化率，z は地域外の所得の成長率である。係数 η（イータ）は移出需要の地域内価格に対する弾力性で，価格が上昇すれば需要は減少すると考えてよいから，$\eta < 0$ である。δ（デルタ）は移出需要の地域外価格に対する交差弾力性で，地域外で生産される競争財の価格が上昇すれば，地域内の需要は増加すると見ることができるから，$\delta > 0$ である。ε（イプシロン）は移出需要の地域外の所得に対する弾力性を示しており，地域外所得が増加すれば地域の移出財への需要は増加するから，$\varepsilon > 0$ と考えられる。

地域内の価格が賃金 W と労働の生産性 R によって決定されるものと想定すれば，地域内価格は $P_d = W/R$ によって示すことができる。これを変化率で表すと，

$$p_d = w - r \tag{3}$$

となる。ここで w は賃金の変化率，r は労働生産性の変化率である。

労働生産性の変化率 r を生産の成長率 g それ自体の関数に特定化することによって，モデルは累積的な性質を持つことになる。そこで，労働生産性の成長率が，地域における生産の成長とは独立した自律的な部分と生産の成長率によって決まる部分からなるとすると，

$$r = r_a + \lambda g \tag{4}$$

のように示される。ここで r_a は自律的な生産性上昇率で，λ（ラムダ）は生産の成長とそれによる生産性上昇とを関連づける係数（生産性係数）であり，

λ＞0である。

　そこで，4式を3式に代入し，それを2式に代入して，さらに1式に代入していけば，成長率gは次のように示される。

$$g = (\gamma\eta w - \gamma\eta r_a + \delta p_f + \varepsilon x)/(1 + \gamma\eta\lambda) \tag{5}$$

第5式の分母の各係数，γ，η，λを一定とすると，分子の各項の大きさによって，地域の成長率は決定される。まず，$\gamma\eta w$の項ではγがプラス，ηがマイナスであるから，賃金増加率wが上昇すると地域の成長率は低下する。次の$\gamma\eta r_a$の項では，自律的な生産性増加率r_aの上昇は成長率を引き上げる。δp_fは，地域外の価格の上昇（あるいは地域価格の相対的な下落）が成長率を引き上げることを示している。最後のεxは，地域外所得の成長率の上昇が地域の成長率を引き上げることを示している。

　こうして，決定される地域成長率は，その係数と変数の大きさに応じて，各地域ごとに異なる均衡成長率をもつことになる。ある地域における均衡成長率への収束は，次の図2－4に示されているとおりである。

　初めに成長率がg_1であるとすると，それに応じた生産性の成長率が実現されて，その生産性の成長率がそれに応じる地域内価格の変化率を決定する。なおこの図では，生産性の成長率が高ければ価格の低下率が大きくなるという関係を分かりやすく表示するため，価格の変化率はマイナスで測られている。次に，地域外価格の変化率および地域外所得の成長率を所与として，価格の減少が移出の成長を実現させる。価格低下率が大きければ移出成長率は大きい。そして最後に，その移出成長率が次期の地域成長率を決定するという関係になる。こうした循環的な経済活動の連鎖によって地域成長率は次第に押し下げられ，この図のような諸関係の下では，均衡水準g_Eへ落ち着くことになる。成長率g_2は，同じ連鎖によって次第にg_Eへと上昇するのである。こうして均衡成長率が実現される。

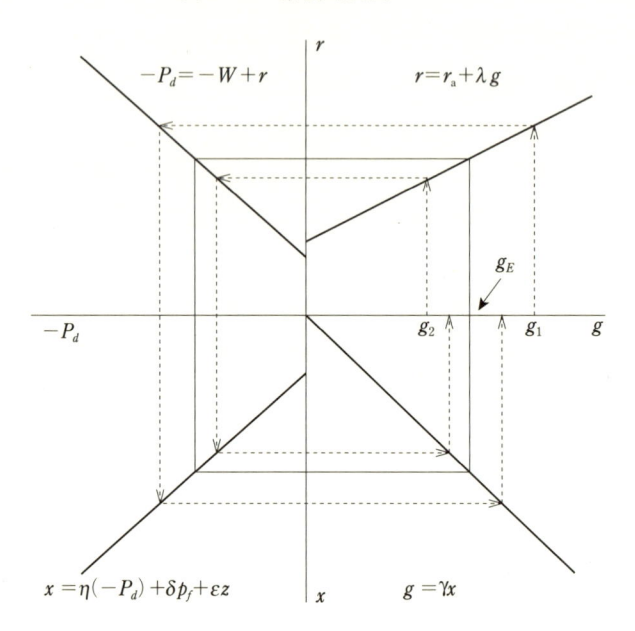

図 2-4　累積的成長モデル

$-P_d = -W + r$　　$r = r_a + \lambda g$

$x = \eta(-P_d) + \delta p_f + \varepsilon z$　　$g = \gamma x$

(2) 地域経済成長と地域経済構造

　地域の均衡成長率は地域経済の構造によって変化し地域ごとに異なる。高い成長率の地域もあるし成長率の低い地域もあるが，成長率の違いを規定する要因はさまざまである。前節で示した地域成長モデルに即して，地域経済の構造に注目しつつ検討してみよう。
　まず，移出成長率が地域経済の成長率を決定するという関係（第1式）では，係数 γ の大きさが問題である。これは移出需要の増加が地域内部にどのような波及効果を及ぼすかという地域内産業連関の問題であり，地域内への波及が大きければ係数 γ の値は大きくなる。もちろん，地域内の産業構造が緊密でなく，移出需要の増加が移入を拡大させてしまう，つまり地域内の産業間資金循環の

漏れが大きいとすれば，係数の値は小さくなる。この問題は，各産業の地域間比較優位性の問題でもある。

　地域の産業構造は，ひとまずは地域独自の政策課題であろう。しかし，経済開発の初期的な局面で，産業の地域的配置が国の政策によって決定され，その決定に地域間の比較優位性が反映されているとすれば，効率性を無視して地域の独自性を追求することにも問題がないわけではない。地域産業構造の変更は地域にとって長期的に取り組むべき課題であるが，政策費用の負担を考慮すればやみくもに実施できる性質のものではなさそうである。全国レベルにおける地域政策が必要とされる分野であろう。

　地域の生産性の決定（第4式）に関しては，地域独自に政策を実施する余地が大きいと思われる。自律的な生産性成長率 r_a は資本に体化されない技術進歩率と労働資本装備の自律的な増加率によって決定される。地域経済成長率に連動する生産性成長率 λg は，成長率を所与として生産性係数 λ に依存する。その係数 λ は，生産に誘発されるが資本には体化されない技術進歩率と生産に誘発される資本形成の大きさ，そしてその資本に体化される技術進歩の程度によって決定される[11]。企業の資本形成や技術革新に関わる諸条件には全国的な要素もあるが，投資決定が主として地域の企業家の判断や決意で行われるとすれば，生産性の上昇は地域内部でかなりの程度まで左右できると考えられよう。

　もちろん，インフラストラクチャーの整備等の公共政策が民間資本形成に影響を与えることは，地域政策の観点から無視できない重要性がある。しかし，地域外からの資本投資や人材の誘致が，地域の生産性に及ぼす影響やその可能性は国際化の進展するなかでますます大きくなるはずであり，その意味で地域経済の開放性は生産性上昇の背後にある基本的な要因のひとつであると考えられる。こうした側面がまずは地域における意思決定の範疇にあるとすることは自然なのであろう。

　生産性と地域内価格（とくに移出財価格）の関係（第3式）については，生産性の上昇が製品価格の下落に繋がる企業内メカニズムや市場構造も考慮すべきであろうが，ここでの定式化の範囲では賃金率の上昇率だけが地域内価格を左

右する要因となっている。賃金率は地域内部の労働市場条件によって規定されるが,全国的かつ制度的な要因によって影響される側面も大きい。地域独自の政策に限界があるとすれば,地域政策の対象になる。事実,地域政策の一環として特定地域の（さらに特定産業の）雇用に際して,雇用補助金を給付することはかなり一般的である。賃金上昇率を一時的に引き下げることは,均衡成長率の上昇を一時的にではあるが可能にするものである。

　最後に,地域内価格上昇率（下落率）と移出需要の成長率の関係（第2式）については,一見すると外部要因だけが重要であるともいえる。まず,地域内価格変動p_dに対応する移出需要の価格弾力性ηは移出先地域の状況によって決定される。また,地域外の競争財価格の変動p_fも移出先地域の事情によるし,交差弾力性δも同様である。さらに,地域外所得の変化率zも地域にとっては外生的な要因である。しかし,移出需要の所得弾力性εは移出財の構成によってときに大きく変化するであろう。どのような移出財に特化していくか,あるいはどれだけ洗練された製品を生産できるか,地域外需要への適切な対応が重要なのである。そのうえ,海外を含めた外部市場の開拓も視野に入れれば,ここでの定式化では外生的要因であるが,移出需要の確保と拡大は地域独自の政策努力の範囲であると見るほうがよいかもしれない。

(3) 地域開発政策と地域政策

　このようにいくつかの政策努力によって均衡成長率を上昇させることは可能である。しかし,均衡成長率を継続的に引き上げるには地域経済の構造を変化させなければならない。2つのケースを取り上げ,次の図2-5によってこのことを確認しておこう。

　まず,地域経済成長率が生産性上昇に及ぼす効果,係数γが上昇するケースを見よう。係数γは,これまでの生産方法に拘泥せず,より効率的な新しい生産方法を採用することなどによって上昇する。一般的に言えばイノベーションが継続的に生じている場合に上昇するといってよいであろう。物的資本ととも

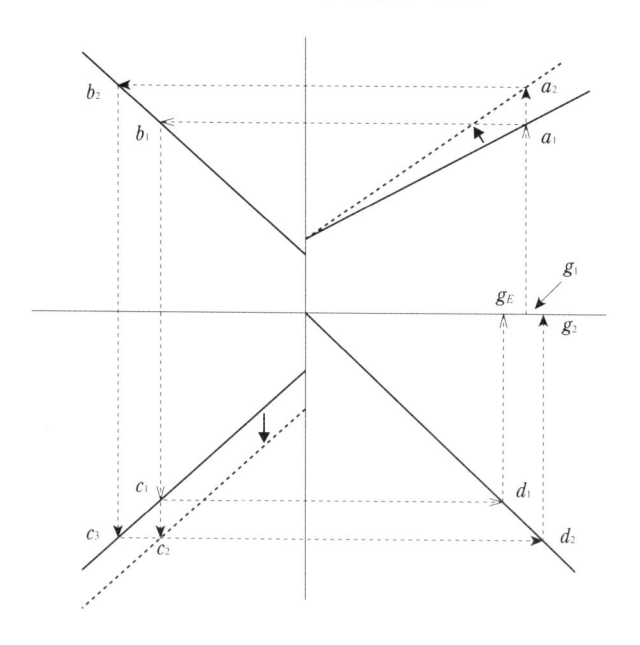

図 2-5　地域経済構造の変化

に人的資本の蓄積が重要である。もしγが上昇すれば，第1象限の生産性関数が図のようにシフトし，同一の成長率に対応してより高い生産性の成長率が得られる。その他の条件が等しいとすれば，g_1の成長率はa_1ではなくa_2の生産性成長率をもたらし，g_2のように成長率がさらに上昇していく。いずれかは均衡成長率に達するが，その均衡成長率はもとの均衡成長率g_Eよりも高い。

次に，移出需要の所得弾力性が上昇するケースでは，第4象限の移出需要関数が図のようにシフトする。他の条件が同一であるとすれば，成長率g_1からスタートした地域経済は，a_1，b_1をたどって，c_1ではなくc_2のように移出需要の成長率を引き上げ，g_2の成長率を実現させる。この成長率はやはり均衡成長率に落ち着くが，最初の均衡成長率g_Eよりも高くなっているのは，前のケースと同じである。

この2つのケースは，さまざまな地域開発政策によって地域経済の構造が有

利に変化していくことを想定している。これに対して，例えば賃金補助や投資減税といった地域政策によって労働コストや資本コストが引き下げられる場合にも（第2象限の関数が下方シフトして），成長率が上昇することは図示するまでもないであろう。しかしこの場合には，成長率の上昇は地域政策が行なわれている間に限られる。その間に経済構造が変化しなければ，賃金補助等の廃止とともに成長率は元の水準に戻ってしまう。この場合の成長率の上昇は経済構造の変化による上昇とは基本的に異なるのである。

地域の経済開発政策にとっても，格差是正のための地域政策にとっても重要なことは，一時的な成長率の上昇ではなく，地域の構造を変化させることである。すなわち，各関数の勾配と位置を長期的に変化させて低開発地域の成長率を高めることである。地域政策の必要性は疑いないが，それが地域の構造変化をもたらさず，社会資本整備にしても減免税等の援助にしても，その継続に依存するような経済体質を地域に温存させるものであれば，国民経済全体に対する負担だけが継続するということにもなりかねない。低成長地域の実情に立脚した経済開発政策であるとしても，いくつかの要因からその政策効果が望めないようなとき，地域構造の変革を実質的に援助するものとしての地域政策が，国際競争力と地域間公平性を追求するうえから望まれるのである。

4　おわりに

経済開発に成功した国々では，開発の初期的な局面から地域間経済格差を是正するような地域政策は採用してこなかったといってよいであろう。経済諸資源の地理的な集中は経済発展の必要条件とさえいえるのかもしれない。しかし，経済成長が進み地域格差が拡大するなかで，国別にかなりの違いがあるが，格差縮小への何らかの要因が作用する。そこで，政治システムの違いにもよるが，早晩，格差是正政策が実行されることになる。

地域政策は国あるいは中央政府による公共投資等の地域配分，財政システムを通じる公共資金の（地方財政調整を含む）地域配分，租税制度の地域的に差別的な適用などさまざまであるが，格差是正のために行われる場合には，経済効率性つまり経済成長率にはマイナスの影響を持つことが充分に予測される。地域政策の実施は不可避であるとさえいえようが，それだけに効率的な政策実施が望まれるところである。

経済発展の過程で地域格差が次第に縮小するが，そうした局面では各地域の経済規模は相当の水準にまで達していることが期待される。もしこれが実現すれば，地域格差の縮小と相俟って，地域政策をその地域の自発的かつ自立的開発努力だけでは解決できない要因に対するものだけに絞り込むことができる。開発政策の主体は地域であり，国あるいは中央政府は真の援助者として行動し，パターナリスティックに振舞う必要がなくなるであろうし，政策費用の負担の減少は民間経済活力の発揮に対して有利な展開である。

経済成長とともに地域格差が縮小し，地域政策の範囲と強度が減少していくことになれば，国際化経済が本格的に進展しているなかで，地域間競争はいっそう強化されることになろう。地域間競争の結果は多くの地域にとって決して楽観的なものではない。しかし，各地域の経済規模が拡大して政策実施能力が向上しているとすれば，むしろ競争の激化が地域における独自性の発揮の基盤として作用することを望むべきであろう。

注

1) 経済発展と地域格差の拡大そして縮小というプロセスは，Williamson［1965］以来さまざまに検討されたきた。Richardson［1978, 1980］などを参照。
2) より具体的には，低開発地域からの政治的な要求，公平性の観念の普及，国民的統合への配慮等によって，公共投資配分は低開発地域に有利化し始めるし，連帯意識に基づいた何らかの援助が成長地域から遅れた地域へ行われる可能性がある。Hirschman［1958］p. 193（邦訳 p. 339）および p. 198（邦訳 p. 348-9）を参照。恒常的な停滞地域の発生は国内需要を適切に拡大させて経済開発を進めるうえでも望ましくない。また，市場メカニズムが経済運営の基本である先進諸国におい

ても，地域格差の拡大は政治的に好ましくなく，ときにはいわば「自動的」に何らかの地域政策が行われることになるであろう。Kaldor［1970］, Bird［1986］等を参照。
3) 以下の記述の基本的な枠組みは，主にRichardson［1978］pp.226-229およびRichardson［1987］pp.281-285に基づいている。また，石川［1998］を参照。
4) 変動係数は各地域の1人当たり所得といった地域経済指標の標準偏差を，各地域の単純平均値で除した値であり，地域経済分析では一般的に利用されている。変動係数が大きいほど格差は大きい。
5) GD曲線の位置と形状を決定する要因は，生産要素の移動性といった市場要因から地元利益に関わる政治的，制度的要因まで多様である。
6) 成長率の高い地域でも低い地域でも，そこに投下された資源が完全に効率的に利用されるとは限らないから，曲線の内側でこの組合せが実現することも充分にありうる。労働や資本の不完全雇用が一般的である開発途上経済では，この可能性を無視するわけにはいかないが，基本的な考え方には影響はないと思われる。
7) もちろん，地域格差にも成長率にも影響する政策が，別の意図で行われることはあり得る。
8) 以下の定式化では，少なくとも中長期的な経済循環の影響の析出，経済政策の意思決定に関する厳密化，とりわけ格差是正が要請される格差水準，成長促進が要請される成長率水準の特定化などをさらに進める必要がある。
9) 地域政策全般に関しては，Armstrong and Taylor［1993］, Bird［1986］, Hansen［1992］, Hansen, Higgins and Savoie［1990］などを参照。
10) Myrdal［1957］, Kaldor［1970］。累積的な地域経済成長を数式によってモデル化したものとしては，Richardson［1973］, とくにpp.29-34, Dixon and Thirlwall［1975］, またさらに一般的な説明としてはThirlwall［1994］pp.136-139などがある。本節の記述は主にThirlwall［1994］によっている。
11) Dixon and Thirlwall［1975］p.209を参照。

参考文献

Armstrong, Harvey and Jim Taylor［1993］*Regional Economics and Policy*, 2nd edition, Harvestor Wheatsheaf（坂下昇監訳，財・計量計画研究所地域経済研究会訳『地域経済学と地域政策』流通経済大学出版会，1998年）．

Bird, Richard M.［1986］*Federal Finance in Comparative Perspective*, Canadian Tax

Foundation.

Dixon, R. and A. P. Thirlwall ［1975］ "A Model of Regional Growth-rate Differences on Kaldorian Lines," *Oxford Economic Papers*, Vol. 27, No. 2, July, pp. 201-214.

Hansen, Niles ［1992］ "Regional Policies for Equity : Can They Be Justified?," in D. J. Savoie and I. Brecher eds., *Equity and Efficiency in Economic Development*, McGill-Queen's University Press, 173-184.

Hansen, Niles, Benjamin Higgins, and Donald J. Savoie ［1990］ *Regional Policy in a Changing World*, Plenum Press.

Hirschman, Albert O. ［1958］ *The Strategy of Economic Development*, Yale University Press（麻田四郎訳『経済発展の戦略』厳松堂 1975年）.

石川祐三 ［1998］『地方財政論―地域間競争と財政調整―』高城書房。

Kaldor, Nicholas ［1970］ "The Case for Regional Policies," *Scottish Journal of Political Economy*, Vol. 17, November, pp. 337-348.

Myrdal, G. M. ［1957］ *Economic Theory and Under-Developed Regions*, Gerald Duchworth（小原敬士訳『経済理論と低開発地域』東洋経済新報社, 1959年）.

Richardson, Harry W. ［1978］ *Regional and Urban Economics*, Penguin Books.

Richardson, Harry W. ［1980］ "Polarization Reversal in Developing Countries," *Papers of the Regional Science Association*, Vol. 45, pp. 65-85.

Richardson, Harry W. ［1987］ "The Goals of National Urban Policy," in R. J. Fuchs, G. W. Jones and E. M. Pernia （eds.）, *Urbanization and Urban Policies in Pacific Asia*, Westview Press, pp. 277-300.

Thirlwall, A. P. ［1994］ *Growth and Development* （5th ed.）, Macmillan.

Williamson, Jeffrey G.[1965] "Regional Inequality and the Process of National Development: A Description of the Patterns," *Economic Development and Cultural Change*, Vol. 13, No. 4, Part II, July, pp. 3-84.

第3章　地域経済構造の産業連関モデル分析

呼子　徹

1　はじめに
2　地域産業連関モデル
3　最終需要モデル
4　地域経済のシミュレーション
5　おわりに

1 はじめに

九州経済は21世紀に向けてどのように拡大し発展して行くのが望ましい姿なのであろうか。九州が持つ経済的な活力とその潜在的な力，そして西日本や九州の地域性としての特徴をどのように活用して行くかにより，その将来が約束されていると言えよう。国際性を増す経済の拡大はアジアとの関わりを一層高め近隣諸国，特に東南アジアとの繋がりは大きくなり，共存関係をますますつよめるであろう。国際競争力の増加と新しい産業の創出やベンチャー企業の育成を図る必要があろう。規制緩和と地域自治の尊重が昨今とくに求められている。九州の独自性がまさに問われているのである。九州の役割とその発展は諸外国との関係，特に東南アジアとの関係，国際社会での重要な位置付けを強め，九州経済の将来を豊かなものにしてくれる。本作業は1990年代の地域経済がどのような経済構造の中で発展し，地域経済の特性がどのように形成されて行ったかを最終需要モデルと産業連関モデルからみるものである。

地域経済を分析する中で地域モデルを考え，過去の地域経済の構造とその動向を捉え将来の予測を分析しよう。そのためにはいくつかの制約条件をつくり，それぞれに応じた地域の特徴を見ることにする。

2 地域産業連関モデル

(1) 地域経済の構造

モデルを考えるときに，過去の地域経済の姿や動き・構造を知ることが必要

である。地域の中で活動している各産業は，その地域内外の産業と相互に関連しながら生産や販売活動を行っている。そして，その地域ごとに独自の産業構造を形成しているといえる。その地域に含まれるある産業は他の産業から生産に必要な原材料や中間財を購入し，それに付加価値を加えることで他の財貨を生産し販売する。1つの産業は，他の産業との関わりの中で自己増殖を行い生産に携わる人々の福利厚生の増加と製品を購入する人々の需要に供し，その福利厚生の増大に寄与し，地域の人々の厚生増大に役立であろう。

産業間の中間生産物，新たに生産された付加価値，それらに対応する最終需要，地域内の総生産が現わされ，最終需要を構成する移輸出入を詳しく見れば，地域間産業の取り引きが解る。地域産業連関表は全国産業連関表では読み取ることができない地域経済の特徴を示している。

地域経済における中間財と産出物，それに関わる財・サービスの付加価値，消費支出関係と総固定資本形成，在庫，移輸出などの最終需要を地域の独自な特性として見ることができる。産業間の財投入の関わりを行列形式で細かく現わしたもので列に見ればある産業が他の産業へ投下した生産物としてみることができる。表では列を投入量，行に見れば産出量を現わし，生産に関わる産業間の経済の活動を知ることができる。集計方法は少し異なるが同じ最終需要の項目は支出所得として国民経済計算で毎年調査されている。地域を分析する手段として，国民経済計算と産業連関表をそれぞれ見る方法とその両者の特徴を陽表的に捉えながら見る方法がある。九州・全国産業連関表の1990年実質表は補章の表補-1と表補-2に，その時系列データとして表補-3で示している。全国産業連関表と九州，九州7県の地域産業連関表を総需給の関係から捉え表示したものが図3-1の地域の経済循環図である。

九州7県の生産額は67.6兆円（1990年現在）で，同じ年次の全国生産額864.4兆円の7.8％を占めている。対5ヵ年伸び率で23.1％の増加を示しているが，全国の成長に比べ3.6ポイント低い。年間平均伸び率で4.2％を示している。地域別の生産額は各県の地域産業連関表から比較しその特徴を知ることができる。九州経済の動きを見ると総供給としての域内生産額と総需要としての域内最終

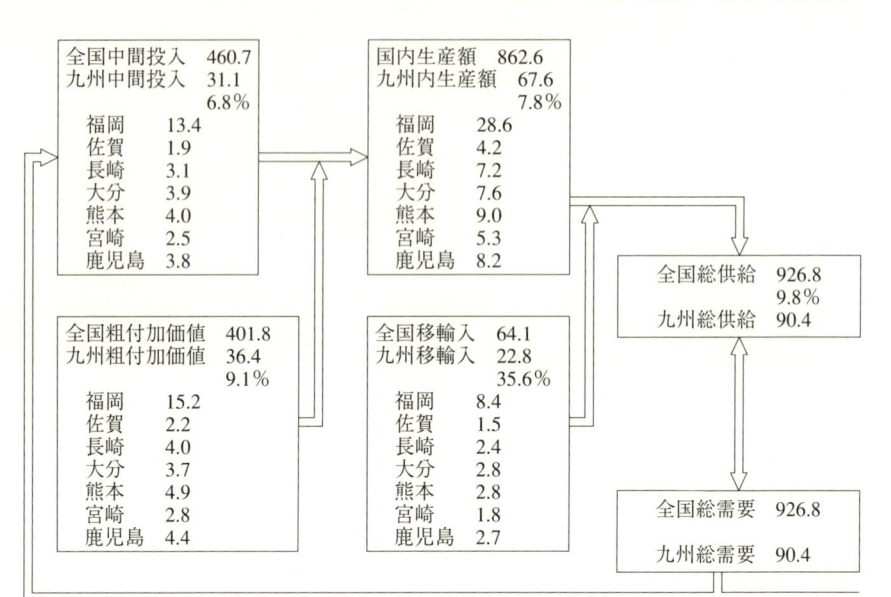

64 第Ⅰ部 経済発展の長期的動向

図3-1 1990年九州地域経済の循環（実質表）

```
全国中間投入   460.7        国内生産額    862.6
九州中間投入    31.3         九州内生産額    67.6
               6.8%                        7.8%
  福岡    13.4                福岡    28.6
  佐賀     1.9                佐賀     4.2
  長崎     3.1                長崎     7.2
  大分     3.9                大分     7.6
  熊本     4.0                熊本     9.0
  宮崎     2.5                宮崎     5.3
  鹿児島   3.8                鹿児島   8.2
                                                  全国総供給   926.8
                                                              9.8%
                                                  九州総供給    90.4

全国粗付加価値  401.8        全国移輸入    64.1
九州粗付加価値   36.4         九州移輸入    22.8
                9.1%                       35.6%
  福岡    15.2                福岡     8.4
  佐賀     2.2                佐賀     1.5
  長崎     4.0                長崎     2.4
  大分     3.7                大分     2.8
  熊本     4.9                熊本     2.8
  宮崎     2.8                宮崎     1.8
  鹿児島   4.4                鹿児島   2.7
                                                  全国総需要   926.8
                                                  九州総需要    90.4
```

需要を基に経済の循環として描くことができる。全国産業連関表では1985年から90年の年間平均伸び率は5.2％と高く，九州は全国と比較すると1.0ポイントも低下している。九州内中間投入と粗付加価値から九州内生産額が決まり，地域以外からの生産物すなわち九州の移輸入を加えることで九州の総供給額が決定される。

　それに対する需要は九州内最終需要と域外や外国への移輸出分を加えた額として最終需要合計があり，各産業の消費としての中間需要を集計すると計測で

(単位：兆円)

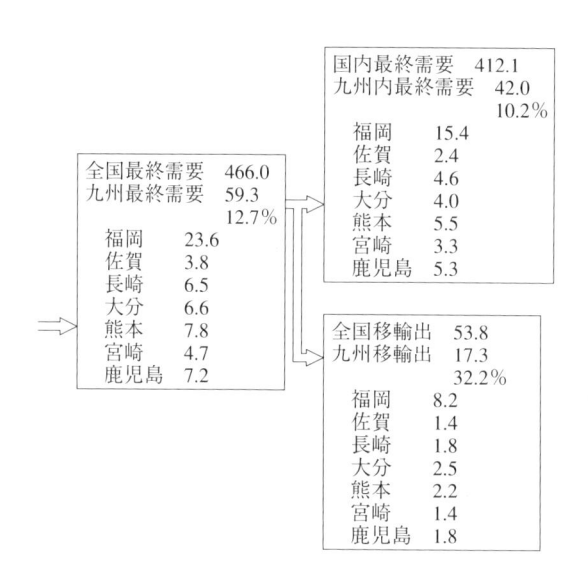

```
                          ┌─────────────────────────┐
                          │ 国内最終需要   412.1      │
                          │ 九州内最終需要  42.0      │
                          │              10.2％      │
                          │   福岡    15.4           │
                          │   佐賀     2.4           │
┌─────────────────────┐   │   長崎     4.6           │
│ 全国最終需要  466.0  │   │   大分     4.0           │
│ 九州最終需要   59.3  │──▶│   熊本     5.5           │
│             12.7％  │   │   宮崎     3.3           │
│   福岡    23.6      │   │   鹿児島   5.3           │
│   佐賀     3.8      │   └─────────────────────────┘
│   長崎     6.5      │
│   大分     6.6      │   ┌─────────────────────────┐
⟹  │   熊本     7.8      │   │ 全国移輸出    53.8      │
│   宮崎     4.7      │──▶│ 九州移輸出    17.3      │
│   鹿児島   7.2      │   │              32.2％      │
└─────────────────────┘   │   福岡     8.2           │
                          │   佐賀     1.4           │
                          │   長崎     1.8           │
                          │   大分     2.5           │
                          │   熊本     2.2           │
                          │   宮崎     1.4           │
                          │   鹿児島   1.8           │
                          └─────────────────────────┘
```

きる。その需給が等しくなるように年間を通しての産業取り引きは完結している。

　これに対し需要は最終需要計が九州地域で59.3兆円，全国の最終需要計の12.7％を示している。その内九州内需要が42兆円，移輸出が17.3兆円であり，それぞれ70.8％と29.2％を示している。九州内の中間需要が31.1兆円，最終需要計とあわせて総需要90.4兆円が形成され，総需給のバランスがとれることになる。消費に回る需要は51.2％，投資は19.6％で，とくに移輸出が29.2％と

85年同様高い比率を示している。移輸出入の交易額は40.1兆円を示し，85年に比べると31.8％の伸びを示している。年間平均伸び率では5.7％であった。

地域別の生産額で見ると九州内7県で最も生産額の大きいのは福岡で28.6兆円である。これは九州全体の42.4％を占め他の県を大きく引き離している。熊本の9兆円，鹿児島の8.2兆円が全体の13.3％，12.2％と続いている。福岡の経済の大きな影響を受けている姿を多くの面で分析することができる。とくに，商業圏としての九州の位置づけを産業別構成比から58.7％と他をリードする高さを誇っている。ついで運輸，製造業の53.8％と44.4％が続いている。これを福岡の地域内生産額でその産業構成を見ると製造業が高く32.2％，ついでサービス業が21.0％で続き，商業は13.0％で3.7兆円を示している。熊本の0.93兆円，鹿児島の0.82兆円が追っているにすぎない。

最も低い県は佐賀で4.2兆円を生産し，次いで宮崎県が5.3兆円で続いている。それぞれ全九州の6.3％，7.9％を占めている。それでも地域内の生産総額に対する比率は製造業，サービス業ともに高く，九州産業の構成比に等しい大きさを示している。佐賀と宮崎両県の産業構成は九州7県の平均に近い姿を示している。九州全体の産業構成はその生産額から第1次産業が4.7％，2次産業が42.4％，3次産業が52.0％を示し，1・2次産業の構成が低下し3次産業の上昇が続いている。

(2) 地域の機能比較

産業連関表は産業間の膨大な経済関係を記述している統計であり，産業間の生産に必要な原材料の取り引きとその中間財取り引きでどれだけの所得や利益が生じたかを付加価値部門で示している。また生産財の販路としての最終需要部門で構成され，それぞれの経済行動として見ることができる。条件としてある産業はある一定の生産物を生産している。ある産業の生産は一般に複数の生産物の混合した内訳で成り立っていると見ることが一般的である。しかし，その産出の比率を不変とし産業間の生産物を特定することで集計がなされる。

投入係数表はある産業の財貨，サービスの生産に投入された原材料などの量を，その財の生産量などで除した比率をいい，ある産業の生産で必要とする投入原材料の大きさを知ることが出来る。投入係数は第i産業の生産1単位当たりに必要な第j産業からの投入額を示しているので

$a_i = X_i / X_j$

で表わされる。それは生産原単位で表示された技術構造を表わしている。第i次部門1単位生産のために第j次部門の製品がどれだけ必要かを示している。この係数の大きさがその生産額の内容を表示しているため，生産に必要な原材料の多いさ，所得，利潤などの大きさがが読み取れることになる。生産技術が変化する場合には投入係数も変るのでそれぞれの読みが変ってくることになり生産過程や産業間で異なった生産関係が取られることになる。予測が行われる場合にはその期間について投入係数は不変が仮定され計測される。表補－4で九州内各県別産業別投入係数を表示し，図3－2はその業種別12部門について図示したものである。

投入係数がわかれば産業連関分析で必要な逆行列係数を導くことができる。その係数の列和は影響力係数を示し，縦に見た形である産業にどの産業が最も影響を与えているかを知ることができる。またそれを横に行和で見るとある産業によってどの産業が影響を最も強く受けるかを見ることができる。表3－1は九州・全国の影響力係数と感応度係数を表示したものであり，図3－3，4はそれぞれの関わりを見た図で横軸に影響力係数を縦軸に感応度係数の大きさをとり，係数1.0線を基軸にどのような部門間の影響があるかを現わしている。全国の産業で他の産業に大きく影響を与え，また影響を受けている業種は製造業とサービス業である。この動きによく似た形で九州の産業特性は見られているが，第3次産業のサービス業は他の産業に影響を受けている部門であり，全国のそれとは異なっている。

九州内の各県を見ると全国に似た九州全体の特徴が，大きく異なった形で各県の特徴が浮き彫りに示される。とくに鹿児島，宮崎の農林水産業はⅠ象現で表示され，各産業に影響を与える業種と言えると共に影響を受ける業種でもあ

図3-2 九州内産

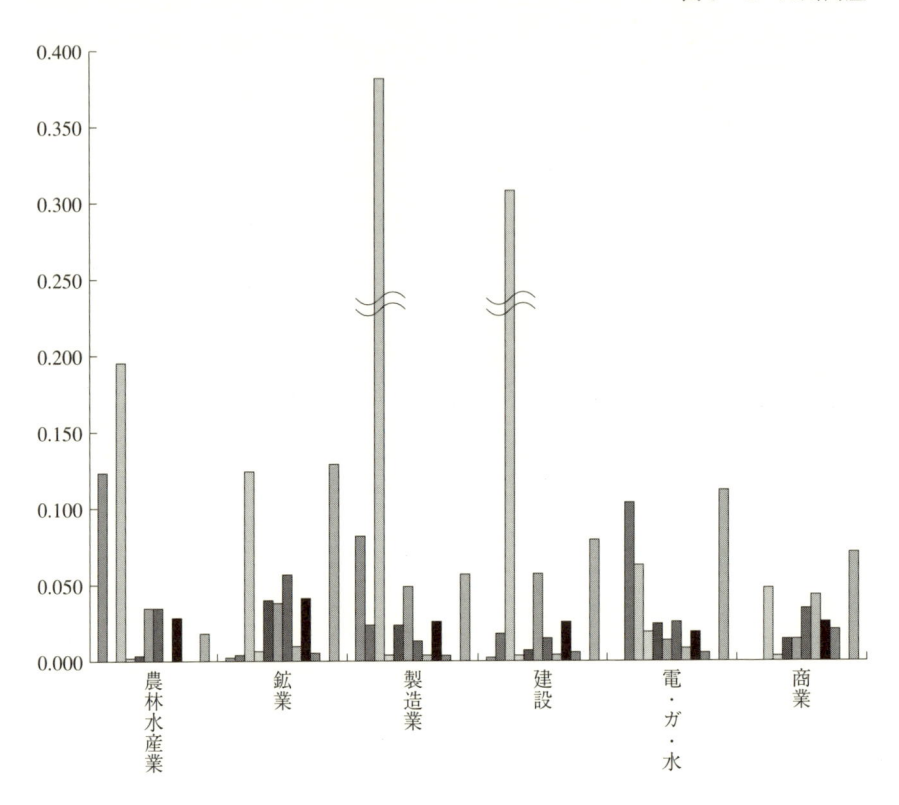

る。これに対し，福岡・佐賀・長崎・熊本は農林水産業はそれほど影響を与えないが，各産業に強く影響を受けている産業特性になっている。電・ガス・水道業では，福岡・佐賀・長崎が，Ⅳ象現で各産業に強い影響をあたえている姿を特性としてみることができる。商業は福岡・大分が九州・全国ベースでの特徴を示し，佐賀・長崎・熊本はⅡ象現の特徴を示している。大分は九州内の各県がもつ特徴と農林水産業でⅣ象現を示しているところが異なり，全国の産業特性に似た形を示している。

九州全体でみると北西部の福岡・佐賀・長崎が金融・保険で若干の違いはあるがほとんど似た地域として類別できる。中央部の大分・熊本はそれぞれ別の

業別投入係数

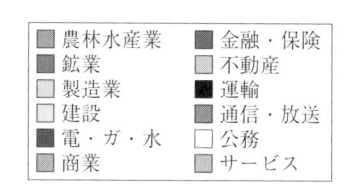

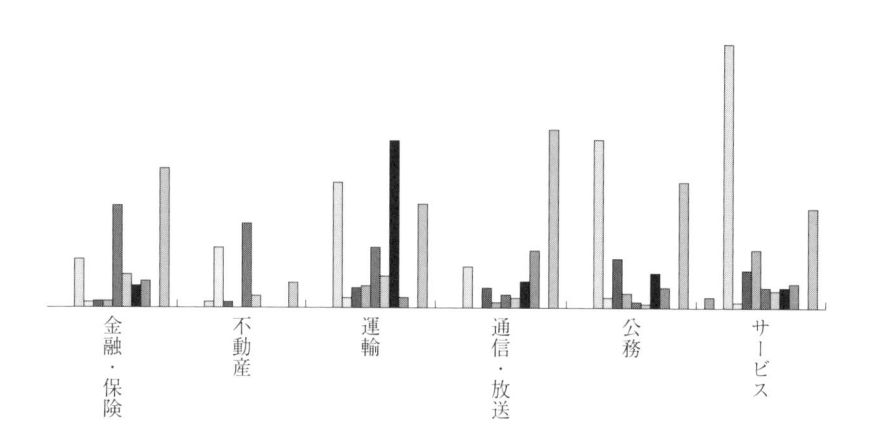

■農林水産業	■金融・保険
■鉱業	■不動産
■製造業	■運輸
■建設	■通信・放送
■電・ガ・水	□公務
■商業	■サービス

金融・保険　　不動産　　運輸　　通信・放送　　公務　　サービス

特徴を持つ地域として，南部の宮崎・鹿児島は農林水産業に特徴を持つ地域として見られる。大分は全体的に福岡と似た産業特性の構造を示し業種別には運輸業とサービス業を除き全国の特性に近い。運輸業は九州各県の産業特性としてI象現に位置し各産業に大きく影響し，また影響を受ける産業となっているが，全国の特性ではIII象現を示す。熊本は農林水産業がIII象現で全国のIV象現と異なり，商業がII象現で全国のIII象現と異なる産業特性を持っている。全国，九州型のIV象現を示す大分は全国，九州でIII象現の運輸業がII象現へ，また，サービス業は全国型ではI象現でともに影響されているのと異なり，II象現のそれほど他の産業へ影響を与えないけれども他の産業から強い影響を受け成長

70　第Ⅰ部　経済発展の長期的動向

表3-1　九州内産業別影響力・感応度係数（1990年度実質表）

	九　州		全　国	
	影響力係数	感応度係数	影響力係数	感応度係数
1農林水産業	1.0089	0.9296	1.0453	0.7427
2鉱業	1.0762	0.7853	1.1418	0.5964
3製造業	1.1174	1.5756	1.2563	3.2274
4建設	1.0410	0.8358	1.2205	0.6958
5電・ガ・水	0.9954	0.9655	0.8941	0.8188
6商業	0.9543	0.9481	0.9084	0.9673
7金融・保険	0.9452	1.0651	0.8332	1.0854
8不動産	0.8677	0.8892	0.7384	0.7267
9運輸	0.9988	0.9663	0.9844	0.8926
10通信・放送	0.9325	0.8687	0.8340	0.7011
11公務	0.9398	0.7708	0.8938	0.5911
12サービス	0.9783	1.5636	1.0389	1.2412
13分類不明	0.1445	0.8366	1.2110	0.7136

図3-3　九州の産業特性

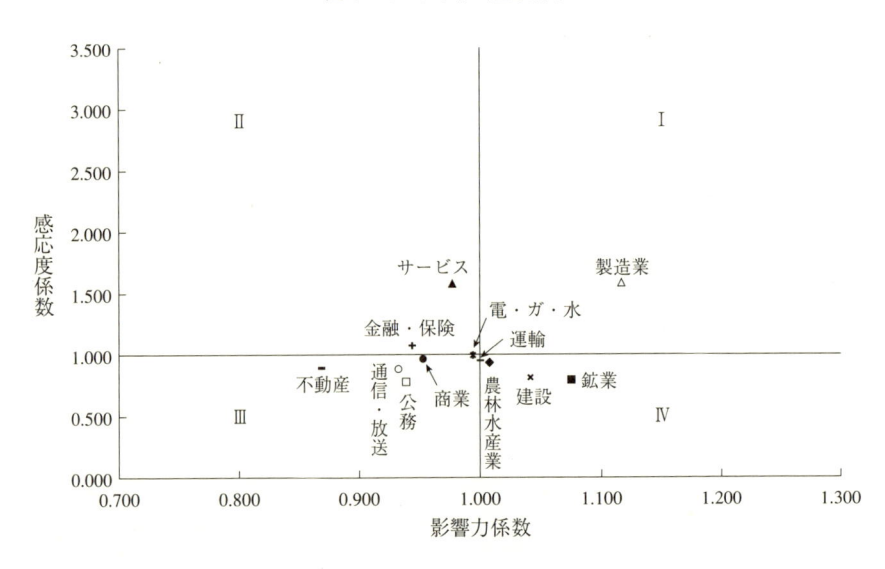

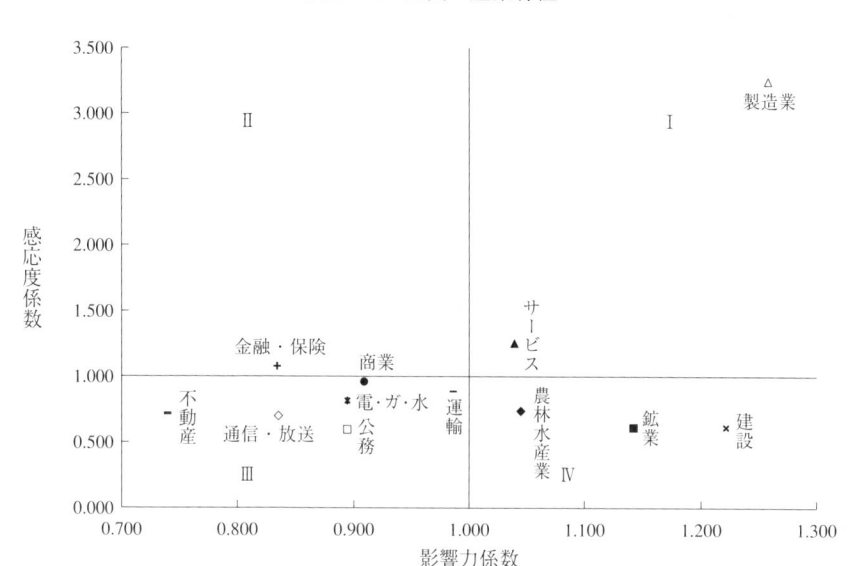

図 3-4　全国の産業特性

している姿を見ることができる。大分はその九州型の典型的例を示している点を除くと他の県と違った全国型の特性をもっている地域として見ることができる。各象現の位置づけから見ると福岡・大分型，佐賀・長崎型，熊本型，宮崎・鹿児島型とそれぞれ似た特質をもった地域に分けられる。

　地域変数として影響力係数，感応度係数を見ることで地域経済の特徴を把握することができる。産業連関表の時間的な動きは変動要因としてみることができる。また，各産業の内生部門における動きは表補-6と図3-5の各県別中間投入率で見ることができ，長期的に低下傾向にある。それは資本装備率，技術開発による省資源化や効率の良い製品の開発や省力化によっても小さくなり，また地域産業構造がサービス化されることによってもその傾向は強くなる。

　粗付加価値部門は生産活動により新たに生み出された価値を示し，九州地域内の生産額に対する比率としての粗付加価値率は年々上昇している。粗付加価値額は36.4兆円でその付加価値率は54.0％，85年の50.4％に比べ3.6ポイント

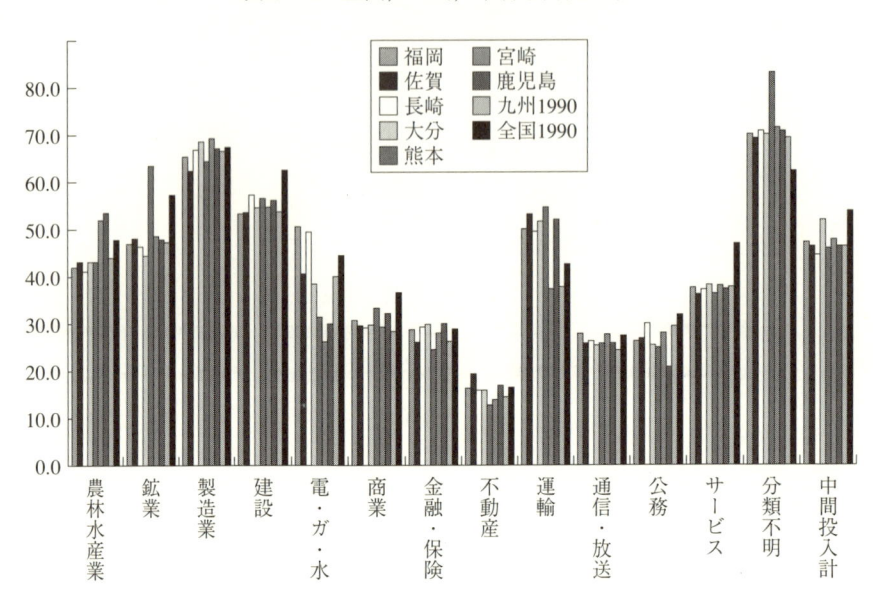

図3-5 全国, 九州, 県別中間投入率

凡例: 福岡, 佐賀, 長崎, 大分, 熊本, 宮崎, 鹿児島, 九州1990, 全国1990

項目: 農林水産業, 鉱業, 製造業, 建設, 電・ガ・水, 商業, 金融・保険, 不動産, 運輸, 通信・放送, 公務, サービス, 分類不明, 中間投入計

高くなり産業全体の高付加価値化が進んだことを示している。その伸び率では全国を3.2ポイント下回っていたが, 資本減耗引当・間接税は全国の伸び率より高い伸びを示した。

　最終需要部門は59.4兆円で85年の44.9兆円と比べると32.2%の伸びを示している。域内最終需要では全国に比べ5.5ポイント下回っているが, 移輸出ではいずれも高い伸びを示している。九州の構成で見ると福岡がもっとも高く, 熊本と鹿児島が続いている。その構成比を需要項目で見ると家計外消費支出, 在庫純増, 移輸出が高く, いずれも福岡である。その他では政府消費支出で熊本, 移輸出で大分が高い。需要項目の全体に対する比は民間消費支出が全需要の41.8%を占め, 移輸出, 総固定資本が続いている。県別では民間消費支出が佐賀, 大分と他の県よりかなり低いが, 移輸出では逆に佐賀, 大分が大きく引き離している。

　スカイライン分析として産業部門ごとの生産比率, 自給率, 移輸出入率など

第3章 地域経済構造の産業連関モデル分析

表3－2 九州内各県別粗付加価値1990年度実質表

(単位：100万円)

	福 岡	佐 賀	長 崎	大 分	熊 本	宮崎県	鹿児島	九 州
家計外消費支出	605,460	110,979	151,029	134,500	175,203	92,087	145,440	1,315,972
雇用者所得	8,405,687	1,240,027	2,174,291	1,811,688	2,636,071	1,529,858	2,413,835	19,378,820
営業余剰	3,494,671	552,618	994,288	1,119,038	1,280,592	714,332	1,129,160	8,380,061
資本減耗引当	1,977,754	312,442	564,235	495,649	637,096	384,255	603,477	5,405,912
間接税	864,005	96,375	202,166	208,716	239,617	125,671	196,365	2,336,978
(控除)補助金	−83,263	−18,887	−39,913	−31,183	−37,219	−24,567	−21,795	−332,140
付加価値計	15,264,314	2,293,554	4,046,095	3,738,408	4,931,360	2,821,638	4,468,481	36,485,603
地域内生産	28,692,266	4,247,870	7,209,945	7,692,028	9,008,666	5,363,803	8,277,085	67,622,128

九州全体に対する各県別の比率

(単位：%)

	福 岡	佐 賀	長 崎	大 分	熊 本	宮崎県	鹿児島	九 州
家計外消費支出	46.0	8.4	11.5	10.2	13.3	7.0	11.1	100.0
雇用者所得	43.4	6.4	11.2	9.3	13.6	7.9	12.5	100.0
営業余剰	41.7	6.6	11.9	13.4	15.3	8.5	13.5	100.0
資本減耗引当	36.6	5.8	10.4	9.2	11.8	7.1	11.2	100.0
間接税	37.0	4.1	8.7	8.9	10.3	5.4	8.4	100.0
(控除)補助金	25.1	5.7	12.0	9.4	11.2	7.4	6.6	100.0
付加価値計	41.8	6.3	11.1	10.2	13.5	7.7	12.2	100.0
地域内生産	42.4	6.3	10.7	11.4	13.3	7.9	12.2	100.0

地域内，各県別粗付加価値に対する比率

(単位：%)

	福 岡	佐 賀	長 崎	大 分	熊 本	宮崎県	鹿児島	九 州
家計外消費支出	4.0	4.8	3.7	3.6	3.6	3.3	3.3	3.6
雇用者所得	55.1	54.1	53.7	48.5	53.5	54.2	54.0	53.1
営業余剰	22.9	24.1	24.8	29.9	26.0	25.3	25.3	23.0
資本減耗引当	13.0	13.6	13.9	13.3	12.9	13.6	13.5	14.8
間接税	5.7	4.2	5.0	5.6	4.9	4.5	4.4	6.4
(控除)補助金	−0.5	−0.8	−1.0	−0.8	−0.8	−0.9	−0.5	−0.9
付加価値計	100.0	100.0	100.0	100.0	100.0	100.0	100.0	100.0
地域内生産	28,692,266	4,247,870	7,209,945	7,692,028	9,008,666	5,363,803	8,277,085	67,622,128

74 第Ⅰ部 経済発展の長期的動向

表3-3 九州内各県別最終需要1990年実質表

(単位:100万円)

	福　岡	佐　賀	長　崎	大　分	熊　本	宮崎県	鹿児島	九　州
家計外消費支出	605,460	110,979	151,029	134,500	175,203	92,087	145,440	1,202,867
民間消費支出	9,274,185	1,209,918	2,590,249	2,176,069	3,152,768	1,795,732	3,102,544	24,846,072
一般政府消費支出(公的)	1,320,533	270,720	573,352	408,117	686,979	358,095	572,142	4,347,022
総固定資本(公的)	789,868	321,671	435,424	388,731	462,652	307,226	521,476	11,481,738
総固定資本(民間)	3,371,472	541,106	852,707	929,776	1,052,410	741,046	1,001,804	11,481,738
在庫純増	78,582	15,149	13,430	19,845	20,512	5,979	14,408	159,690
輸移出	8,242,000	1,418,279	1,888,201	2,557,557	2,259,226	1,418,075	1,878,890	17,342,830
最終需要計	23,682,099	3,887,822	6,504,391	6,614,595	7,809,750	4,718,240	7,236,705	59,380,219

九州全体に対する各県別の比率 (単位:%)

	福　岡	佐　賀	長　崎	大　分	熊　本	宮崎県	鹿児島	九　州
家計外消費支出	50.3	9.2	12.6	11.2	14.6	7.7	12.1	100.0
民間消費支出	37.3	4.9	10.4	8.8	12.7	7.2	12.5	100.0
一般政府消費支出(公的)	30.4	6.2	13.2	9.4	15.8	8.2	13.2	100.0
総固定資本(公的)	29.4	4.7	7.4	8.1	9.2	6.5	8.7	100.0
総固定資本(民間)	49.2	9.5	8.4	12.4	12.8	3.7	9.0	100.0
在庫純増	47.5	8.2	10.9	14.7	13.0	8.2	10.8	100.0
輸移出	39.9	6.5	11.0	11.1	13.2	7.9	12.2	100.0

地域内，各県別最終需要に対する比率 (単位:%)

	福　岡	佐　賀	長　崎	大　分	熊　本	宮崎県	鹿児島	九　州
家計外消費支出	2.6	2.9	2.3	2.0	2.2	2.0	2.0	2.0
民間消費支出	39.2	31.1	39.8	32.9	40.4	38.1	42.9	41.8
一般政府消費支出(公的)	5.6	7.0	8.8	6.2	8.8	7.6	7.9	7.3
総固定資本(公的)	3.3	8.3	6.7	5.9	5.9	6.5	7.2	
総固定資本(民間)	14.2	13.9	13.1	14.1	13.5	15.7	13.8	19.3
在庫純増	0.3	0.4	0.2	0.3	0.3	0.1	0.2	0.3
輸移出	34.8	36.5	29.0	38.7	28.9	30.1	26.0	29.2
最終需要計	100.0	100.0	100.0	100.0	100.0	100.0	100.0	100.0

を考慮し,九州各地域の特徴が現わされる。地域経済の自立性については地域内需要に対する地域内供給の割合を示す自給率によって,また地域間の関わりとして移輸出入によって分析できる。九州内各県別の産業特性は補章の表補-5で表示し,生産比率・自給率・移輸出入率は補章の表補-7で表示されている。

3 最終需要モデル

(1) 地域モデルの構築

　計量モデルは,支出ブロックの最終需要を中心に考え,九州産業連関モデルとの対応関係を考慮して作成する。地域需要モデルを構造方程式9本,定義式3本で表わし,合計12本の連立方程式が構築される。期間は1975～95年を基準としているが,経済変数によって若干の差異があるので調整されている。

　過去のデータからの構造分析は,計量経済モデルの構造パラメータを推計することであり,部分テストと最終テストから確立できる。推計は最小2乗法と連立方程式体系の誤差をできるだけ少なくする2段階最小2乗法と制限つき最小2乗法を用い検討している。経済モデルは九州内総支出の1ブロックとして考慮されている。ある地域内純生産の支出構成は財・サービスの移輸出入,民間消費,政府消費,民間投資,政府投資,在庫投資から成り立つ。県民経済計算報告書から九州内総支出7県の集計値を求め,それぞれの計量モデルが構築され,推計が行われている。

　(1)式の民間最終消費は消費の基となる個人所得あるいは可処分所得に大きく依存している。また,1期前の民間最終需要と深い関わりを持っていることが経験的に解っている。地域の経済は中央の大きな動きに左右されることから,全国ベースのGDPを説明変数に持ってくること,その他に消費者の多様化するニーズに合わせる変数の導入や財産所得などの影響も検討された。資産運用

による所得の変化も影響を与えるし,その奢侈化も日常的な消費とは大きく違ってくる。総需要のなかでも市場での均衡所得や均衡雇用を達成させるような有効需要の大きさをどのように消費関数のなかで現わしていくかの課題でもある。しかし,そのような市場の均衡は,消費の変化に生産活動がすぐに対応できること,逆に,生産の変化に消費者が対応できること,真に消費できるものが消費者の多様なニーズに即応できるような生産が可能になること等に影響されよう。民間消費支出はその地域の生産力の水準と大きさ,前期の消費支出で説明される。ここでは推計するなかで特性値のもっとも良好な説明変数として家計可処分所得と前期の民間消費支出が選択されている。

(2)式の政府消費支出は政策変数として用いることができる。政府消費と投資の大きさが建築業,製造業の生産を直接・間接的に刺激し産業全体へ波及して行く。(3)式は消費の一部を占める住宅投資は地域の生産額の大きさ,住宅関連の金利で説明できる。ここでは相対的変動が強くトレンドが現れにくいため,式の良好な特性値を得られず,制約つきの最小二乗法で推計されている。(4)式の民間設備投資は営業余剰,企業家の投資マインドに左右されるし,政策変数によく用いられる金利の大きさにコントロールされる。(5)式の在庫投資は生産過程の一部を構成するが製品が流通し,販売されていくなかで大きな役割を果たしている。流通の円滑化,注文への機敏性,予備投資は将来への対応の容易さを現わしている。生産量の大きさに影響を受けるし,将来の需要に即応できるように,生産・需要の緩衝として働く。(6)式は定義式で総固定資本形成が民間住宅投資と民間設備投資そして公的総固定資本形成から成り立つことが示されている。(7)式の移輸出は国内総生産と交易条件(円レート)によって影響を受け,(8)式の移輸入は九州内総生産と輸入物価指数に影響を受ける。(9)式の家計可処分所得は九州内総生産と前期の家計可処分所得により説明する。(10)式の企業所得は九州内総生産で説明できる。(11)式は九州内総資本形成を,(12)式は最終需要計を表わす定義式である。計量モデルの最終消費支出は民間最終消費支出,政府最終消費支出,九州内総資本形成(総固定資本形成((民間(住宅,企業),公的(住宅,企業,一般政府)),在庫品増加),移輸出,移輸入からなって

第3章 地域経済構造の産業連関モデル分析　77

図3-6　最終需要のフロー・チャート

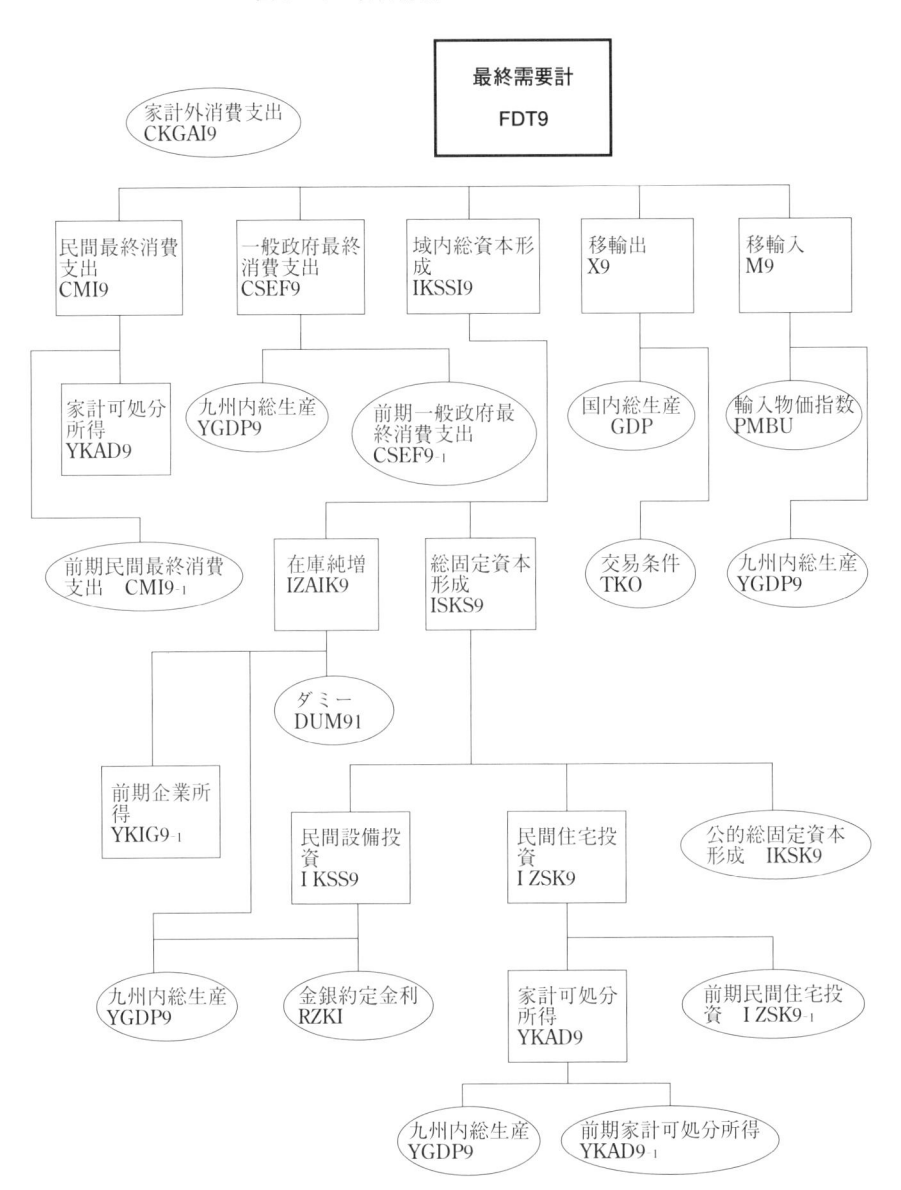

最終需要計 FDT9

- 家計外消費支出 CKGAI9
- 民間最終消費支出 CMI9
  - 家計可処分所得 YKAD9
  - 前期民間最終消費支出 CMI9₋₁
- 一般政府最終消費支出 CSEF9
  - 九州内総生産 YGDP9
  - 前期一般政府最終消費支出 CSEF9₋₁
- 域内総資本形成 IKSSI9
  - 在庫純増 IZAIK9
    - ダミー DUM91
    - 前期企業所得 YKIG9₋₁
  - 総固定資本形成 ISKS9
    - 民間設備投資 IKSS9
      - 九州内総生産 YGDP9
      - 金銀約定金利 RZKI
    - 民間住宅投資 IZSK9
      - 家計可処分所得 YKAD9
        - 九州内総生産 YGDP9
        - 前期家計可処分所得 YKAD9₋₁
      - 前期民間住宅投資 IZSK9₋₁
    - 公的総固定資本形成 IKSK9
- 移輸出 X9
  - 国内総生産 GDP
  - 交易条件 TKO
- 移輸入 M9
  - 輸入物価指数 PMBU
  - 九州内総生産 YGDP9

いるが，次節の産業連関モデルに関係づけるため，(12)式のように最終需要計として表されている。式のなかで自己相関の高い(1), (3), (4), (7), (8), (10)式はコクラン・オーカット法で調整済みである。各変数のフローチャートは図3-6で表示される。

―――九州地域需要モデル―――

(1) 民間消費支出

$$CMI9 = 3354770 + 0.2000\ YKAD9 + 0.5767\ CMI9_{-1}$$
$$(4.00)\quad\quad (4.47)\quad\quad\quad (6.22)$$

2SLS （1976-1995） R^2= 0.998 SD= 97890.91 DW=1.26

(2) 政府消費支出

$$CSEF9 = 443614.1 + 0.0132\ YGDP9 + 0.7796\ CSEF9_{-1}$$
$$(3.53)\quad\quad (2.51)\quad\quad\quad (9.80)$$

OLS （1976-1995） R^2=0.997 SD=17738.80 DW= 1.32

(3) 民間住宅投資

$$IZSK9 = 0.1011\ (YKAD9 - YKAD9_{-1}) + 0.9399\ IZSK9_{-1}$$
$$(1.71)\quad\quad\quad\quad\quad\quad (24.76)$$

2SLS （1976-1995） R^2=0.996 SD= 116924.73 DW= 1.59

(4) 民間設備投資

$$IKSS9 = -3983013 + 0.2485\ YGDP9 + 104133.6\ RZKI$$
$$(-1.82)\quad\quad (4.33)\quad\quad\quad (1.92)$$

CO （1975-1995） R^2= 0.9754 SD= 198572.73 DW= 0.90

(5) 在庫品増加

$$IZAIK9 = 253914.4 + 0.010294\ YGDP9 - 0.0694\ YKIG9_{-1}$$
$$(2.56)\quad\quad (1.01)\quad\quad\quad\quad (-1.70)$$
$$+ 189248.9\ DUM91$$
$$(11.81)$$

2SLS （1976-1995） R^2= 0.913 SD= 15119.60 DW=1.51

第3章 地域経済構造の産業連関モデル分析　79

(6) 総固定資本形成

ISKS9 ＝ IZSK9 ＋ IKSS9 ＋ IKSK9

(7) 移輸出

X9 ＝ 2244611 ＋ 22.3198　GDP ＋ 2,645.89　TKO
　　　(4.91)　　　(20.24)　　　　　(0.94)

　　　CO　(1975-1995)　R^2＝ 0.997　SD＝ 125335.37　DW＝ 1.30

(8) 移輸入

M9 ＝ －4089120 ＋ 0.496048　YGDP9 －2955.98　PMBU
　　　(－6.24)　　(31.20)　　　　　　(－1.60)

　　　CO (1975-1995) RO＝0.517　R^2＝0.997　SD＝152366.10　DW＝1.25

(9) 家計可処分所得

YKAD9 ＝ －867247.6 ＋ 0.1753　YGDP9 ＋ 0.8322　YKAD9₋₁
　　　　　(－1.01)　　(2.78)　　　　　　(15.43)

　　　OLS　(1975-1995)　R^2＝ 0.999　SD＝ 169689.29　DW＝ 2.60

(10) 企業所得

YKIG9 ＝ －1455516 ＋ 0.2289　YGDP9
　　　　　(－3.22)　(16.84)

　　　CO (1975-1995) RO＝0.520　R^2＝0.989　SD＝ 151802.30　DW＝ 2.27

(11) 九州内総資本形成

IKSSI9 ＝ ISKS9 ＋ IZAIK9

(12) 最終需要計

FDT9 ＝ CKGAI9 ＋ CMI9 ＋ CSEF9 ＋ IKSSI9 ＋ X9

経済変数名

CMI9：民間最終消費支出　CSEF9：政府最終消費支出　CKGAI9：家計外消費支出
IZSK9：民間住宅投資　IKSS9：民間設備投資　IZAIK9：在庫品増加
ISKS9：総固定資本形成　IKSK9：公的総固定資本形成　IKSSI9：九州内総資本形成
YKAD9：家計可処分所得　YKIG9：企業所得　YGDP9：九州内総生産

X9：移輸出　　　　M9：移輸入　　　　FDT9：最終消費
TKO：交易条件　　　PMBU：輸入物価指数
RZKI：金利　　　　DUM91:在庫純増（91年値調整ダミー）
　（ ）：t値，R^2：決定係数，SD：標準誤差，DW：ダービン・ワトソン比を示す。

　地域の経済構造を把握した計量経済モデルの構築と推計が行われ，各方程式の1本1本のテスト，全体的検討がなされた。そこで，現状分析を行い各地域の動きや特質を考えてみる。最終需要の大きさによって各産業活動における波及効果を1つ1つ知ることができる。制約条件として1975〜95年の平均伸び率を標準値と考えそれに基づいて計測を行う。標準値に基づく経済構造の把握と内挿による内生変数の動き，特に目標変数が期待通りに推移しているかどうかを見極める必要がある。この段階でもモデルに不都合が生じる場合には，フィードバック機能によって再推定が行われる。モデルの正常な動きと各種検定によって確立された地域モデルは，外挿としての予測段階へ進むことができる。

(2) 産業連関モデルへの展開

　産業連関モデルの最終需要項目と県民経済計算の消費支出項目の関係からそれぞれのモデルから計算できる数値を検討することで産業連関モデルの将来値を予測したり，政策に活用できる。したがって，需要項目の変化が産業の生産に大きな影響を持っていることから需要項目の1つ1つがどのように変化し，その結果が産業連関モデルにどのように影響を与えるか見る必要がある。また，新しい予測の段階で地域間の産業の関連がどのように変化するか，あるいは逆に影響を受けるかによって，地域間の違いや動きがそれぞれの特徴として浮き彫りにされるであろう。幸いにこのソフトでは産業連関表を予測する場合に，計量モデルの分析結果を取り入れながらより精度の高い推計を試みることができる。計量モデルから推計される家計外消費支出，民間最終消費支出，一般政

第3章 地域経済構造の産業連関モデル分析 *81*

表3-4 九州内最終消費モデル表

(単位：100万円，%)

(1) 消費・所得の構造

	1975年	1980年	1985年	1990年	1995年	2000年	2005年	2010年	1980/1975	1985/1980	1990/1985	1995/1990	2000/1995	2005/2000	2010/2005
民間最終消費	13,555,090	15,863,090	17,626,640	20,782,630	22,648,500	24,744,720	26,898,540	29,188,570	3.2	2.1	3.3	1.7	1.8	1.7	1.6
政府最終消費	2,983,177	3,427,992	3,674,822	3,976,455	4,280,855	4,514,884	4,774,680	5,061,923	2.8	1.4	1.6	1.5	1.1	1.1	1.2
家計可処分所得	11,058,210	17,539,310	22,355,690	27,487,110	32,315,080	36,808,270	41,413,610	46,356,340	9.7	5.0	4.2	3.3	2.6	2.4	2.3
企業所得	2,878,004	4,927,739	5,664,081	6,868,876	7,812,301	8,714,666	9,773,186	10,941,880	11.4	2.8	3.9	2.6	2.2	2.3	2.3
九州内総生産	21,861,640	27,711,460	30,192,940	36,697,820	40,226,940	44,413,800	49,036,420	54,140,170	4.9	1.7	4.0	1.9	2.0	2.0	2.0
民間最終消費	62.0	57.2	58.4	56.6	56.3	56.0	55.4	54.6							
政府最終消費	13.6	12.4	12.2	10.8	10.6	10.2	9.9	9.6							
家計可処分所得	50.6	63.3	74.0	74.9	80.3	83.9	86.9	89.5							
企業所得	13.2	17.8	18.8	18.7	19.4	19.6	19.9	20.2							
九州内総生産	100.0	100.0	100.0	100.0	100.0	100.0	100.0	100.0							

(2) 投資の構造

	1975年	1980年	1985年	1990年	1995年	2000年	2005年	2010年	1980/1975	1985/1980	1990/1985	1995/1990	2000/1995	2005/2000	2010/2005
民間住宅投資	1,849,938	1,808,883	1,525,558	2,038,303	1,919,397	1,810,899	1,742,071	1,722,200	-0.4	-3.3	6.0	-1.2	-1.2	-0.8	-0.2
民間設備投資	3,002,964	3,554,072	4,348,606	6,563,194	6,155,061	7,413,498	8,503,471	9,742,628	3.4	4.1	8.6	-1.3	3.8	2.8	2.8
公的総固定資本	2,123,246	3,060,020	2,800,313	3,348,593	4,466,198	5,127,475	5,886,663	6,758,257	7.6	-1.8	3.6	5.9	2.8	2.8	2.8
総固定資本形成	6,976,145	8,422,976	8,673,850	11,950,090	12,540,660	14,351,870	16,132,210	18,223,080	3.8	0.6	6.6	1.0	2.7	2.4	2.4
在庫品増加	310,424	199,333	212,422	167,692	125,312	119,973	95,515	68,512	-8.5	1.3	-4.6	-5.7	-0.9	-4.5	-6.4
九州内総資本形	7,286,569	8,622,308	8,886,302	12,117,780	12,665,970	14,471,840	16,227,720	18,291,600	3.4	0.6	6.4	0.9	2.7	2.3	2.4
民間住宅投資	25.4	21.0	17.2	16.8	15.2	12.5	10.7	9.4							
民間設備投資	41.2	41.2	48.9	54.2	48.6	51.2	52.4	53.3							
公的総固定資本	29.1	35.5	31.5	27.6	35.3	35.4	36.3	36.9							
総固定資本形成	95.7	97.7	97.6	98.6	99.0	99.2	99.4	99.6							
在庫品増加	4.3	2.3	2.4	1.4	1.0	0.8	0.6	0.4							
九州内総資本形	100.0	100.0	100.0	100.0	100.0	100.0	100.0	100.0							

(3) 移輸出入の構造

	1975年	1980年	1985年	1990年	1995年	2000年	2005年	2010年	1980/1975	1985/1980	1990/1985	1995/1990	2000/1995	2005/2000	2010/2005
移輸出	6,013,009	7,683,805	9,852,603	12,116,470	13,550,060	13,970,970	14,555,640	15,170,060	5.0	5.1	4.2	2.3	0.6	0.8	0.8
移輸入	7,349,409	8,889,497	10,758,890	13,531,810	15,630,360	17,751,800	20,068,350	22,620,660	3.9	3.9	4.7	2.9	2.6	2.5	2.4
移輸出	81.8	86.4	91.6	89.5	86.7	78.7	72.5	67.1							
移輸入	100.0	100.0	100.0	100.0	100.0	100.0	100.0	100.0							

82　第Ⅰ部　経済発展の長期的動向

(単位：100万円, %)

(4) 最終消費支出の構造

	1975年	1980年	1985年	1990年	1995年	2000年	2005年	2010年	1980/1975	1985/1980	1990/1985	1995/1990	2000/1995	2005/2000	2010/2005
家計外消費支出	721,296	861,698	1,014,139	1,202,867	1,365,493	1,442,266	1,523,355	1,609,003	3.6	3.3	3.5	2.6	1.1	1.1	1.1
民間最終消費	13,555,090	15,863,090	17,626,640	20,782,630	22,648,500	24,744,720	26,898,540	29,188,570	3.2	2.1	3.3	1.7	1.8	1.7	1.6
政府消費支出	2,983,177	3,427,992	3,674,822	3,976,455	4,280,855	4,514,884	4,774,680	5,061,923	2.8	1.4	1.6	1.5	1.1	1.1	1.2
総固定資本形成	6,976,145	8,422,976	8,673,880	11,950,090	12,540,660	14,351,870	16,132,210	18,223,080	3.8	0.6	6.6	1.0	2.7	2.4	2.5
在庫品増	310,424	199,333	212,422	167,692	125,312	119,973	95,515	68,512	−8.5	1.3	−4.6	−5.7	−0.9	−4.5	−6.4
移輸出	6,013,009	7,683,805	9,852,603	12,116,470	13,555,060	13,970,970	14,555,640	15,170,060	5.0	5.1	4.2	2.3	0.6	0.8	0.8
最終需要計	30,559,140	36,458,890	41,054,510	50,196,200	54,042,560	59,144,680	63,979,930	69,321,160	3.6	2.4	4.1	1.5	1.8	1.6	1.6
家計外最終消費	2.4	2.4	2.5	2.4	2.5	2.4	2.4	2.3							
民間最終消費支出	44.4	43.5	42.9	41.4	41.9	41.8	42.0	42.1							
政府消費支出	9.8	9.4	9.0	7.9	7.9	7.6	7.5	7.3							
総固定資本形成	22.8	23.1	21.1	23.8	23.2	24.3	25.2	26.3							
在庫品増	1.0	0.5	0.5	0.3	0.2	0.2	0.1	0.1							
移輸出	19.7	21.1	24.0	24.1	25.1	23.6	22.8	21.9							
最終需要計	100.0	100.0	100.0	100.0	100.0	100.0	100.0	100.0							

(5) 九州計量モデルの外生変数

	1975年	1980年	1985年	1990年	1995年	2000年	2005年	2010年	1980/1975	1985/1980	1990/1985	1995/1990	2000/1995	2005/2000	2010/2005
九州内総生産	21,861,640	27,711,460	30,192,940	36,697,820	40,226,940	44,413,800	49,036,420	54,140,170	4.9	1.7	4.0	1.9	2.0	2.0	2.0
国内総生産	152,362	245,547	324,290	438,367	487,377	512,238	538,367	565,830	10.0	5.7	6.2	2.1	1.0	1.0	1.0
家計消費支出	721,296	861,698	1,014,139	1,202,867	1,365,493	1,442,266	1,523,355	1,609,003	3.6	3.3	3.5	2.6	1.1	1.1	1.1
公的総固定資本	2,123,246	3,060,020	2,800,313	3,348,593	4,466,198	5,127,475	5,886,663	6,758,257	7.6	−1.8	3.6	5.9	2.8	2.8	2.8
交易条件	107.5	76.1	80.3	98.6	110.3	110.9	111.4	112.0	−6.7	1.1	4.2	2.3	0.1	0.1	0.1
輸入物価指数	105.3	157.5	142.3	99.8	73.5	64.4	56.5	49.5	8.4	−2.0	−6.8	−5.9	−2.6	−2.6	−2.6
金利	8.8	8.5	6.6	7.2	3.3	2.6	2.0	1.5	−0.7	−5.1	−2.0	−14.4	−5.0	−5.0	−5.0

(6) 九州内総支出

	1975年	1980年	1985年	1990年	1995年	2000年	2005年	2010年	1980/1975	1985/1980	1990/1985	1995/1990	2000/1995	2005/2000	2010/2005
民間最終消費	13,555,090	15,863,090	17,626,640	20,782,630	22,648,500	24,744,720	26,898,540	29,188,570	3.2	2.1	3.3	1.7	1.8	1.7	1.6
政府消費支出	2,983,177	3,427,992	3,674,822	3,976,455	4,280,855	4,514,884	4,774,680	5,061,923	2.8	1.4	1.6	1.5	1.1	1.1	1.2
総固定資本形成	6,976,145	8,422,976	8,673,880	11,950,090	12,540,660	14,351,870	16,132,210	18,223,080	3.8	0.6	6.6	1.0	2.7	2.4	22.5
在庫品増	310,424	199,333	212,422	167,692	125,312	119,973	95,515	68,512	−8.5	1.3	−4.6	−5.7	−0.9	−4.5	−6.4
移輸出	6,013,009	7,683,805	9,852,603	12,116,470	13,555,060	13,970,970	14,555,640	15,170,060	5.0	5.1	4.2	2.3	0.6	0.8	0.8
民間最終消費支出	7,349,409	8,889,497	10,758,890	13,531,810	15,630,860	17,751,800	20,068,350	22,620,660	3.9	3.9	4.7	2.9	2.6	2.5	2.4
総固定資本形成	22,488,440	26,707,700	29,281,480	35,461,520	37,519,520	39,950,620	42,388,220	45,091,490	3.5	1.9	3.9	1.1	1.3	1.2	1.2
民間最終消費	60.3	59.4	60.2	58.6	60.4	61.9	63.5	64.7							
政府消費支出	13.3	12.8	12.5	11.2	11.4	11.3	11.3	11.2							
総固定資本形成	31.0	31.5	29.6	33.7	33.4	35.9	38.1	40.4							
在庫品増	1.4	0.7	0.7	0.5	0.3	0.3	0.2	0.2							
移輸出	26.7	28.8	33.6	34.2	36.1	35.0	34.3	33.6							
移輸入	32.7	33.3	36.7	38.2	41.7	44.4	47.3	50.2							
九州内総支出	100.0	100.0	100.0	100.0	100.0	100.0	100.0	100.0							

府消費支出，総資本形成，移輸出のそれぞれの大きさを産業連関表の総需要額としてその変化率を予測の過程で取り込み逆行列を推測し，中間生産物や中間需要を計測する。その時に移輸入の値を内生化することで予測を行うことができる。家計外消費支出は産業連関表に現れる独特の勘定で1975～90年の5年ごとの数値に補完推定を行い95年までのトレンド値と合わせて計量モデルの値を算出している。

　九州地域，九州7県の地域性を考慮するが，モデルはできるだけコンパクトに表現し九州モデルが構築される。そのなかでその地域性を表示するために，九州産業連関モデルと九州地域の各県別産業連関モデルを考える。最終需要構造を1つのブロックとして考えることによって産業連関モデルとの互換性をとることができる。ここでは支出ブロックを中心に産業連関分析の最終需要構造と比較し，できるだけ近似させながら考えていく。産業連関分析の需給バランスは次の式で表示できる。

$$AX + F + E - M = X \qquad ①$$

　　　（A：投入係数，X：域内生産額，F：域内最終需要，E：移輸出，M：移輸入）

　1つの行を表示するとある産業の生産過程とその生産物の販売に関わり消費した過程を詳しく見ることができる。

　生産の主体としての産業を細かに見ると企業間の中間生産物の取り引き，企業で新たに付け加えられた付加価値，生産の対象となる需要の大きさが決まることで1巡回の経済は完結する。国民経済計算では把握できない中間生産物の取り引きを分析できること，また，企業間の取り引きや産業全体の取り引きを細かに分析できることからより地域に密接な経済の分析が可能となる。

　先の産業連関表の行列表示としての数式モデル ① のなかで移輸入を内生化すると九州内の生産額は最終需要と移輸出を与えることで示すことができる。移輸入率 m は域内の需要 (AX + F) に対する移輸入Mの割合を示しているので

$$m_i = M_i / (AX + F)_i \qquad (i = 1, 2, \cdots\cdots, n)$$

となる。また，その移輸入率を対角成分とする対角行列は

$$\overline{M} = \begin{pmatrix} m_1 & 0 & \cdots & 0 \\ 0 & m_2 & \cdots & 0 \\ \vdots & & \ddots & \vdots \\ 0 & 0 & \cdots & m_n \end{pmatrix}$$

となり,移輸入Mは次の式で表される。

$$M = \overline{M}(AX + F)$$

これを先の①式に当てはめると

$$AX + F + E - \overline{M}(AX + F) = X$$
$$AX + F + E - \overline{M}AX - \overline{M}F = X$$
$$F - \overline{M}F + E = X - AX + \overline{M}AX$$
$$(I - \overline{M})F + E = (I - A + \overline{M}A)X$$
$$X = [I - (I - \overline{M})A]^{-1}[(I - \overline{M})F + E]$$

となる。したがって,逆行列が決まれば最終需要Fと移輸出Eがわかると生産額が計算できる。

Iはn行n列の単位行列,最終需要総計が与えられれば逆行列係数を用いて均衡産出量を簡単に計算することができる。そこで,最終需要と移輸出を計量モデルから導き,九州内の産業連関表をそれぞれを計測し,産業連関モデルに反映させることができる。

4 地域経済のシミュレーション

(1) 地域経済の波及効果

投入係数は列方向の費用項目に重点を置き見たもので,これは波及効果分析のために必要である。また,この投入係数から逆行列表の計算が可能となり,生産波及の大きさを知ることができる。たとえば,ある特定産業に対しある1

単位の需要が生じた場合，それに関わる各産業の生産がどのように影響され増加していくかを知ることで，産業全体の生産を予測できる。

　はじめに，RAS法による投入係数の推定を行う。九州産業連関表の最近年次1985年と1995年表から年次間の動きの変化を代替効果と加工度効果とに分け，それぞれ産業別にR係数とS係数として計測する。産業ごとに予測をする場合，各業種のRAS係数を過去の変化に応じてどのように調整するか，あるいは業種ごとの動きや特徴をどのように反映させるかなどの問題が派生する。ここでは85～95年のRAS係数をそのまま利用する。最終需要の変化による波及効果，民間最終消費支出の増加による波及効果，乗数効果，また投資の増加による波及効果なども計測することができる。

　最終需要に影響される生産活動は各産業ごとに見ると関連する産業の中間需要や最終需要に答えるように生産がなされている。最終需要の生産誘発額を逆行列とその需要項目で計算できる。最終需要生産誘発額は最終需要の内どの部門が各生産額をどれだけ誘発したかをみるものである。最終需要の生産誘発額は製造業で最も高く，サービス業が次に高い。最終需要1単位がどれだけの生産を誘発したかを見る生産誘発係数の大きさで分析すると製造業のなかでも大分の生産誘発係数は0.486と大きいのが目立つ。農林水産業では宮崎，商業で福岡，サービス業で福岡・長崎・熊本が他の県よりわずかに高い。域内生産誘発額に対する生産誘発係数は福岡が最も高く，大分，熊本となっている。各県別生産誘発額と生産誘発係数については表補－8で示されている。

　最終需要を構成する各項目から見ると生産誘発依存度によって，域内生産がどの最終需要から影響を受けたかを知ることができる。最も影響が強いのは移輸出0.369，民間消費支出0.343で総固定資本形成0.190，一般政府消費支出0.077が次いで高い。誘発される割合が低いのは家計外消費支出，在庫純増である。これを各業種別に見て行くと，一般政府消費支出の公務0.972，総固定資本形成の建設業0.950，民間消費支出の不動産業，金融・保険業，移輸出の農林水産業，製造業がきわだっており，それぞれの需要項目により大きく影響されている姿を見ることができる。

一方，これを投入量の配分としての面から見ると付加価値も生産活動から派生する。生産は最終需要によって誘発されることから，付加価値も需要によって誘発されることになる。したがって，最終需要項目の1単位が変化すればどれだけの付加価値が変化するかを見た付加価値誘発額を計算できる。付加価値誘発額はサービス業，製造業，商業で大きく，電気・ガス業，通信・放送業で小さい。それを付加価値誘発係数で見るとサービス業，製造業，商業部門で高く，鉱業，通信・放送業で小さい。県別ではサービス業で熊本，福岡，長崎が高く，製造業で大分，福岡，佐賀が大きい。また商業では福岡，長崎が大きい。各需要項目の誘発依存度で見ると，最も影響が強いのは民間消費支出，次いで移輸出でその7割を占めている。

各産業はその需要を満たすように生産を行うが，すべての需要が地域内の生産品にのみあるのではなく他の地域からの移輸入にたよっていると見ることができる。その移輸入品も地域内の生産品と同じようにあるものは中間財として，また最終需要品として消費されることになる。したがって，移輸入も最終需要を誘発したものと見ることができる。輸入誘発額は製造業が他の部門を大きく引き離し高く，商業，サービス業が続いている。輸入誘発係数で見ると製造業部門では宮崎0.307，佐賀0.302，長崎0.285が大きく，不動産業，通信・放送業で小さく，建設業・公務では輸入に影響を受けないため零を示している。各需要項目では民間消費支出0.456，次いで移輸出0.241と総固定資本形成0.234が大きい。それを業種別に見ると民間消費支出の不動産業，同じく通信・放送業，金融・保険業，サービス業が大きい。移輸出では農林・水産業，鉱業が高く，不動産業，サービス業では移輸入からの誘発依存は低い。

九州の産業の特性を全体的に見ると生産誘発額で製造業が最も高く，影響力係数と感応度係数ともに大きく九州経済を牽引している。とくに生産誘発額の64.7％が移輸出に依存し，また18.8％が民間消費に依存し域外との強い結びつきにあることがわかる。1990年の全国産業での生産誘発額は製造業が他の業種を寄せつけないほどの大きさを示し，サービス業が大きく影響を与えている。九州経済では両係数がともに高いのは製造業のみでその重要性がわかる。

次に高いサービス部門は影響力係数が1.00より若干低くなり，感応度係数で全国ベースを上回っているためサービス産業は他の産業に大きく依存しながら成長していると見ることができる。この生産誘発額も1985年に比べると製造業の伸び率が低下するため，生産誘発係数で0.06ポイント影響力が落ちている。これに対し，サービス業の生産誘発額は増加したため，生産誘発係数で0.012ポイント高くなり九州県内の生産に大きく影響を与えている。全国産業の業種別特化係数をみると全国の製造業は38.7％を示し，九州では大分が42.0％と高く全国水準を超えているにすぎない。他の6県は32％～22％と低くく製造業の占める割合が大きい割には特化の度合いが小さい。次いでサービス業，建設業，商業が地域の主要な経済力となっている。

(2) 地域経済の予測

外生変数の条件，政策変数の伸び率を数パーセント前後に設定をする。国内生産の先行きと最終需要の大きさを条件づけしながら，それぞれ計測を行う。制約条件1としては過去の経済構造がそのまま維持され伸びていく姿を想定する。そこでは20年間の長期趨勢が緩やかに続いていくので平均伸び率を外生変数に考える。制約条件2として1990年を境に大きく停滞していく経済を想定し，外生変数と手段変数はできるだけ低めに押さえた値を考える。中期的には安定成長を前提に激しい経済成長はないことを前提にシミュレーションが行われる。制約条件3として，より経済の成長が大きいとき，地域間の経済活動が盛んに行われる場合，海外周辺諸国との経済交流が盛んになることで，域内の生産が効率よく伸びる場合を想定し，比較的高目の目標を設定して予測を行う。経済の成長が短期的な変動と中期的な変動を繰り返しながら発展していく姿として見ることができる。

それぞれの条件設定の中で各シミュレーションを行ってみよう。結果的にはいずれもかなり高い経済成長を示し，現実の値から大きく乖離していくため取り上げ得なかった。ここではより現実性を持ち得た制約条件2が選択されたの

表3-5 九州内生産額

	1985年	1990年	1995年	2000年	2005年	2010年
農林水産業	3,090,404	3,172,406	3,621,751	3,233,411	3,836,471	3,558,410
鉱業	336,547	325,259	325,477	243,685	311,677	218,606
製造業	18,589,791	20,801,214	24,342,074	23,316,860	28,515,864	28,313,694
建設	5,312,737	7,537,937	7,239,617	7,982,983	8,892,120	9,898,004
電・ガ・水	1,856,409	1,930,265	1,881,987	1,736,674	1,950,172	2,006,250
商業	4,805,098	6,350,019	6,855,524	7,697,558	9,184,807	10,791,142
金融・保険	1,643,141	2,029,135	1,603,101	1,795,406	1,596,017	1,978,530
不動産	2,825,773	3,742,690	3,421,102	3,842,576	3,909,417	4,503,534
運輸	2,661,621	3,442,972	3,521,101	3,897,444	4,184,146	4,802,622
通信・放送	767,959	1,072,291	1,068,095	1,298,312	1,589,676	2,273,430
公務	2,237,537	2,400,126	2,583,745	2,462,759	2,831,719	2,715,165
サービス	10,233,005	14,215,521	17,365,268	22,227,961	36,130,262	59,183,336
分類不明	561,312	602,293	842,389	878,992	1,150,797	1,790,280
九州内生産額	54,921,334	67,622,128	74,671,231	80,614,622	104,083,144	132,033,003

輸入額

	1985年	1990年	1995年	2000年	2005年	2010年
農林水産業	621,958	700,450	645,154	625,709	619,507	635,620
鉱業	787,974	571,608	528,449	327,743	331,816	215,252
製造業	11,618,980	14,665,753	13,735,393	14,720,843	15,556,106	18,102,759
建設	0	0	0	0	0	0
電・ガ・水	4,735	4,451	4,744	3,959	4,885	4,565
商業	1,755,551	3,102,710	2,492,183	3,731,782	3,425,674	5,677,694
金融・保険	295,633	286,017	287,412	251,563	285,487	276,678
不動産	6,376	91,718	7,719	94,139	8,820	110,326
運輸	876,108	1,080,117	1,080,953	1,131,472	1,267,941	1,428,583
通信・放送	27,967	42,781	38,815	51,739	58,299	92,890
公務	0	0	0	0	0	0
サービス	837,182	2,156,346	1,440,851	3,426,643	3,103,418	9,417,181
分類不明	376,038	169,792	618,022	253,088	1,111,697	538,932
九州内生産額	17,208,502	22,871,743	20,879,695	24,618,680	25,773,651	36,500,481

第3章　地域経済構造の産業連関モデル分析　89

1985〜2010年

1990/1985年	1995/1990年	2000/1995年	2005/2000年	2010/2005年	2010/1990年
0.5	2.7	−2.2	3.5	−1.5	0.6
−0.7	0.0	−5.6	5.0	−6.8	−2.0
2.3	3.2	−0.9	4.1	−0.1	1.6
7.2	−0.8	2.0	2.2	2.2	1.4
0.8	−0.5	−1.6	2.3	0.6	0.2
5.7	1.5	2.3	3.6	3.3	2.7
4.3	−4.6	2.3	−2.3	4.4	−0.1
5.8	−1.8	2.4	0.3	2.9	0.9
5.3	0.4	2.1	1.4	2.8	1.7
6.9	−0.1	4.0	4.1	7.4	3.8
1.4	1.5	−1.0	2.8	−0.8	0.6
6.8	4.1	5.1	10.2	10.4	7.4
1.4	6.9	0.9	5.5	9.2	5.6
4.2	2.0	1.5	5.2	4.9	3.4

1990/1985年	1995/1990年	2000/1995年	2005/2000年	2010/2005年	2010/1990年
2.4	−1.6	−0.6	−0.2	0.5	−0.5
−6.2	−1.6	−9.1	0.2	−8.3	−4.8
4.8	−1.3	1.4	1.1	3.1	1.1
−1.2	1.3	−3.6	4.3	−1.3	0.1
12.1	−4.3	8.4	−1.7	10.6	3.1
−0.7	0.1	−2.6	2.6	−0.6	−0.2
70.4	−39.0	64.9	−37.7	65.7	0.9
4.3	0.0	0.9	2.3	2.4	1.4
8.9	−1.9	5.9	2.4	9.8	4.0
20.8	−7.7	18.9	−2.0	24.9	7.6
−14.7	29.5	−16.4	34.4	−13.5	5.9
5.9	−1.8	3.3	0.9	7.2	2.4

需給バランス　1995年

	中間需要	最終需要	総需要	九州内生産	輸入	総供給
農林水産業	2,225,992	2,040,913	4,266,905	3,621,751	645,154	4,266,905
鉱業	661,067	192,859	853,926	325,477	528,449	853,926
製造業	15,024,999	23,052,468	38,077,467	24,342,074	13,735,393	38,077,467
建設	282,487	6,957,130	7,239,617	7,239,617	0	7,239,617
電・ガ・水	1,094,283	792,449	1,886,732	1,881,987	4,744	1,886,732
商業	2,930,030	6,417,677	9,347,707	6,855,524	2,492,183	9,347,707
金融・保険	1,257,710	632,803	1,890,513	1,603,101	287,412	1,890,513
不動産	642,434	2,786,386	3,428,820	3,421,102	7,719	3,428,820
運輸	1,748,570	2,853,484	4,602,054	3,521,101	1,080,953	4,602,054
通信・放送	644,712	462,198	1,106,910	1,068,095	38,815	1,106,910
公務	20,301	2,563,444	2,583,745	2,583,745	0	2,583,745
サービス	7,350,016	11,456,104	18,806,120	17,365,268	1,440,851	18,806,120
分類不明	843,997	616,415	1,460,411	842,389	618,022	1,460,411
九州内生産額	34,726,598	60,824,329	95,550,926	74,671,231	20,879,695	95,550,926

需給バランス　2005年

	中間需要	最終需要	総需要	九州内生産	輸入	総供給
農林水産業	2,020,672	2,435,306	4,455,978	3,838,471	619,507	4,455,978
鉱業	413,994	229,499	643,493	311,677	331,816	643,493
製造業	16,407,727	27,664,243	44,071,969	28,515,864	15,556,106	44,071,969
建設	158,658	8,733,462	8,892,120	8,892,120	0	8,892,120
電・ガ・水	1,036,245	918,811	1,955,056	1,950,172	4,885	1,955,056
商業	5,020,657	7,589,824	12,610,481	9,184,807	3,425,674	12,610,481
金融・保険	1,143,172	738,332	1,881,504	1,596,017	285,487	1,881,504
不動産	670,262	3,247,974	3,918,237	3,909,417	8,820	3,918,237
運輸	2,058,045	3,394,042	5,452,087	4,184,146	1,267,941	5,452,087
通信・放送	1,107,149	540,826	1,647,975	1,589,676	58,299	1,647,975
公務	11,926	2,819,793	2,831,719	2,831,719	0	2,831,719
サービス	25,984,766	13,248,914	39,233,680	36,130,262	3,103,418	39,233,680
分類不明	1,518,179	744,315	2,262,494	1,150,797	1,111,697	2,262,494
九州内生産額	57,551,452	72,305,342	129,856,795	104,083,144	25,773,651	129,856,795

需給バランス　2000年

	中間需要	最終需要	総需要	九州内生産	輸入	総供給
農林水産業	1,867,856	1,991,264	3,859,120	3,233,411	625,709	3,859,120
鉱業	472,234	99,193	571,428	243,685	327,743	571,428
製造業	14,047,954	23,989,748	38,037,703	23,316,860	14,720,843	38,037,703
建設	200,872	7,782,112	7,982,983	7,982,983	0	7,982,983
電・ガ・水	946,865	793,767	1,740,633	1,736,674	3,959	1,740,633
商業	3,435,913	7,993,428	11,429,340	7,697,558	3,731,782	11,429,340
金融・保険	1,120,726	926,243	2,046,969	1,795,406	251,563	2,046,969
不動産	606,574	3,330,141	3,936,715	3,842,576	94,139	3,936,715
運輸	1,743,547	3,285,369	5,028,916	3,897,444	1,131,472	5,028,916
通信・放送	764,684	585,367	1,350,051	1,298,312	51,739	1,350,051
公務	13,891	2,448,869	2,462,759	2,462,759	0	2,462,759
サービス	12,548,280	13,106,324	25,654,604	22,227,961	3,426,643	25,654,604
分類不明	1,041,696	90,384	1,132,080	878,992	253,088	1,132,080
九州内生産額	38,811,093	66,422,209	105,233,302	80,614,622	24,618,680	105,233,302

需給バランス　2010年

	中間需要	最終需要	総需要	九州内生産	輸入	総供給
農林水産業	1,821,324	2,372,706	4,194,030	3,558,410	635,620	4,194,030
鉱業	310,190	123,668	433,858	218,608	215,252	433,858
製造業	17,803,691	28,612,762	46,416,453	28,313,694	18,102,759	46,416,453
建設	128,922	9,769,082	9,898,004	9,898,004	0	9,898,004
電・ガ・水	1,099,248	911,567	2,010,815	2,006,250	4,565	2,010,815
商業	7,036,499	9,432,337	16,468,836	10,791,142	5,677,694	16,468,836
金融・保険	1,187,921	1,067,287	2,255,209	1,978,530	276,678	2,255,209
不動産	783,390	3,830,469	4,613,860	4,503,534	110,326	4,613,860
運輸	2,343,595	3,887,610	6,231,206	4,802,622	1,428,583	6,231,206
通信・放送	1,688,286	678,033	2,366,320	2,273,430	92,890	2,366,320
公務	12,166	2,702,999	2,715,165	2,715,165	0	2,715,165
サービス	53,576,555	15,023,962	68,600,517	59,183,336	9,417,181	68,600,517
分類不明	2,220,633	108,579	2,329,212	1,790,280	538,932	2,329,212
九州内生産額	90,012,421	78,521,063	168,533,484	132,033,003	36,500,481	168,533,484

で，それについての具体的説明を加える。最終需要は次のように計測され，その率の変化を産業連関モデルに取り込むと九州産業連関表の将来値を見ることができる。ここで予測できる九州産業連関表は1995～2005年である。最終需要モデルから予測された各需要の大きさと伸び率を次の表3-5で詳しく見ることができる。

　将来の産業連関表を求めるためには各予測時点における投入係数，輸入係数，最終需要が解れば計測することができる。最初の投入係数は投入産出の波及度合を示しているもので結果的には最終需要に影響されていることになる。したがって，予測する年の最終需要をどのように各産業の中間財・サービスに振り分けるかが重要な作業となる。この作業はコンバーターの作成で可能となる。コンバータは各需要項目がどの生産によって充足されたかを示す比率といえる。最終需要については計量モデルで計測しその値を考慮することで推計できる。計量経済モデルの外生変数と条件から各制約条件に基づく予測を行う。最終需要項目を内生化し連関表との斉合性を図った。ただし，全国表の1995年を参考に最終需要，輸入係数，コンバータを使い予測の数値に考慮する方法はかなり各係数の違いが見られ断念せざるを得なかった。外生変数と手段変数は制約条件1，2，3で示され計量モデルで計測され，その結果が産業連関モデルに反映され次の予測表と産業連関表の最終需要額が決められている。

　最も現実的なものとして取り上げる制約条件2で九州経済の最終需要が想定され産業連関モデルでシミュレーションされた九州産業連関予測表が補章の表補-9～12で示されている。表3-6で九州産業連関表推定のため計量モデルの最終需要の大きさが推定され，それぞれの九州産業連関表の実際値と予測値が示されている。九州内産業連関表の最終需要の項目別，産業別，輸入額の表示と各予測年の需給バランスについては表3-5で詳しく示されている。九州内産業の高付加価値化とサービス化の進展し最終需要項目では総固定資本形成の比率が上昇している。また，供給面からみると移輸入の割合が少しだけ上昇している。これは移輸出入を加えた交易額が大きくなり，とくに関東地域との経済的繋がりが強くなっている。九州経済の牽引力となる製造業，影響力は

第3章　地域経済構造の産業連関モデル分析

表3-6　最終需要の想定と九州内生産額の推移

(単位：100万円, %)

	1975年	1980年	1985年	1990年	1995年	2000年	2005年	2010年
最終需要								
制約条件1	30,559,140	36,458,890	41,054,510	50,196,200	54,042,560	62,478,770	71,760,080	82,643,820
制約条件2	30,559,140	36,458,890	41,054,510	50,196,200	54,042,560	59,144,680	63,979,930	69,321,160
制約条件3	30,559,140	36,458,890	41,054,510	50,196,200	54,042,560	61,607,530	69,511,200	78,497,490
生産額								
制約条件1		47,627,951	54,921,334	67,622,128	90,527,301	125,911,473	186,342,695	313,180,603
制約条件2		47,627,951	54,921,334	67,622,128	74,671,231	80,614,622	104,083,144	132,033,003
制約条件3		47,627,951	54,921,334	67,622,128	76,313,005	86,511,473	117,106,856	164,668,162

	1980/1975年	1985/1980年	1990/1985年	1995/1990年	2000/1995年	2005/2000年	2010/2005年	2010/1990年
最終需要								
制約条件1	3.6	2.4	4.1	1.5	2.9	2.8	2.9	2.5
制約条件2	3.6	2.4	4.1	1.5	1.8	1.6	1.9	1.6
制約条件3	3.6	2.4	4.1	1.5	2.7	2.4	2.5	2.3
生産額								
制約条件1		2.9	4.2	6.0	6.8	8.2	10.9	8.0
制約条件2		2.9	4.2	2.0	1.5	5.2	4.9	3.4
制約条件3		2.9	4.2	2.4	2.5	6.2	7.1	4.6

1.0より少し小さいが感応度の高いサービス業への特化と特徴づけを増すことにより,九州経済の先行きは期待することができる。

5 おわりに

　地域経済の動きを地域産業連関分析から求めたが,国際的な経済のグローバル化は,世界の経済が一つになるよう大きな転換をせまっているとも言える。経済取り引きの拡大は,より大きな産業連関表として世界の経済を表現する手法を必要としている。1985年の国際産業連関表はその始まりともいえる。地域経済のドラスティクな変化と企業のテクノロジー的変化に対応できる分析手法でもある。これは地域の経済的成長と発展とに裏づけられる一面を持つ国内経済とある程度成長したブロック経済が国際的繋がりを拡大していく一面とを示している現代の経済環境の中で重要な問題を解決できる糸口になるであろう。現在の経済は自国だけで富み栄えることはできない。

　国際的経済のかかわりのなかでその経済の発展を期すことができる。それでも自国だけの経済的発展は望めないし,他の国々の経済発展が同じように達成される必要がある。共存共栄の国際的協調関係であり,1国の経済が如何に国際的となっているかを如実に示していると思われる。九州地域の近隣諸国である東南アジアとの繋がりはまさにこの経済的動きの現われである。

［参考文献］

井上昭正・松嶋美由紀訳［1999］『グローバル時代の環境戦略』三修社。Organisation for Economic Cooperation and Development, OECD Policy Approaches for the 21st Century, 1999.

外務省国際連合局監修［1992］『1990年国連世界経済報告――世界経済の現状と政策――』大蔵省印刷局。United Nations［1992］*World Economic Survey 1990*

Current Trends and Policies in the World Economy.
九州経済調査協会［1994］『2010年の九州経済』。
経済企画庁総合計画局監修［1996］『2000年の地域経済と国土』ぎょうせい。
経済企画庁経済研究所［1997］『全国地域計量モデルの研究』18号，大蔵省印刷局。
経済企画庁経済研究所編［1998］『平成10年版県民経済計算』大蔵省印刷局。
経済企画庁総合計画局編［1991］『経済審議会2010年委員会報告——2010年への選択——』大蔵省印刷局。
経済審議会の21世紀世界経済委員会報告書［1997］『進むグローバリゼーションと21世紀の課題』経済企画庁総合計画局。
小宮隆太郎/奥野正寛編著［1998］『日本経済21世紀への課題』東洋経済新報社。
J. MacNeill, P. Winsermius, T. Yakushiji,［1991］*Beyond Interdependence,The Meshing of The World's Economy and Earth's Ecology*, Oxford University Press.
John Naisbitt,［1996］Megatrends Asia ,Simon & Schuster, Rockefeller Center.
総務庁編［1995］『1990年産業連関表』総務庁。
地方財政調査研究会編［1997］『地方財政統計年報』地方財務協会。
通商産業省調査統計部［1995］『平成2年九州地域経済の産業連関分析』（平成2年九州地域産業連関表作成報告書）九州通商産業局。
富山大学日本海経済研究所［1995］『国際化と地域経済』1995年日本海経済白書。
日興リサーチセンター［1990］『アジア主要国・地域の経済統計及び株式投資ガイド』㈱日興リサーチセンター。
日本銀行調査統計局［1997］『主要経済・金融データCD-ROM』日本銀行。
Economic and Financial Data on CD-ROM, Economic Statistics Monthly TANKAN Charts-Main Economic Indicators of Japan, APRIL 1997, RESEARCH AND STATISTICS DEPARTMENT BANK OF JAPAN.
マクロエコノメトリックス研究会編［1999］『Economate I-O 産業連関表分析パッケージ47都道府県産業連関表 1990年』東洋経済新報社。

第Ⅱ部　アジア経済発展の諸相

第4章　アジア経済の現況と課題

田中　一史

1　はじめに
2　アジア経済の現況
3　通貨危機を契機に経済構造改革が進展
4　経済再生に向けた課題

1 はじめに

　1998年のアジア経済は，97年7月のタイを震源地とする通貨危機の影響が更に深刻化し，第2次大戦後最悪の景気後退に見舞われた。中国を除く東アジアおよびASEAN諸国の成長率は，ASEAN4カ国で平均マイナス7.2％，新興工業地域（NIEs）でマイナス1.9％を記録した。これら諸国は従来，外資導入による輸出指向型の経済成長を遂げてきたが，通貨危機の発生以降は，民間資本の流入が途絶えたばかりでなく，外国投資家が資金を急いで引き揚げたため，流動性危機に直面する一方で，日本を含むアジア地域全般にわたる需要の低迷から各国・地域の域内輸出が頭打ちとなったため，マイナスに転じた。
　一方，98年第3四半期以降の金融指標をみると，株価，為替レートとともに回復基調にある。特に99年に入ると，ニューヨーク市場の株価高騰を背景に，割安感のあるアジア市場への欧米の資金流入が加速化している。なかでも，香港や韓国の株価は，アジア通貨危機前の水準まで回復した（99年4月）。しかしながら，個人消費や生産の面で本格的回復の兆しが見られない状況下での株高だけに，金融関係者の間では「アジア危機の再来」につながりかねないとの警告さえあがっている。
　通貨・経済危機の影響を最も蒙ったタイ，インドネシア，韓国（IMF支援3カ国），さらには，マレーシア，フィリピン，シンガポールでは，危機の発生以来，危機の根本的原因となった脆弱な金融システムや自国産業の国際競争力を高めるための構造改革が問われている。実際，IMFも支援対象国に対しては，通常の慣行であるマクロ経済政策のほか，金融機関の再編と閉鎖，独占事業の解体，貿易障壁の撤廃，競争原理を促す規制緩和，企業の透明性の大幅な改善などの大規模な構造改革を要求している。
　アジア経済の回復の時期については，総じて言えば，99年をボトムに上昇

傾向に転じるとの見方が一般的だが，これはあくまでも前年の変化率でみた議論であって，97年以前の水準にあと何年かかるといったことの問いに対する明確な答えは見出せていない。

　本節では，アジア通貨・経済危機後の経済状況を概括的に言及するとともに，以下の導入部として，アジア地域，特に危機の影響を大きく受けたASEAN5カ国および韓国の課題や問題点，さらには，今後，日系企業等がアジア地域で事業活動をする上で留意すべき点について論じたい。

2　アジア経済の現況

(1)　通貨危機後のアジア経済

　97年7月のタイ・バーツの下落で始まったアジア通貨・経済危機（以下，「危機」と省略）の発生から2年が経過した。この間，危機の影響はアジア地域に留まらず，ロシアや中南米諸国にも飛び火した。このため，長年にわたり進展を遂げてきたグローバリゼーションは，98年になって後退した。数年にわたり金額ベースで2桁近い伸びを遂げてきた世界の貿易総額も，98年にはマイナス2.0％と減少した。

　一口にアジア通貨・経済危機といっても，アジア各国・地域によってその影響の深刻さは一様でない。影響を最も蒙った国・地域は，IMFの支援対象国となったタイ，インドネシア，韓国の3カ国で，次いで，マレーシア，フィリピンといったASEAN経済圏が続く。また，域内の貿易・金融センターである新興工業地域のシンガポールや香港は，域内経済の悪化に伴う需要面での影響を受けた。中華人民共和国（中国），台湾においては大きな打撃を免れた。また，ベトナム，ミャンマー，ラオス，カンボジアのインドシナ4カ国は，隣国タイの経済危機の影響などを受け，成長は制約的であった。

アジアの景気後退は内需不振と域内輸出の減退が原因

　98年の実質GDP成長率から，経済状況の深刻さをみると（表4-1），①インドネシア（13.7％減），②タイ（8.0％減），③マレーシア（6.7％減），④韓国（5.5％減），⑤香港（5.1％減），⑥フィリピン（0.5％減）がマイナス成長を余儀なくされた。プラスの成長を維持したシンガポール，ベトナム，台湾でさえ，前年に比べ大幅に後退した。

　これら諸国の景気低迷は，内需不振とアジア向け輸出の減退が原因となった。また，台湾を除けば，金融システム危機と企業の財務悪化により，貸し渋り・信用収縮が拡大し，生産を萎縮させたこともその要因に挙げられる。ASEAN5ヵ国および韓国の製造業生産指数をみると（表4-2），97年は平均7％近い伸びを示していたが，98年には同8.9％減と大幅に減少した。生産の萎縮は，余剰人員の整理につながり，失業者が増大した（表4-3）。特に韓国では，倒産の増加，リストラによる人員削減を主因に失業者は急増し，98年12月の失業率は7.9％（失業者数1,665,000人）を記録した。これは82年7月の失業統計発表以来，最も高い数値である。また，通貨の減価に伴い消費者物価指数平均上昇率は97年の5.5％から98年には2桁を超えた（表4-4）。

　危機による社会面での影響としては，犯罪の増加など治安の悪化が挙げられる[1]。例えば，タイでは，凶悪犯罪が98年には前年の8,400件から11.9％増加し9,403件となった。盗みやひったくりなど財産を目的とした犯罪も98年には68,569件と，前年の55,688件から23.1％増加した。特に98年は年末にかけて市バス内での強盗が多発し，大きな社会問題となった。インドネシアでは，98年5月のジャカルタ暴動の発生により政治・社会不安がピークに達した。5月下旬のスハルト政権の退陣後，後任のハビビ政権下でも，同年11月の国民協議会（MPR）臨時会議を機に再びジャカルタで大規模な略奪が発生した。事態を憂慮したウィラント国防・治安相は99年2月に，「犯罪者に対してはその場で発砲する方針であり，暴動対策には特別部隊を編成する」と発表した。この発表から，これまで武器使用に対する国民の反発から強固な措置をとれなかった国軍が，治安の悪化や暴動に対し本格的に取り組む姿勢が鮮明となった。

表4-1 東アジア諸国の実質GDP成長率の推移

(単位:%)

区 分	94年	95年	96年	97年	98年
新興工業地帯(NIEs)	7.8	6.9	6.1	6.4	-1.0
韓 国	8.6	8.9	7.1	5.5	-5.5
台 湾	6.5	6.0	5.7	6.8	5.1
香 港	5.4	3.9	4.5	5.3	-5.1
シンガポール	10.5	8.8	6.9	7.8	1.5
中華人民共和国(中国)	12.6	10.5	9.6	8.8	7.8
東南アジア地域(ASEAN)	7.3	7.8	7.2	4.9	-1.9
タ イ	8.9	8.8	5.5	-0.4	-8.0
マレーシア	9.3	9.4	8.6	7.7	-6.7
フィリピン	4.4	4.7	5.9	5.2	-0.5
インドネシア	7.5	8.2	7.8	4.9	-13.7
ベトナム	8.8	9.5	9.3	8.2	5.8
ラオス	8.1	7.0	6.9	6.9	4.0
カンボジア	4.0	7.6	7.0	2.0	0.0
ミャンマー	7.5	6.9	6.4	4.6	4.0
平均成長率	9.2	8.4	7.6	6.7	1.6

資料:アジア開発銀行(ADB)

一方,実体経済の悪化をよそに,98年第3四半期以降の株価,為替レート,金利などの金融指標をみると回復基調にある(表4-5)。外貨準備高もそれに併せ97年末に比べ98年末には大幅に増大した。経常収支は,輸出が伸び悩んだ一方で,輸入が減少したため,シンガポールを除き97年の赤字から,98年にはGDPの平均10%近い黒字に転じた。

深刻な打撃を受けた諸国の多くは,危機発生以来,大規模な金融改革に着手したにもかかわらず,98年の総貸付額に対する不良債権比率は増大した。貸倒れの深刻の度合が大きい国の順にみると,① インドネシアが98年12月末で57.0%[2],② タイが同43.2%[3],③ マレーシアが同13.6%[4],④ 韓国が同10.4%[5],⑤ フィリピンが同10.4%[6]であった。また,銀行貸出残高の動きをみても,タイは97年の名目伸び率は24.8%増だったが,98年は同11.2%減と大幅に落ち込んだ。マレーシアは,同32.9%増から同3.3%増,インドネシアは同

表4-2 ASEAN5カ国及び韓国の製

区　分	1995	1996	1997	1998	1995 1Q	2Q	3Q	4Q	1995 1Q
シンガポール	10.3	3.3	4.6	-0.5	8.3	8.2	12.6	11.9	13.6
タ　イ	9.3	8.6	-0.5	-10.0	6.2	12.5	13.4	11.6	9.9
マレーシア	14.2	12.3	12.4	-10.2	15.3	15.0	13.7	14.1	10.2
インドネシア	11.0	6.6	13.0	-13.7	19.4	12.5	9.2	4.9	5.3
フィリピン*	13.5	4.2	5.0	-11.6					12.1
韓　国	12.0	7.3	5.2	-7.5	14.5	12.4	13.6	8.2	8.4

＊フィリピンの1995年の四半期データは公表されていない。また，99年2Qは，4月，5月のみ。インド
資料：シンガポール：*Economic Survey of Singapore*, シンガポール貿易産業省　タイ：*Quarterly Bulletin*,
　　　インドネシア：*Monthly Statistical Bulletin, Economic Indicators*, 中央統計局　フィリピン：*Selected*

表4-3 ASEAN5カ国及び韓国の失業率

(単位：％)

区　分	1997 1Q	2Q	3Q	4Q	1998 (p) 1Q	2Q	3Q	4Q	1999 1Q	2Q
シンガポール		1.8				3.2			3.9	3.3
タ　イ		2.1				4.6			5.2	5.3
マレーシア		2.6				4.9			4.5	n.a.
インドネシア		4.7				17.1			n.a.	n.a.
フィリピン	7.7	10.4	8.7	7.9	8.4	13.3	8.9	9.6	9.0	11.8
韓　国		2.6				6.8			8.4	6.2

資料：各国統計など。

11.5％増から19.7％増（96年は同24.2％増），フィリピンは同26.5％増から同4.8％減，韓国は同18.8％増から同4.1％増となった（表4-6）。

このように金融部門の不良債権が拡大するなかで，銀行の慎重な貸し出し姿勢は，生産回復の足を引っ張る一因となった。

● 東南アジア地域（ASEAN）

東南アジア経済は，98年も引き続き危機の渦中にあった。97年に投機売りの圧力に最初にさらされたタイは，IMFの指導下で，金融改革などの様々な構造改革を断行したにもかかわらず，98年当初の金融政策の引き締めと緊縮財

造業生産指数の前年〔同期〕比増減率

(単位:%)

1996			1997				1998				1999	
2Q	3Q	4Q	1Q	2Q	3Q	4Q	1Q	2Q	3Q	4Q	1Q	2Q
6.4	−3.9	−0.7	−5.3	4.5	10.0	8.8	6.5	−0.5	−4.5	−2.7	6.5	14.1
6.1	7.6	7.3	3.7	5.1	−4.0	−11.4	−13.4	−12.8	−9.5	−3.6	4.8	10.5
12.1	12.7	13.9	13.9	13.5	11.7	10.9	−1.8	−8.9	−14.5	−14.5	−3.4	9.5
7.0	6.3	7.7	14.9	17.3	12.8	8.3	−5.9	−19.6	−17.7	−13.7	4.9	20.2
2.4	4.9	−2.0	−3.2	3.9	6.6	14.0	−4.4	−9.6	−12.8	−19.0	−0.1	3.3
7.3	7.9	9.9	4.2	6.0	7.1	3.4	−7.7	−12.2	−9.2	−1.5	12.7	11.5

ネシアの99年第2四半期は暫定値である。
Major Economic Indicators, タイ中央銀行　マレーシア:*Monthly Statistical Bulletin*, マレーシア統計局
Philippine Economic Indicators, 国家統計局　韓国:*Monthly Statistics of Korea*, National Statistics Office

表4−4　東アジア諸国の消費者物価指数

(単位:%)

区　分	94年	95年	96年	97年	98年
新興工業地帯 (NIEs)	5.6	4.7	4.0	3.3	2.6
韓　国	6.2	4.5	5.0	4.5	7.5
台　湾	4.1	3.7	3.1	0.9	1.7
香　港	8.8	9.0	6.3	5.9	2.8
シンガポール	3.1	1.7	1.4	2.0	-1.5
中華人民共和国 (中国)	24.3	17.1	8.4	2.8	-0.8
東南アジア地域 (ASEAN)	10.9	11.2	8.7	10.3	30.3
タ　イ	5.0	5.8	5.9	5.6	8.1
マレーシア	3.7	3.4	3.5	2.7	5.3
フィリピン	8.3	8.0	9.1	5.9	9.7
インドネシア	8.5	9.4	7.9	6.6	58.2
ベトナム	14.4	12.7	4.5	3.6	9.2
ラオス	6.8	22.6	13.0	19.3	90.1
カンボジア	16.5	2.8	9.0	9.1	12.0
ミャンマー	24.1	25.2	16.3	29.7	50.0
平均成長率	13.6	11.0	6.2	5.5	10.7

資料:アジア開発銀行 (ADB)

表 4-5 マクロ経済指標にみる最近

区　分	経常収支(億米ドル)		株　価		
	97年	98年	98年初来安値	98年初来高値	直近値(2000.1.13)
シンガポール	150.30	176.10	805.04 (98/9/4)	2,582.94 (2000/1/3)	2,394.32 (ST指数)
タ　イ	−30.24	142.30	207.31 (98/9/4)	558.92 (98/2/3)	458.40 (SET指数)
マレーシア	−56.23	93.76	262.70 (98/9/1)	890.60 (2000/1/4)	890.60 (KLSE指数)
インドネシア	−50.01	39.74	256.83 (98/9/21)	716.46 (99/6/21)	691.61 (JSX指数)
フィリピン	−43.51	12.87	1,082.18 (98/9/11)	2,621.67 (99/7/5)	2,084.50 (PC指数)
韓　国	−81.67	400.39	280.00 (98/6/16)	1,059.04 (2000/1/4)	951.05 (総合指数)

注：金利は，タイ，インドネシア，韓国が翌日物，シンガポール，マレーシアが3カ月物，フィリピ
資料：経常収支は各国統計，外貨準備はIMF, *IFS*, 1999年11月号。

表 4-6　ASEAN 4カ国および韓国の銀行貸出残高

		1996年末	1997年末	1998年末
タ　イ	金額（100万バーツ）	4,855,688	6,059,956	5,380,800
	対前年増減率（％）	14.2	24.8	−11.2
マレーシア	金額（100万リンギ）	217,821	289,583	299,258
	対前年増減率（％）	24.4	32.9	3.3
フィリピン	金額（100万ペソ）	1,120,265	1,416,785	1,348,191
	対前年増減率（％）	n.a.	26.5	−4.8
インドネシア	金額（10億ルピア）	234,490	261,534	313,118
	対前年増減額（％）	24.2	11.5	19.7
韓　国	金額（10億ウォン）	638,059	758,206	788,996
	対前年増減率（％）	18.6	18.8	4.1

注：タイ，マレーシア，フィリピンは商業銀行の貸出残高，インドネシアは商業銀行のルピア建て貸
　　出残高，韓国は全金融機関の貸出残高である。

のASEAN5カ国及び韓国経済の動き

主要金利 (年利, %)		外貨準備（期末値）(億米ドル)		為替レート (1米ドル等価現地通貨)		
98年初来高値	直近値 (99.11.30)	97年末	直近値	98年初来安値	98年初来高値	直近値 (99.11.30)
16.00 (98/1/9)	2.50	712.89	759.41 (99.9)	1.79 (98/1/12)	1.58 (98/4/10)	1.69 (Sドル)
19.25 (98/3/4)	1.62	261.79	317.27 (99.10)	54.60 (98/1/13)	35.74 (98/12/11)	39.12 (バーツ)
14.20 (98/4/29)	3.20	207.88	299.62 (99.10)	4.76 (98/1/7)	3.57 (98/3/23)	3.80 (リンギ)
66.40 (98/10/14)	12.27	165.87	261.81 (99.8)	16,600.00 (98/6/17)	6,615.00 (98/6/23)	7,490.00 (ルピア)
20.13 (98/1/12)	8.89	72.66	127.41 (99.9)	45.35 (98/1/7)	37.22 (99/3/25)	40.94 (ペソ)
26.00 (98/1/5)	4.70	203.68	661.47 (99.10)	1,810.00 (98/1/9)	1,149.00 (98/1/7)	1,159.00 (ウォン)

ンがTB91日物。

政などによって，倒産する企業が相次いだ。その結果，都市部で大量の失業者を生み出した。危機発生当初は，こうした余剰労働力は農業部門で吸収できるものと考えられていたが，干ばつの影響で農業部門が不振であったことや，解雇された労働者の中には金融機関などに勤める，いわゆるホワイトカラーの人々がかなり含まれていたことから，農業部門での雇用吸収は思ったように進まなかった。このため，失業率は97年の2.1％から98年には4.6％まで悪化した。

マレーシアは，98年6月を境に実体経済の悪化を抑えるため，従来の緊縮策から景気刺激を目的に緩和策に転換した。続く9月には，短期資本を利用した投機的資金の流入抑制と，自国通貨リンギ安の是正を目的に，外為管理規制強化と固定相場制（1ドル＝3.8リンギ）の導入に踏み切った。規制強化は，低迷する株価を危機発生以前の約半分の水準まで回復させ，外貨準備高も98年8月

時点と比べ約60億ドル増加させる(いずれも98年末時点)などの効果を生むに至った。懸念されていた企業活動に与える影響においても,中央銀行との事務手続きの煩雑さを除けば,それほど大きな障害になっていない。

実際,規制強化が日系企業に与える影響については,マレーシア日本人商工会議所(JACTIM)が98年12月から99年1月にかけて在マレーシア日系企業を対象に実施したアンケート(208社が回答)でも,外為管理規制によって事業活動が「改善した」(25.0％),または「以前と変化なし」(55.7％)との答えが全体の約8割余りを占めた。しかし,危機の影響でインフラやホテル,オフィスビルなどの建設プロジェクトが延期・中止となったほか,危機の行方に対する懸念から投資家が様子見に徹したため,民間投資はマイナス57.8％と大幅に落ち込んだ。また,個人消費は,雇用不安や可処分所得の減少などから国民の購買意欲が低下しマイナス12.4％となった。

フィリピンは,ペソ防衛のために金融引き締め策が取られ,投資需要を圧迫する一方で,エルニーニョ現象による農業生産の不振が供給サイドから成長を抑制した。しかしながら,フィリピンでは負債比率が相対的に低く抑えられていたことと,個人消費および輸出需要が引き続き堅調であったことから,危機の影響は相対的に軽微であった。また98年5月には,正副大統領選が実施された。選挙の結果,大統領にはエストラーダ前副大統領,副大統領にはグロリア・マカパガル・アロヨ前上院議員が国民の圧倒的な支持を得て選出された。エストラーダ政権は,貧困撲滅と農業対策に重点を置くことを公約としており,歳出面ではこれら分野への積極的な配分が予想される。

インドネシアは,5月のジャカルタ暴動,その直後の32年間続いたスハルト体制の崩壊など,政治的混乱が経済活動の足かせとなった。ハビビ大統領への平和的な権力移譲によって,市民と軍との衝突による最悪の事態は回避されたものの,国内政治・経済情勢の先行き不透明さから,通貨ルピアは下落の一途を辿り,6月17日には1ドル=16,600ルピアの最安値を更新した。通貨危機前の対97年6月30日比でみると,95.6％ポイントの下落率である。98年の実質GDP成長率は,アジア地域最悪のマイナス13.7％となった。

ベトナムは，GDP成長率が5.8％にとどまり，91年以来の最低の伸び率となった。危機の直接の影響は回避されたが，NIEs諸国からの直接投資が減少したほか，周辺諸国の通貨下落で国際競争力が低下し，輸出が伸び悩んだ。また，国有企業（約6,000社）の半数が赤字の上，大量の余剰人員を抱えている。このため，政府は国営企業の民営化を進めているが，失業対策，省庁間の利害対立，政府・企業幹部の既得権益の保持などにより改革は進んでいない。

ラオスは，干ばつによる農産物への影響に加え，タイの経済危機の影響から成長は前年に比べ減速した。タイの経済危機の影響は，タイの直接投資減少のほか，ラオスからの電力購入計画がタイ国内の電力需要減から延期となるなど広範囲にわたった。また，通貨キップの下落により，98年のインフレ率は60％近くまで達しており，国民生活を圧迫している。

カンボジアは，不安定な政治情勢，干ばつによる農産物の減産などにより低迷し，成長率は前年の2.0％から0％に落ちた。しかし，98年7月の総選挙後，難航していた連立交渉の末，11月に新フン・セン政権が発足した。これを受け，ASEAN加盟も12月の首脳会談で承認され，遂に99年4月，念願の加盟を果たした。

ミャンマーは，92～96年度（会計年度は4月～3月）の5年間に実質年平均7.3％の成長を遂げたが，危機の影響を受け，97年度は4.6％，98年度は4.0％と減速傾向にある。97年後半は，歴史的な大洪水に加え，干ばつによって農業生産に打撃を与えたばかりか，水力発電の能力低下で98年4月以降，極端な電力不足をもたらした。またタイの経済危機は，98年7月から予定していたタイへの天然ガス輸出による外貨収入（政府試算で年間約1億5,000万ドル）の入金スケジュールを狂わせたほか，タイ・バーツ下落に伴う通貨チャット安などから深刻な外貨不足をもたらした。外貨不足は，輸入肥料やディーゼル油不足を招き，GDPの約45％を占める農業部門の足かせとなった。

● 新興工業地域（NIEs）

危機は，アジアの中でも裕福な新興工業地域にも打撃を与えた。タイ，インドネシアと並びIMFの支援対象国となった韓国は，大幅なマイナス成長となっ

た。韓国では,雇用環境の悪化から国民の消費意欲が減退した。低迷が長期化すれば企業の合理化努力(リストラ)に拍車をかける悪循環が継続する。経済面では,5大企業グループ(現代,三星,大字,LG,SK)の経営再建が課題となった。5大企業グループは政府の要請を受け,98年12月,事業の核心分野の選定,系列企業の合併・売却などを通じた産業構造調整案を公表し,経営の再建に努めている。

　域内の貿易・観光・金融の中心を担うシンガポールは,1.5％の成長を維持したものの,前年に比べ景気は大幅に減速した。景気の低迷は,アジア域内向けの輸出が不振であったほか,地場輸出の3分の2を担う電子製品の輸出が世界的な供給過剰のため鈍化したためである。また,周辺国に比べてシンガポール・ドルの切り下げ幅が相対的に小さく,製品の輸出競争力が減退していることも一因となった。このため,政府は,99年1月から同国の高コスト体質を改善すべく総合コスト削減策を実施している。

　香港は,当局による金利引き上げにより香港ドルの防衛には成功したものの,株式・不動産市況の低迷を招き,企業収益を圧迫した。また,危機以降,香港ドルの割高感が強まる中で,価格競争力が低下し,米国,日本および中国を含むアジア諸国向けの輸出が伸び悩んだ。98年7～8月のチェク・ラップ・コック新空港の貨物取り扱い業務の混乱も輸出低迷に輪をかけた。さらに,香港に隣接する中国南部地域の港湾整備が進み,香港におけるコンテナ取扱量伸び率が低下してきていることも貿易低迷の要因に挙げられる。香港ドルの安定は,中国が今後も1国両制を支え,国際金融センター・国際物流拠点としての香港の優れた機能を維持・向上していくうえで必要不可欠となっている。しかし,アジア最大級の時価総額を誇る香港市場でさえ,米国マイクロソフト1社の時価総額(約4,100億ドル)とほぼ同程度で,ヘッジファンド等による香港ドル売り圧力が高まれば再び不安定な状況に陥り,この意味では予断を許さない状況が続いている。

　新興工業地域の4経済のうち,台湾のみが大きな打撃を免れた。98年の台湾経済は,内需と強力な金融システム,十分な外貨準備高などに支えられ,底堅

いパフォーマンスを実現した。但し、危機の影響からアジア向け輸出が大幅に減少し、前年比マイナス9.4％と落ち込んだ。このため、これまで好調であった設備投資に陰りが見え始めている。

● 中華人民共和国

98年の中華人民共和国（中国）経済は、輸出の落ち込みや夏季大洪水など諸々の悪条件が重なり、鈍化した。とはいえ、GDP成長率は、当初目標の8.0％を僅かに割り込んだもののアジア地域最高の7.8％を記録した。もともと中国は厳しい為替制限を行っていることから、世界の資本移動による直接の影響を蒙ることはない。しかし、危機の影響により日本およびその他のアジア諸国向け輸出が鈍化したことで、この5年間（93～97年）に年平均20％を上回る伸びを示していた輸出が98年には0.5％にとどまった。このため、98年下期以降は、内需創出による成長維持方針が強調された。99年も基本的には、内需依存型の成長維持が打ち出された。政府は国債発行を通じた積極財政を展開しており、投資と消費の刺激による景気浮揚を狙っている。

(2) アジア諸国の貿易・投資にみる通貨危機の波紋

アジア向け輸出が減少

98年のASEAN5カ国および韓国の98年の輸出統計（通関ベース、米ドル建て）から、下落率が大きい国の順にみると、①シンガポールが前年比12.2％減、②インドネシアが同8.6％減、③マレーシアが同6.9％減、④タイが同6.8％減、⑤韓国が同2.8％減、⑥フィリピンが同16.9％増となった（表4-7）。これら6ヵ国は、日本を含むアジア向けの輸出が各国とも低迷した。同地域への輸出不振は、危機による経済状況の深刻さから輸入需要が減退したほか、供給面では金融システム危機と企業の財務悪化により、貸し渋り・信用収縮が拡大し、生産を縮小させていること、原料・部品の輸入時に信用状が信認されないことが背景にある。なかでも、アジア域内での貿易依存度が高いシンガポールではアジア向け輸出[7]が同22.4％減、同じくマレーシアは同20.4％減とそれぞ

表 4-7 東アジアの輸出成長率（前年および前年同期，前年同月比）

(単位：％)

区分	95.0	96.0	97.0	98.0	97.1-6	7-12	98.1-6	7-12	99.1-6	備考
タイ	23.6	0.4	27.9	24.4	3.4	52.1	62.2	−0.9	−14.8	バーツ建
	24.7	−1.2	3.8	−6.8	1.0	4.9	−4.0	−6.4	0.7	ドル建
マレーシア	20.2	6.5	12.1	29.8	1.9	21.9	40.9	20.9	7.0	リンギ建
	25.9	6.0	0.5	−6.9	3.0	−1.8	−11.3	−3.4	9.3	ドル建
インドネシア	18.0	14.2	33.3	214.6	13.0	52.9	295.1	158.2	−26.0	ルピア建
	13.4	9.7	7.3	−8.6	8.8	5.9	−3.9	−12.9	−11.8	ドル建
フィリピン	26.0	20.0	38.0	62.2	22.8	53.3	80.0	47.6	9.9	ペソ建
	29.4	17.7	22.8	16.9	22.1	23.4	18.9	15.3	13.7	ドル建
韓国	24.6	8.4	23.8	43.1	12.2	34.9	73.7	18.8	−20.8	ウォン建
	30.3	3.7	5.0	−2.8	0.9	9.0	2.8	−8.0	−1.3	ドル建
シンガポール	13.9	5.2	5.3	−1.0	1.6	9.7	4.0	−5.4	−1.9	Sドル建
	22.5	5.8	0.0	−12.2	0.5	−0.4	−10.3	−13.5	−4.6	ドル建
香港	14.9	4.0	4.2	−7.4	3.2	5.0	−2.1	−12.0	−7.3	HKドル建
	14.9	4.0	4.0	−7.4	3.1	4.9	−2.1	−12.0	−7.4	ドル建
台湾	20.1	7.7	9.6	6.1	4.6	14.3	11.5	1.5	3.9	元建
	20.0	3.9	5.3	−9.4	3.7	6.8	−7.2	−11.4	5.4	ドル建
中国	19.1	1.0	20.7	0.4	25.7	16.9	7.4	−5.1	−4.7	元建
	23.0	1.5	21.0	0.5	26.2	17.2	7.6	−5.0	−4.7	ドル建

資料：各国統計。

れ大幅に落ち込んだ（表4-8）。

　一方，輸入の下落率をみると，①韓国が同35.5％減，②インドネシアが同34.2％減，③タイが同33.0％減，④マレーシアが同25.9％減，⑤シンガポールが同23.3％減，⑥フィリピンが同17.5％減と軒並み減少した（表4-9）。特に，経済面のみならず政治面でも大きな問題を抱えているインドネシアではL/Cの開設が困難となったほか，フィリピンでは為替の乱高下で金融機関がドル建ての貿易決済を見合わせたことが輸入縮小の足かせとなった。

保護主義の台頭

　貿易が縮小均衡化する中で，各国とも短期の即効性を求めた輸出振興策を打

表4-8 ASEAN 5カ国のアジア向け輸出動向（97-98年）

（単位：100万ドル、％）

輸出先 \ 輸出国		タイ	マレーシア	インドネシア	フィリピン	シンガポール
ASEAN 4カ国	97	4,393	5,288	2,763	1,710	30,621
	98	3,516	4,467	2,732	1,890	23,447
	伸び率	−20.0	−14.6	−1.1	10.5	−23.4
ANIES	97	12,344	26,002	9,592	4,435	21,418
	98	9,835	20,485	9,796	5,444	16,550
	伸び率	−20.3	−21.2	2.1	22.8	−22.7
日本	97	8,633	9,781	7,015	4,192	8,868
	98	7,457	7,713	5,540	4,234	7,239
	伸び率	−13.6	−21.2	−21.0	1.0	−18.4
合計	97	25,370	41,011	19,370	10,337	60,907
	98	20,808	32,665	18,068	11,568	47,236
	伸び率	−18.0	−20.4	−6.7	11.9	−22.4

資料：各国統計を基に筆者が作成。

ち出している。タイは、98年7月に資金難の輸出業者への金融支援や99〜2003年にかけての中期戦略として、中南米、アフリカ、東欧などを中心とする新規市場の開拓、海外マーケティング網の拡大などからなる輸出支援策をまとめた。99年5月には、投資委員会（BOI）が登録企業の輸出振興を図るため、新たに8分野（家具、室内装飾、繊維製品、玩具、スポーツ器具、輸送機器部品、プラスチック製品、エレクトロニクス製品）の原材料に掛かる関税を免除する。これは、輸入から1年以内に輸出を行うという条件で関税を免除するもので、これまでは輸出後に還付手続きを行っていた（8分野以外ではすでに衣料品、皮革製品、履物の原材料に掛かる関税免除を実施）。

　マレーシアは、98年1月から現地での付加価値が30％以上となる製品の輸出を行った企業に対しては、輸出額の10％相当額の所得税控除を認めるなど新たな輸出インセンティブを講じている。また97年12月には、原油輸出税が20％から10％へ引き下げられたほか、98年4月からは製材の輸出税も一部免除されている。

表4-9 東アジアの輸入成長率（前年および前年同期・同月比）

(単位：%)

区分	95.0	96.0	97.0	98.0	97.1-6	7-12	98.1-6	7-12	99.1-6	備考
タイ	28.8	3.9	5.0	−7.8	−4.3	14.7	5.3	−23.7	−8.3	バーツ建
	30.0	2.1	−13.1	−33.0	−6.5	−20.0	−37.4	−19.3	5.9	ドル建
マレーシア	24.6	1.5	12.0	3.3	4.0	19.8	15.2	−6.7	−1.4	リンギ建
	30.5	1.0	0.9	−25.9	5.2	−3.2	−26.6	−25.7	0.4	ドル建
インドネシア	32.2	10.0	20.6	125.7	4.4	34.5	157.9	106.4	−27.2	ルピア建
	27.0	5.7	−2.9	−34.2	0.6	−6.5	−37.8	−30.8	−13.2	ドル建
フィリピン	21.1	24.6	28.2	14.5	11.6	37.6	34.4	−1.7	−5.7	ペソ建
	23.7	20.8	14.0	−17.5	11.1	16.9	−11.3	−24.8	−1.8	ドル建
韓国	25.0	16.3	11.1	−0.2	14.8	7.8	11.6	−11.5	−10.1	ウォン建
	32.0	11.3	−3.8	−35.5	2.3	−9.5	−36.6	−34.4	15.0	ドル建
シンガポール	13.0	5.0	6.2	−13.6	1.2	11.1	−7.7	−18.9	0.2	Sドル建
	21.5	5.4	0.8	−23.3	0.1	1.6	−20.5	−25.9	−2.5	ドル建
香港	19.2	3.0	5.2	−11.5	4.6	5.7	−5.6	−16.8	−12.5	HKドル建
	19.2	3.0	5.1	−11.5	4.4	5.6	−5.6	−16.8	−12.5	ドル建
台湾	21.3	2.6	16.4	7.0	9.1	23.6	15.8	−0.7	−5.2	元建
	21.3	−1.1	11.8	−8.5	8.2	15.3	−3.6	−13.0	−3.8	ドル建
中国	10.7	4.8	2.2	−1.6	−0.6	4.6	1.9	−4.4	16.6	元建
	14.2	5.1	2.5	−1.5	−0.2	4.8	2.0	−4.3	16.6	ドル建

資料：各国統計。

　インドネシアでは98年7月，自動車および電気・電子産業に対する付加価値税や奢侈税の免除など輸出支援措置が採られた。

　相対的に輸出が好調なフィリピンでも98年5月，中央銀行主導で地場輸出業者に融資する基金として5億ドルの「輸出振興基金」が創設された。金利も市中金利より低い9～10％の低利となっている。

　一方，危機で低迷した国内産業を保護するために一部の産業分野では，輸入制限措置や関税の引き上げがなされた。特に関税引き上げの動きとしては，タイが，国内産業保護の観点から，97年10月に完成車（2,400cc以下〈42％→80％〉，2,400cc超〈68.5％→80％〉）の関税を，98年5月には鉄鋼（中間製品および最終製品）の関税を引き上げた。

マレーシアは97年10月に完成車（140～200％→140～300％）や建設機械・建材など（5～25％→10～30％）の関税引き上げと，99年4月には，地場企業メガスチール社（MegaSteel Sdn. Bhd）による国内初の熱延板工場の操業開始に伴い，同製品へ25％の関税賦課（従来は無税）および新たな輸入許可制度の導入を決定した。特定企業の保護措置としてはインドネシアでも99年4月，国内唯一のブリキ板メーカー・ラティヌサ社（PT Pelat Timah Nusantara）の要請に基づき，日本企業や韓国企業などから輸入されるブリキ板に最高68％（日本企業への課税率）の反ダンピング税が課されることとなった。

フィリピンは98年1月に繊維製品（10％→15％）や自動車部品（3％→7％→10％［99年］）などの関税をそれぞれ引き上げた。

このように，これら諸国では，時限的な措置とはいえ一部の産業分野において国内産業を保護する動きが顕在化している。しかし，98年12月のハノイでの第10回ASEAN首脳会議では，ASEAN自由貿易構想（AFTA）を具現化するCEPT（共通効果特恵関税）を2003年から2002年に前倒しするなど一層の貿易自由化促進で各国とも合意しており，いわば保護主義と地域主義（リージョナリズム）が交錯していることが貿易面での大きな特徴といえる。

外資導入に向け相次ぐ規制緩和

続いて，危機後のASEAN5カ国および韓国の外国直接投資受入れ状況をみると，97年の外国直接投資受入れ額（各国統計）は，年央からの通貨・経済危機の影響はみられず，マレーシアを除き，各国とも増加した。しかし，98年に入ると，マレーシアおよび韓国を除いて外国直接投資受入れ額は軒並み減少した。

各国の外国投資受入れ統計から，98年の減少率をみると，インドネシアが前年比59.9％減と最大の落ち込みとなった（表4-10）。次いでフィリピン（同54.2％減〈投資委員会（BOI）の認可ベース〉），タイ（同38.0％減），マレーシア（同18.2％減）と続く。外国投資の減少は，程度の差こそあれ，各国共通して，①危機による国内生産の落ち込み，失業者の増加など経済状況の深刻さを反

表4-10　ASEAN 4カ国及び韓国における外国直接投資の

(上段：認可額，100

国　名	1997年				1998年		
	合計	うち日本	うち米国	うちEU	合計	うち日本	うち米国
タ　イ注)	10,625	5,219	2,859	2,573	6,589	1,643	557
	－24.3	－16.8	3.4	18.9	－38.0	－68.5	－80.5
マレーシア	4,078	769	852	768	3,334	483	1,639
	－39.8	－58.0	－25.9	123.3	－18.2	－37.2	92.4
インドネシア	33,833	5,421	1,017	11,659	13,563	1,331	568
	13.0	－29.2	58.4	122.9	－59.9	－75.5	－44.2
フィリピン PEZA	1,727	868	511	103	903	613	218
	173.7	134.6	2,121.7	145.2	－47.7	－29.4	－57.3
BOI	1,993	126	353	1,097	912	68	147
	106.1	117.2	969.7	552.0	－54.2	－46.0	－58.4
ASEAN4	52,256	12,403	5,592	16,200	25,301	4,138	3,129
	－0.20	－23.40	21.20	103.80	－51.60	－66.60	－44.00
韓　国	6,971	266	3,190	2,305	8,852	50.3	2,976
	117.6	4.3	264.2	158.4	27.0	89.1	－6.7

注：タイ：BOIによれば，複数国による投資案件の場合は，各々の国に重複してカウントされているた
　　がある。EUは，英国，ドイツ，フランス，ベルギー，イタリア，オランダ。
資料：タイ投資委員会（BOI），マレーシア工業開発庁，インドネシア投資調整庁，フィリピン投資
　　財政経済部

映し，内外での投資意欲が減退したこと，②同地域最大の投資国である日本の不況が長引き，日本からの投資が激減していることなどが要因である。

またこれ以外にも，インドネシアでは政情不安のために新規投資が手控えられる傾向にあること，シンガポールでは周辺国の需要低迷など，危機関連の要因によるところが大きい。一方，未曾有の経済危機に直面した韓国は，ASEAN諸国と違った傾向を見せ，欧米の増資によって前年比27.0％増と増加した。これは，外資規制緩和とM&Aを専業とする欧米金融機関に政府等が仲買を積極的に働きかけたことが奏功した。

次いで，危機下の各国の外資政策を概観すると，規制緩和や市場開放が急速になされていることがわかる。85年のプラザ合意以降の円高局面での外資誘致策は，製造業などに対する税制面での優遇措置が中心であったが，今回の危

第4章 アジア経済の現況と課題

動向(ドル建て)
万米ドル,下段:前年〔同期〕比伸び率,単位:%

うちEU	1999年上半期(1-6月)			
	合計	うち日本	うち米国	うちEU
3,361	2,067	393	386	376
30.6	−23.5	−36.2	9.5	−56.1
328	1,840	200	739	218
−57.3	26.9	−42.7	15.6	364.2
5,311	1,850	210	68	341
−54.8	−77.8	−76.6	−75.0	−83.6
21	464	33	341	27
−79.6	−12.4	−41.4	7,464.4	−61.9
293	353	98	25	184
−73.3	−49.5	−81.5	−83.3	2,420.5
9,314	6,574	933	1,558	1,146
−42.50	−52.06	−61.87	9.82	−62.55
2,889	4,464	260	1,108	1,816
25.3	81.4	−29.0	16.3	152.9

め,日本,米国,EUの総計額が合計を上回るケース

委員会(BOI),フィリピン経済区庁(PEZA),韓国

機下では,いずれの国でも華人系が市場に支配力を持ついわば聖域とされてきた小売や流通業,金融・サービス業などの分野にも外資に門戸を開いたのが特徴である。

市場開放の急進展は,IMFのコンディショナリティーなど外圧によるだけでなく,各国の経済状況がどれだけ深刻であったかを物語っている。なかでもタイにおいては,97年10月に金融機関への外資出資比率規制(25%未満)が10年間に限り撤廃されたほか,98年12月には既に進出済みの小売業については,2000年12月末までにBOIに申請し,許可を受ければ,外資の100%出資が可能となった。マレーシアでは98年7月末から2000年12月末までに申請された外国企業の製造業向け新規投資(既存事業の拡大を含む)については,輸出比率に関係なく100%出資が認められるようになった。インドネシアでは98年7月に外資参入の規制業種を示すネガティブリストが見直され,小売・卸売業への外資による100%出資が可能となった。フィリピンでも,98年10月にネガティブリストが改正され,外資出資比率が40%までに制限されていた建設業において外資100%出資が認められたほか,投資会社への外資出資を40%から60%まで引き上げられた。韓国は,98年2月に敵対的M&A(合併・吸収)を株式の10%から33%まで認められた。同年の5月には,外国人投資家の銘柄別株式所有比率限度が撤廃されたほか,外国人によるM&Aの対象を防衛関連産業を除き自由化された。続いて9月には,外国直接投資を原則制限しないことを宣言した外国人投資促進法が制定さ

れた。シンガポールでは周辺諸国と比べて1年以上遅い99年5月に国内銀行への外国資本規制の撤廃を柱とする金融自由化策が発表された。これにより，外国金融機関によるシンガポールの銀行の買収が可能となるほか，支店・ATMの増設許可やシンガポールドルの貸出枠拡大（3億ドル→5億ドル）が認めるらるようになる。

　こうした一連の規制緩和は，外国投資受入れの増加に寄与している。韓国やタイにおいては，金融機関への外資出資比率規制の撤廃により，米欧企業を中心としてM&Aや資本参加が増加した。また，タイはBOIの奨励認可企業に対する出資比率規制の撤廃により，日系企業などによる増資が急増するなどの効果が現れている。マレーシアでは製造業の外資規制緩和に伴い，98年7月31日から同年末までの出資認可額が，約34億5,000万リンギに達した（72件を認可）。インドネシアでも，小売・卸売業への規制緩和により外資参入が相次いだ。

3　通貨危機を契機に経済構造改革が進展

(1)　東アジア諸国の経済危機の原因

　東アジアの8カ国・地域（日本，韓国，台湾，香港，シンガポール，タイ，マレーシア，インドネシア）は90年代までに高度で持続的な経済成長を遂げてきた。世界銀行は，自著『東アジアの奇跡〜経済成長と政府の役割』［1993年8月］のなかで，この8カ国・地域の成長を"奇跡的"と称し，その成功の要因を分析した。世界銀行によると，東アジアの成功は，基礎的条件整備を適正に行ったことが，高度成長達成の主要因で，経済の開放政策と，健全な銀行制度，特定の産業に的を絞った補助金の交付と政府の介入政策，優れた官僚機構などが奏功したと分析している。しかしながら，アジアの経済が危機に陥ったのは何故か，といった昨今の研究に対しては，IMF・世界銀行，あるいは多くのエコ

ノミストらは，脆弱な金融制度，不透明かつ縁故によって大統領の取り巻き連だけにお金を貸すといった，非常に未熟なアジア的クローニー資本主義などが危機の一因だったとし，かつて世界銀行が一定の評価を与えた東アジアの金融システムやクローニズムをほう助した政府の介入政策などが反対に危機のマイナス要因となったと見なしている。

　実際，IMFも支援3カ国（韓国，タイ，インドネシア）の構造改革においては，いずれの国に対しても，資本市場の整備や破産法など法規整備をコンディショナリティーに課したほか，韓国には，財閥事業の再編，タイには，発電，石油，通信，運輸，水道などの民営化，インドネシアには，小麦，小麦粉，大豆などの輸入自由化（従来は食料調達庁が独占）や，国民車計画，国営航空機メーカーへの優遇措置廃止など，従来政府の介入する度合が高かった分野での市場開放を求めた。一方，政情不安や脆弱な官僚機構しか有しておらず東アジアの奇跡的な成長の仲間入りできなかったと世界銀行から評されたフィリピンが，80年代の経済危機の教訓を活かし，短期対外借入に依存しない金融政策や，不動産分野への融資規制（銀行貸出残高の20％以内）などの措置で，危機の影響が軽微であったことは何とも皮肉な話である。

　他方，アジア開発銀行（ADB）は，危機の原因については，2通りの議論があると自著『1999年アジア開発展望』で紹介している[8]。それによると，1つは，脆弱な経済ファンダメンタルズと一貫性に欠ける政策をその原因に挙げる考えである。もう1つは，弱気なセンチメントが増幅して「金融パニック」の犠牲になったとする考えである。前者の「ファンダメンタリスト」の考えによれば，危機は，深刻な構造問題と一貫性に欠ける政策によって引き起こされた。また，東アジア諸国の政府は，しばしば財務的に資格のない借り手に対して優遇した融資を行い，自国の銀行システムに暗黙の保証を行っていたと分析している。後者の「パニック論」は，国際的な資本の貸し手がアジアの先行きに対し増幅して悲観的になっていったことが危機の根源にあるとする考えで，その典型が銀行取り付けと解釈するものである。

　結論から言えば，ADBは危機の原因については，これら2つの考え方のどち

らも原因になったとしている。その理由として，90年代の東アジア諸国は，様々な要因が重なって，ファンダメンタルズの見通しが悪化していたことを挙げている。つまり，アジア諸国の通貨の大半は，95年以降の米ドルの急騰に拘わらず，何らかの形でドルとペッグしていたほか，輸出市場における中国の競争力増大，長引く日本の景気低迷，輸出の伸びの鈍化，経常赤字の増大，株式市場の低迷などに反映していた。さらに金融面では，堅実性に欠ける規制，経験に乏しい監視，低い自己資本比率，過剰な融資行動，不透明な会計システム，腐敗行為など金融システムそのものが脆弱であったと回顧している。一方，現実のお金の流れをみれば，97年後半のアジアからの資本の突然かつ急激な流出を考えると，危機の恐慌説も有力になる。

　しかしながら，危機に対する脆弱性を生み出したのは，アジア地域の構造的弱点に他ならないことはこれまで論じてきたことからも明確である。

(2) 経済構造改革の取り組み

　構造改革の必要性については，既に述べてきたとおりであるが，東アジア諸国では，危機を契機に長期的な視点から国際競争力強化に向けた経済構造改革に取り組んでいる。これには，今回の危機の根本的原因ともなった産業基盤の脆弱さはもとより，90年代の好景気のなかで，事業効率の改善や品質水準の向上などの企業努力が後回しにされてきたとの反省がある。

　とりわけ，タイ，インドネシア，韓国の3カ国では，IMFの指導により，外資規制政策の緩和，貿易障壁の撤廃，国営企業の民営化，存続不能な企業・銀行の整理，破産法の制定などの経済構造改革が断行されている。これらの改革に加え，タイは，97年9月に国際競争力強化のための施策として「産業構造調整事業」が閣議決定されて以来，中小企業事業団の設立や小規模企業金融公社（SIFC）の機構改革（98年8月）などが検討されているほか，98年10月からは生産工程の改善や熟練工の育成，中小企業・裾野産業育成などの支援策から成る「優先25プロジェクト」が実施に移されている。

また，政治危機にまで発展したインドネシアは，武力と中央集権によるスハルト型統治システムの改革が行われているほか，「人民経済（Ekonomi Kerakyatan）」を標榜に，これまでの大資本に立った経済政策を是正すべく産業の再編，輸出・投資支援，健全な競争政策（独占禁止法の制定など）などの取り組みが始まっている。

　韓国は，一部の財閥が限られた資本を独占し，それを投資効率の低い部門に投資することにより社会全体の富を浪費し，資源の効率的な配分を妨げてきたことで，危機を引き起こしたとの反省がある。このため，過剰設備の解消とともに財閥の構造調整が急務となっており，現在，5大財閥グループでは，ビッグディール（事業の交換）を推進している。

　危機の影響が相対的に軽微であったシンガポールは政府の諮問機関である競争力強化委員会が98年11月，企業の国際競争力を向上させることを狙った総合コスト削減策を打ち出した。同施策には，①労働コストの15％引き下げ，②公団が賃貸する土地および工場のリース料金の引き下げ，③公共料金（電気，電話料金）の引き下げ，④外国人労働者税の引き下げ（50～100Sドル/月の減税），⑤自動車関連コスト（輸入関税，石油税）の引き下げなどが盛り込まれている。とりわけ，労働コストの15％カットだけでGDPの7％に相当する75億Sドルの削減となるほか，②～⑤の実行によって，ビジネスコスト全体の15％に当たる総額100億Sドルの削減が見込まれている。今回の労働コスト削減策が打ち出されたのは，①近年の賃金上昇が生産性の上昇を上回るスピードであったこと，②通貨危機以降，周辺国に比べて通貨の切り下げ幅が小さかったことから，相対的な労働コストが急上昇したこと，が背景にある。

　また，ベトナムでも，危機の影響を受け，外国からの直接投資が激減するなか，積極的な構造改革に取り組み始めた。99年3月に首相決定がなされた二重価格制度の廃止・縮小策や外資系企業向け規制緩和策がそれである。具体的には，地場企業と外資系企業との間で料金体系が違っていた電気・上水道料金や国際通話料の是正，駐在員事務所認可費の大幅な減額と更新時（3年ごと）の手数料（現行3,000～4,000ドル）廃止，従業員の給与の「ドル建てドン払い」か

ら「ドン建て」とする，など投資環境の改善を通じた産業強化を掲げている。

4 経済再生に向けた課題

(1) 資本市場の好転

 98年第3四半期以降，米国の一連の金融緩和でもたらされた市場の流動性拡大を契機に，アジア諸国の資本市場に欧米資金が流入し始めた。そして，99年4月には，早くも韓国や香港の市場では，株価は危機前の水準まで回復した。欧米投資家の信認回復を招いたのは，国によって程度の差は大きいが，基本的には各国政府が取り組んでいる改革に対する評価と言えよう。
 しかしその一方で，株価が回復したことで，危機後取り組んでいる経済構造改革が蔑ろにされるのでないかとの懸念がある。また，危機後のマニラでのアジア蔵相・中央銀行総裁代理（97年11月）やアジア太平洋経済協力会議（APEC）の場で散々議論された短期資本移動に対する国際監視システムの構築やIMFの役割と機構を補完する地域通貨支援機構の創設などが影を潜めてしまわないだろうか。98年9月に為替取引規制と固定相場制の導入によって海外からの投機資金を締め出し，独自の経済回復路線を打ち出したマレーシアのマハティール首相は，国際監視システムが構築されるまで，今の政策を変更する意向はないと繰り返し表明しているものの，99年2月の送金課税制度の導入などに見られるように除々にその態度を軟化させてきている。

(2) 地域の協力が不可欠

 東アジア諸国の多くは99年に景気は底入れをし，欧米向け輸出や日本経済の回復に支えられ，今後，回復軌動に乗るだろう。今回危機に見舞われた東アジア諸国のなかでも韓国やシンガポールといった新興工業地域（NIEs）と

ASEAN諸国では産業構造も経済規模も違うため回復のための条件は異なるが，国・地域によって，程度の差は大きいが，いずれのところでも危機を契機とした大幅な信用収縮が発生しており，長期で安定した資金である外国直接投資の重要性は一段と高まっている。また，競争原理による産業基盤の形成にも外国直接投資の果たす役割は大きい。このため，各国は引き続き外国投資を誘致していく必要があり，そのためには，ハード，ソフトを含めた投資環境の一層の改善が望まれる。特に，ASEAN諸国では，中国との対照において，域内の市場統合を推進し，「市場」としての魅力をも高めるとともに，引き続き製造業の「生産拠点」としての投資環境を整備することが重要である。

そのためにも，時限的な措置とはいえ一部の産業分野において国内産業を保護する動きが顕在化してきているのは，WTOやAPEC合意などに基づく貿易・投資の自由化に逆行する動きであり，投資先としての魅力を損ないかねない。また，国際競争力の回復を図るためには，①日系企業の域内への再投資円滑化，②域外の新興市場（中南米，アフリカ，東欧，インド，中国等）開拓と海外マーケティング網の拡大，さらには，③ASEAN域内の分業体制の高度化を進めることにより，地域ごとに特色ある産業に特化した高付加価値型の産業構造への転換を図ることが重要である。

注
1) 『通商弘報』99年4月30日付。
2) インドネシアの不良債権比率は元インドネシア中央銀行局長発言に基づく（99年2月10日付インドネシア・オブザーバー）。
3) タイの不良債権比率は商業銀行（外国銀行を含む）の3カ月以上の延滞債権。
4) マレーシアの不良債権比率は商業銀行（外国銀行を含む）のみならず，ファイナンスカンパニー，マーチャントバンクを合わせた3カ月以上の延滞債権。
5) 韓国の不良債権比率は商業銀行（外国銀行を含む）のみならず，ファイナンスカンパニー，マーチャントバンクを合わせた6カ月以上の延滞債権。
6) フィリピンの不良債権比率は商業銀行（外国銀行を含む）の3カ月以上の延滞債権。

7) アジア向け輸出とは、ASEAN4カ国（タイ，マレーシア，インドネシア，フィリピン），NIEs（韓国，台湾，香港，シンガポール），日本向け輸出の総額である。
8) *ASIAN DEVELOPMENT OUTLOOK 1999*（邦訳『1999年アジア開発展望』）を参照。

参考文献

日本貿易振興会［1993年3月］『1999年度情勢分析』。
日本貿易振興会［1993年3月］『ジェトロ投資白書1999年版』。
日本貿易振興会［1993年10月］『ジェトロ投資白書1999年版』。
山本栄治編［1999年8月］『アジア経済再生』日本貿易振興会。
日本貿易振興会アジア経済研究所［1999年3月］『国別通商政策研究事業報告書』タイ，マレーシア，フィリピン，インドネシアの各国別編。
日本総合研究所『アジア経済月報』1998年7月〜1999年5月の各月号。
三菱総合研究所アジア市場研究部［1998年12月］『全予測アジア1999』ダイヤモンド社。ジョージ・ソロス著，大原進訳［1999年1月］『グローバル資本主義の危機』日本経済新聞社。
進藤榮一編［1999年5月］『アジア経済危機を読み解く』日本経済評論社。
白井早由里［1999年4月］『検証IMF経済政策』東洋経済新報社。
世界銀行著，白鳥正喜監訳，海外経済協力基金開発問題研究会訳［1994年6月］『東アジアの奇跡』東洋経済新報社。
ADB［1999年4月］*ASLAN DEVELOPMENT OUTLOOK 1999*.
WTO［1999年4月］*World Trade Growth Slower In 1998 After Unusually Strong Growth In 1997-Press Release*.
Henderson, Callum［1998］*ASLA FALLING? Making sense of the Asian currency crisis and its aftermath*, MaGRAW-HILL BOOK CO.
Mann, Richardkigou［1998］*Economic Crisis In Indonesia THE FULL STORY*, Gateway Books.
Far Eastern Economic Review, *Various Reports*［December 1998 〜 October 1999］.
ASIAWEEK, *Various Reports*［December 1998 〜 October 1999］.

第5章　アジア金融危機とその対応

衣川　恵

1　はじめに
2　アジア通貨危機の震源地タイ
3　騒乱状態となったインドネシア
4　近代化途上の韓国
5　独自路線のマレーシア
6　おわりに

1 はじめに

　アジア地域は，近年，成長が著しく世界の成長センターとなってきた。そのため，アジア経済に対する評価は世界銀行に代表されるようにきわめて高く，その将来についても楽観的な見方が多かった[1]。しかし，1997年になるとタイ通貨のバーツ売りが激しくなり，7月2日にタイが変動相場制に移行すると，堰を切ったようにアジア諸国の通貨が売り込まれてアジア通貨危機となり，通貨危機はアジア諸国の金融ならびに経済危機へと発展していった。

　アジアでは，まず日本が1955年から高度経済成長を実現し，次いでアジアNIEs，東南アジア，中国等が次々に高度成長を遂げていった。そのため，アジアでは雁行型経済発展が実現しつつあり，21世紀はアジアの世紀と目されていた。しかし，タイの通貨危機に端を発するアジアの金融・経済危機は，アジアの諸国がそれぞれ金融や経済の弱点を抱えていることを示したと言えよう。国際的なマネーゲームがアジア危機を誘発し，拡大したことも事実であるが，アジア諸国の金融制度と経済構造には独自の脆弱性があり，早晩危機に瀕する可能性があったと考えられる。

　タイでは，国際金融市場と国内金融市場が直結しており，短期の外国資本がオフショア市場を通じて国内市場に大量に入り込み，タイのバブルを膨張させ，その崩壊がタイの経済に大きな打撃を与えた。

　また，インドネシアでは，開発独裁的性格の強いスハルト政権が身内を偏重しながら経済発展を進めてきたが，通貨危機を契機に問題が噴出し，国内が騒乱状態となり，国際的信頼も失ってもっとも深刻な危機となった。

　韓国はアジアNIEsの一員であったが，96年末にはOECDに加盟して先進国入りを果たした。しかし，財閥を中心とする非効率的な経済構造や金融その他の諸制度の改革が遅れており，問題点を抱えていた。

高成長を実現しながらも，このような脆弱性をもっていた上記3カ国は，投機筋の攻撃に晒されて，通貨危機，金融危機，経済危機に陥った。

他方で，アジアにおいて同じく発展途上にあるマレーシアは，投機筋の攻撃を受けながらも，マハティール首相が独自の路線を選択して深刻な打撃を回避してきた。それは，欧米型自由化を嫌って，外為管理の強化を通じて短期外資による国内経済の攪乱を防止しようとするものであった。

本章では，上記のような視点から，タイ，インドネシア，韓国，マレーシアの諸国の実情を踏まえて，アジア金融危機とその後の対応について検討することにしたい。

2　アジア通貨危機の震源地タイ

(1)　タイの通貨危機

タイは，実質GDPが87年に9％台を記録し，88年から90年までは10％を超え，91年から95年まで8％台を維持した（表5-1参照）。タイ経済が急成長を始めた87年は，プラザ会議（85年9月）以降の急激な円高によって日本企業の海外進出が激増した時期であり，また日本経済はバブル経済の真っ只中で，アジア製品の輸入が激増した時期でもあった。

表5-1　タイの主要経済指標

	1992	93	94	95	96	97	98
実質GDP（％）	8.1	8.3	8.8	8.6	5.5	-0.4	-8.0
経常収支（億ドル）	-63	-64	-81	-136	-147	-30	142
短期金利（％）	7.00	5.50	6.25	10.50	12.00	24.00	3.13
失業率（％）	3.0	2.6	2.6	2.6	2.0	3.5	4.0
対ドル為替レート	25.4	25.3	25.1	24.9	25.3	31.3	41.3

注：為替レートは年平均（以下同じ）。
出所：Economic Committee of APEC [1999], International Monetary Fund [1999].

タイの産業構造は伝統的に農業が中心であったが，80年代後半には急激に工業化が進んだ。80年と94年と比較すると，GDPに占める比率は，農業が23％から10％に低下し，製造業が22％から28％に上昇した。輸出品の構成比では，同期間に，工業製品は32％から81％に急増している。輸出の上位品目は，70年には米，ゴム，とうもろこし，すずであったものが，80年には繊維製品，ICが上位に入り，95年にはコンピュータ，同部品，衣類，IC，プラスチック製品が上位になってきた[2]。

しかし，裾野産業が脆弱であり，輸出が増加すると部品の輸入が増加し，貿易赤字が拡大した。そのため，経常収支の赤字は87年に4億ドルであったものが，徐々に拡大し，94年には81億ドル，95年には136億ドルまで増加し，アジア主要国のなかでもっとも大きかった。

さらに，経済発展とともに賃金が高騰して生産コストが上昇しただけでなく，バーツが事実上のドルペッグ制であったために対ドルで実質的に上昇して輸出競争力が弱体化して，中国，ベトナム等から労働集約的産業を中心に追い上げられた。APECは，その『経済展望』で，95年末から97年6月末までの期間に，バーツがドルに対して実質的に約2.3％下落していたにもかかわらず，ドルと連動して上昇していたために，輸出が減少し，経常収支赤字が拡大したと分析している[3]。

かくして，96年になると，経常収支の赤字は過去最高の147億ドルに達した。同時に，実質GDPの成長率も5％台に落ち込み，景気に陰りが出始めた。そのため，96年にはバーツの外国為替レートが徐々に下がり始めた。97年2月になると，外為制度の変更のうわさが拡がり，投機筋の攻撃が始まり，為替相場が大きく乱高下した。タイ銀行（中央銀行）はバーツを防衛するために大規模な市場介入を行った。マネーサプライを引き締めたために，翌日物のインターバンク金利が年始には9～15％であったものが，30％にまで急騰した[4]。

経済のファンダメンタルズに改善が見られず，5月にはバーツが強力な投機的攻撃を受けた。同月末には，タイの通貨防衛が新段階に入り，非居住者との外為取引およびバーツ貸出は，実際の商業や投資活動に基づくものだけに制限

され，オフショア市場のバーツは翌日物金利が1,000％に暴騰した。大規模な市場介入と流動性引き締めによって，バーツは一時的に小康状態を維持した[5]。

しかし，6月には，ファイナンス・カンパニー91社のうち16社が営業停止になったり，高金利政策に対する政治的圧力から蔵相が辞任するなどの事態となり，タイの金融システムに対する信頼が衰え，バーツに対する投機的攻撃が再び活発化し，ついに7月2日にタイ政府はペッグ制を放棄し，変動為替相場制に移行するに至った。バーツが変動制に移行すると，急激なバーツ安が進行し，外貨の流出によって，タイのバブルが崩落し，97年の実質GDPはマイナス0.4％，98年はマイナス8％という急激な景気後退となった。

(2) 通貨危機の原因

タイの通貨危機にはいくつかの原因が考えられる。第1に，タイの経済成長が外国資本，とりわけ短期外国資本に依存していた度合が大きかったことである。バンコク・オフショア市場は外貨と外貨の取引となっておらず，自由に外貨が国内金融市場に流入しうるようになっており，外資が流入しやすい構造になっていた。すなわち，本来のオフショア市場ではなかった。そのため，ファンダメンタルズの好調さも手伝って，GDPに対する対外債務は89年末の32％から95年には49.2％に上昇し，96年には49.9％にまで上昇した。大量の短期外資の流入によって国内に過剰流動性が発生するとともに，不動産市場や株式市場に巨額の資金が流れ込んで，バブルが発生した。しかし，タイ経済が変調を来たして悪材料が出始めると，短期外資の逃げ足は速く，バーツが売り浴びせられて通貨危機が発生した。

第2に，多年にわたる輸出主導の高成長が資産価格のバブル化を招いたことである。資産価格が上昇するなかで，多くの企業が不動産業等のリスクの高いビジネスを拡大し，株式市場と不動産市場は87～91年に年率50～90％のペースで急騰し，バブルが膨張した[6]。しかし，96年には経済成長のスローダウンとともに不良債権問題が浮上し，97年6月にはファイナンス・カンパニー16

社，8月には同42社に営業停止命令が出され，金融危機が進行した。通貨危機が金融危機と経済危機に発展した。

　第3に，事実上のドル・ペッグ制であったことが外資の流入を促進するとともに，外為レートの継続的な調整を不可能にし，変動為替相場制への移行に際してバーツの売り圧力を過度に大きなものにしたことである。タイの通貨制度はバスケット通貨制であったが，ドルの比率が大きく，事実上のドル・ペッグ制であったために，バーツがドルに対して安定していて為替ヘッジも講じられない場合が多く，為替相場の急変が外資の流出を加速させ，不安定性を増幅させた。ペッグ制から変動制への移行は，それまでに累積した過大評価を急激に修正することになり，それだけ衝撃が大きかった。

　第4に，外資の導入のために金融自由化が推進されたが，国内の金融システムが十分に整備されていなかったことである。タイ銀行は，95年9月に不動産・住宅ローンに対する規制を実施したり，96年4月にファイナンス・カンパニーの非居住者バーツ建て預金の中央銀行における準備率を引き上げたり，同年6月にはファイナンス・カンパニーに対するオフショア市場からの資金調達を規制するなどの措置をとったが，外資の流入を防ぐには不十分であった。マネーサプライが増加し，バブルを防止することもできなかった。これらのことがタイの通貨危機を激しいものにしていったものと考えられる。

(3) IMFの支援とコンディショナリティ

　変動相場制に移行すると，外資の流出が加速して外貨の不足が生じ，7月28日にタイ政府はIMFに支援を求めた。8月には，他国の援助も併せた支援パッケージ172億ドルが認められた。IMFは支援と引き替えにコンディショナリティを課し，タイ政府は概略以下のような合意を行った。① 経常収支赤字を96年の対GDP比8％から97年は5％，98年は3％に削減する。② 97年，98年の経済成長率を3～4％に維持する。③ 財政収支を均衡・黒字化させる。④ 預金保険制度を確立する。⑤ タイ銀行は金融機関に対する監督を強化する。⑥ 国

営企業に対する補助金を廃止する。⑦金利を資金の流出を抑止しうるような高い水準に維持する。

　IMFは財政収支のGDP比1％の黒字を求めたが，このIMFのコンディショナリーは過酷すぎるとの批判が出された[7]。しかし，タイ銀行は，これは過熱した経済の冷却や金融システムの再建のための予算化も考慮したものであったと前向きに受け止めている。

　その後，景気後退がきびしくなると，財政的刺激を認め，緊縮財政は緩和された。98年2月に財政収支が対GDP比で黒字から2％の赤字を認め，5月には3％の赤字，8月には3.5％の赤字に変更された。また，金融政策に関しても，98年の5月と8月には，金融緩和が実行された。

（4）　金融システムの問題点とその改革

　90年5月に，タイはIMF8条国入りし，金融と資本の自由化を推進した。92年4月に商業銀行の資本取引に関わる外国為替取引を自由化し，93年3月にはバンコク・オフショア市場BIBF（Bangkok International Banking Facility）を創設し，内外商業銀行47行にBIBFライセンスを与えた。先に指摘したように，バンコク・オフショア市場は外-外取引でなく，自由に外貨が国内金融市場に流入しうる制度であり，短期の外資が不動産や株式投資に流れ，タイのバブルを醸成することになった。タイが経済成長のために外資を必要としていることは事実だとしても，タイは今回の教訓を活かして，バンコク・オフショア市場の改革に取り組む必要があろう。

　金融システムに対する外国投資家の信頼の回復のために，当局は97年に合計58のファイナンス・カンパニーの業務を停止した。また，金融機関基金（FIDF）がさらなる銀行取付とシステミック・リスクを防止し，公的な信用を回復するために，金融機関の預金と債務を保証した。97年10月には，金融再生庁（FRA）や資産管理会社（AMC）が設立され，金融機関の破綻処理体制の整備が行われた。

商業銀行は自己資本比率をBISが求める8％よりも高い8.5％以上に維持するように求められた。また，タイ金融機関の外国による所有制限が緩和された。

さらに，企業と金融機関の再構築を推進するために，倒産法（1940年）が改正され，法廷外の交渉の範囲が拡大され，債権者と債務者の公平な交渉や処理の迅速化が図られた。

98年4月には，政府が金融部門の脆弱性を改善するため，次のような施策を発表した。生き残りうる銀行とファイナンス・カンパニーのリストラを支援するための基金の創設。不良資産の効率的な管理。生き残れない銀行やファイナンス・カンパニーの閉鎖，合併，売却。公的部門のコストの抑制，モラルハザードの防止。監督の強化。国有銀行のリストラと民営化。コーポレートガバナンスの改善や金融機関の信用リスク管理の改善，等[8]。

タイ中央銀行は，市場原理を重視し，マーケット・メカニズムが有効に機能するための制度改革と，迅速で正確な情報開示を求めている。また，金融システムの監視の強化の必要性を強調している。

かくして，タイ政府は，IMFの改革プログラムを忠実に実行し，バブル崩壊後の不良金融機関の処理とともに，金融システムの改革を迅速に実行に移した。その結果，タイに対する外国の信頼も回復しつつあり，タイ経済は99年には，プラス成長に転じるものと予想されている。

タイ銀行は，タイの金融危機の根因は，十分な金融インフラの整備なしに金融自由化を行ったこと，マクロ経済政策に脆弱さがあったこと，経済のファンダメンタルズに脆弱性があったこと等であり，またタイの金融危機は，経済，社会両面で，同国に高価な教訓を与えたとしている。また，今回の危機が，外国の参加を歓迎するあらゆる経済部門での自由化を加速させ，競争原理と金融革新を促進する機会を与えたと，前向きの評価を下している。かくして，タイはIMFの支援と助言に依拠して諸制度の改革を実行し，経済の再建を図っていった。

3 騒乱状態となったインドネシア

(1) インドネシアの金融危機

インドネシア経済は，81年末からの石油価格の下落に直撃され，82年から86年まで景気が低迷した。しかし，87年から景気が回復し，89年には7％台の成長となり，96年まで6～8％台の高成長を実現した。また，経常収支の赤字もタイや韓国と比較して少なく，それほど問題がなかった（表5－2参照）。ただし，インドネシアの1人当たりGDPは，アジアの主要国のなかでは，中国を除いて，最低であり，95年にやっと1,000ドル台に乗せたばかりであった。

タイが通貨危機のために97年7月2日に変動相場制に移行すると，インドネシアはその直後の11日にルピアの対ドル為替相場の変動許容幅を上下8％から12％に変更した。投機筋はタイからフィリピン，マレーシアへと攻撃を広げ，7月21日頃からはルピアにも攻撃を強めた。インドネシア政府は積極的な市場介入によってルピアの防衛を図ったが，8月14日にはバンド制を放棄し，変動相場制に移行した。

政府は，その後も金融を引き締めて通貨の防衛を図り，金利が高騰した。9月半ばには，大型プロジェクトの延期を決定し，金利を徐々に引き下げ，国内

表5－2 インドネシアの主要経済指標

	1992	93	94	95	96	97	98
実質GDP（％）	7.2	7.3	7.5	8.2	7.8	4.9	-13.7
経常収支（億ドル）	-28	-21	-28	-64	-77	-49	40
短期金利（％）	12.0	8.7	9.9	13.6	14.1	30.5	64.1
失業率（％）	2.7	3.1	4.4	7.2	4.9	4.3	5.1
対ドル為替レート	2,030	2,087	2,200	2,308	2,383	4,650	8,025

出所：表5－1に同じ。

経済への影響を緩和した。その後、ルピアは一時的に安定を回復したが、10月には再び下落を開始し、政府は10月8日にIMFに支援を要請した。

10月31日に総額230億ドルの支援が決定され、またシンガポール、日本等からの緊急融資が表明され、100億ドル程度の支援が組まれた。香港やアメリカの株式市場が急落して世界同時株安が生じたが、この支援によって香港やアメリカの株価が回復した。

しかし、11月には金融パニックが発生し、政府は10月31日のIMFの支援パッケージを受け、16の銀行を閉鎖した。だが、この措置はインドネシアの金融システムに対する不信を高めることとなった。12月には、スハルト大統領の健康不安説が流れたり、IMF・アメリカとインドネシアとの対立が鮮明になって、ルピアがさらに急落した。ルピアは、6月末時点の1ドル=2,450ルピアから12月末には4,650ルピアに急落した。

翌98年には、1月にインドネシアの銀行再建庁が設置されたが、不良債権が巨額なために買い取り資金の調達ができなかった。また、同月に発表された予算案がIMFが求めた緊縮予算ではなくて、大幅増加のものであったため、IMF・アメリカとインドネシアとの対立が再燃した。ルピアが一気に対ドルで10,000ドルを突破する暴落となった。フィッシャーIMF副専務理事、アメリカのサマーズ財務長官がインドネシアを訪問して調整を図り、15日には第2次支援が合意され、ルピアが一時的な安定を取り戻した。しかし、政府が民間の海外債務に関する新たな枠組みができるまで利払い停止すると発表したために、ルピアがさらに下落した。2月になると、IMFとインドネシア政府との対立が表面化し、IMFの支援が合意されたにもかかわらず、融資が実行に移されなかった。

3月にスハルト大統領が7選を果たし、4月8日にはIMF第3次支援が合意され、ルピアが一時的に安定した。ところが、ルピアの暴落によって物価が上昇し、5月4日の燃料価格や公共料金の引き上げの発表でスマトラ島のメダンで暴動が発生し、同月中旬にはジャカルタが騒乱状態になり、多数の死者が出た。通貨安と供給体制の混乱によって、インフレはアジア諸国の中でもっとも深刻

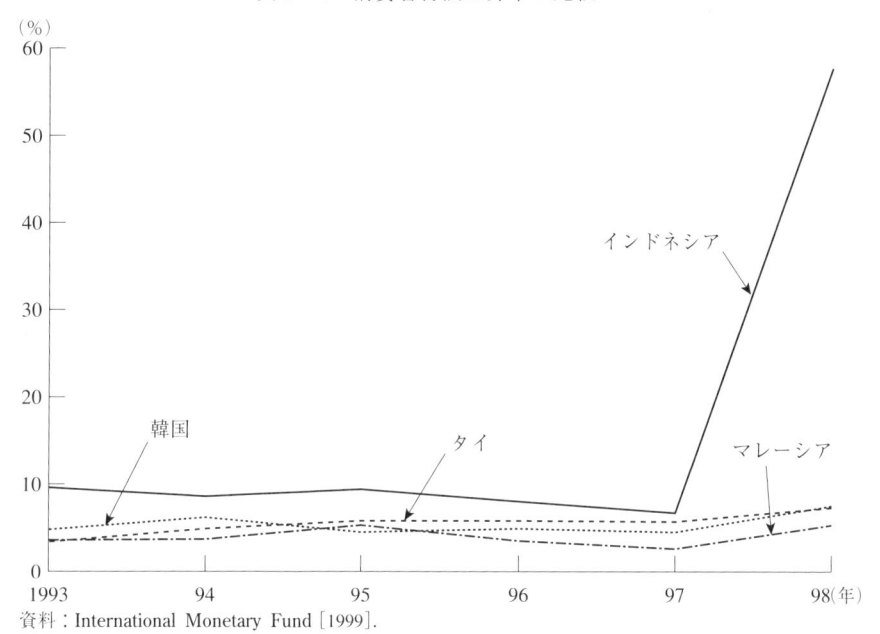

図 5-1 消費者物価上昇率の比較

(%)

韓国　　タイ　　インドネシア　　マレーシア

1993　94　95　96　97　98(年)

資料：International Monetary Fund [1999].

になった（図 5-1）。また，潜在的民族対立が顕現化して，多数の華僑の商店が焼き討ちにあった。華僑や海外企業関係者が国外に脱出し，インドネシア経済は壊滅的な打撃を受けた。国内が騒乱状態になるなかで，5月21日にスハルト大統領が退陣し，ハビビが大統領になった。こうした状況のなかで，6月には，1ドル=15,000ルピアを突破する暴落となり，ルピアはアジア通貨のなかでも最大の暴落となった（図 5-2 参照）。

かくして，アジア通過危機の影響を受けて，インドネシアの経済成長は，97年には4％台に低下し，98年にはマイナス13.7％という深刻な景気後退を余儀なくされた。アジア危機のなかでも，インドネシアの危機がもっともひどく，暴動が生じたり，多数の死者が出たり，政権が崩壊するなど，騒乱状態となった。

図5-2 アジア通貨の動向

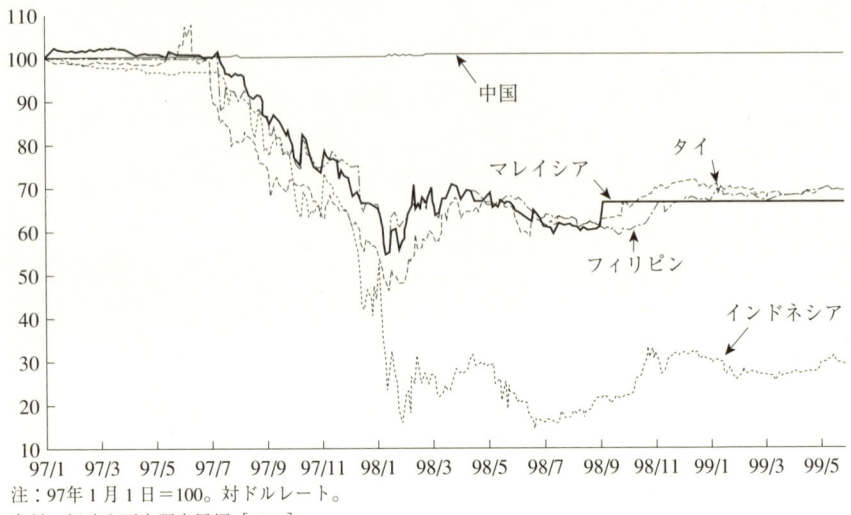

注：97年1月1日＝100。対ドルレート。
資料：経済企画庁調査局編［1999］。

(2) 金融システムの脆弱性

　インドネシアでは，70年代に対外資本取引が自由化され，為替管理がほとんどなかった。90年代に輸出主導の経済成長が推進され，資本財や部品の輸入制限が緩和され，貿易の自由化も図られた。直接投資の流入は90年から93年の平均で90億ドルであったが，94年には237億ドル，95年は400億ドルに急増し，外資への依存が急激に強まった。

　88年の金融自由化で国内銀行は弱小銀行が増加し，高金利による顧客獲得競争が行われた。また，融資の審査体制も甘かった。優良企業は海外の金融機関から借り入れ，リスクの高い中小企業が国内金融機関を利用した。このような事情のために，通貨危機がインドネシア経済を直撃して中小企業向け融資の返済が不能になったとき，国内金融機関は不良債権処理がきわめて困難となった。また，海外債務は民間部門が圧倒的であった。伊藤隆敏氏も「インドネシ

ア経済の問題は,国際収支危機ではなく,むしろ銀行部門の不良債権問題と産業構造の問題であるといえる」と指摘している[9]。

また,インドネシアでは,大統領を中心とする政府の権限が強すぎ,仲間内の利益を重視するため,中央銀行の独立性が弱かった。また,IMFなどの国際機関との交渉についても信頼性が乏しく,交渉が遅れぎみで,IMFの支援も実行が他国よりも大幅に遅れた。緊急融資の実行が遅れるなかで,外資が流出してルピアが急落し,それによって債務が膨張し,外資のさらなる流出が生じてさらにルピアが急落するという悪循環が生じた。危機に直面して資金援助が必要なときに国際機関からの迅速な支援が得られなかったことも,インドネシアの危機がもっとも深刻になった理由の1つである。

(3) 求められる社会の安定

インドネシアがアジア危機のなかで,もっとも深刻な事態になったのは,政治に問題があるという指摘がある。インドネシアは,開発独裁的色彩が濃く,政治の不透明性,官僚主義の弊害が強かった。97年11月のIMF支援受入後のスハルト政権は,市場の信頼を回復するような適正な改革方針を打ち出せなかった。そのため,ルピアが急落を繰り返した。IMFは支援パッケージを何度もつくり直したが,その実行可能性,スハルト政権との意思疎通を市場から疑われた。外国人投資家の信頼を失ったことがインドネシアの通貨・金融・経済危機をもっとも深刻なものにした。

また,インドネシアの危機の背景に華僑問題がある。華僑系の人々とインドネシア人との間の貧富の差が大きく,潜在的な対立がある。暴動のなかで華僑の人々が襲撃され,華僑資本が逃避し,経済危機を悪化させる大きな要因となった。

5月27日にハビビ政権が99年6月の選挙を公約し,政治的混乱は一時的に収束に向かった。6月にフランクフルト合意で対外民間債務処理の基本方針が定まり,7月の世銀主催のインドネシア支援国会合で60億ドルの追加支援が決ま

った。IMF・世銀の融資も開始され，インドネシアの経済も小康状態を保つようになった。

99年10月には大統領選挙でワヒド大統領が新大統領に当選し，主要7政党から閣僚を選んで，挙国一致内閣を組閣した。しかし，民族問題，政治問題，宗教問題等，インドネシア独自の不安定要因が払拭されておらず，金融や経済システムの改革も遅れており，ルピアの為替相場は低迷したままであり，直接投資の流入も極端に減少しており，経済の再建にはかなり時間を要するものと思われる。インドネシアが安定的な経済成長を持続するには，金融・経済システムの近代化とともに，政治の安定が不可欠である。

4 近代化途上の韓国

(1) 韓国の金融危機

韓国の経済は，2度の石油危機等の時期を除いて，60年代末からアジア通貨危機の直前の96年まで，アジアNIEsの一角として高成長を実現してきた。韓国は95年に1人当たりGDPが1万ドルを超え，96年末にはOECDに加盟し，先進国入りを果たした。韓国も，タイと同様に景気が活況を呈すると部品等の輸入が増加し，経常収支が赤字になり，90年代は慢性的な赤字に陥り，96年

表5-3 韓国の主要経済指標

	1992	93	94	95	96	97	98
実質GDP（％）	5.1	5.8	8.6	8.9	7.1	5.0	-5.8
経常収支（億ドル）	-39	10	-39	-85	-230	-82	406
短期金利（％）	16.4	13.0	12.3	12.4	12.4	13.3	15.1
失業率（％）	2.4	2.8	2.4	2.0	2.0	2.6	6.8
対ドル為替レート	788	808	789	775	844	1,415	1,208

出所：表5-1に同じ。

の赤字は230億ドルに拡大し、対GDP比で4.9％になった[10]。

96年になると、実質GDP成長率が前年の8％台から約7％に低下した（表5-3）。その主な要因は、主要産業である半導体の輸出価格が低下したことと、円安によるウォン高のために交易条件が悪化したことであった。97年には、ハンボグループ、サミン等の8財閥グループが倒産した。財閥等の企業倒産が金融機関の不良債権を増加させた。

投機筋は、弱点をもつアジア諸国の通貨に攻撃を仕掛けたが、韓国通貨ウォンも、こうした状況下でインドネシアが支援を要請した10月初旬から激しい攻撃を受けた。

10月24日にスタンダード・プアー（S&P）社が韓国政府の信用格付けをA＋に格下げすると、ウォン売り圧力はさらに強まった。11月17日にウォンの為替相場が対ドルで1,000ウォンにまで減価し、韓国銀行（中央銀行）は為替相場の防衛を放棄した。翌18日に韓国国会で金融改革9法案が廃案なると、ウォンの下落がさらに加速し、終値で史上最安値の1ドル＝1,035ウォンまで下落した。海外金融機関が韓国の債権回収を急ぎ、外資の流出が深刻になった。

11月21日に韓国政府がIMFに緊急融資を要請し、12月5日にIMFとの合意内容が発表された。支援総額は550億ドルであった（後に583.5億ドルとなる）。この合意に基づいて、韓国政府が策定した経済改革プログラムは次のようなものであった。① 98年の経済成長率を3％の水準にする、② 経常収支赤字を98年、99年には対GDP比で1％以内とする、③ 金利の引き上げ、④ 財政収支の均衡・黒字化、⑤ 韓国銀行法改正による同銀の独立性の強化、⑥ 統合金融監督機構の設置、⑦ BIS自己資本比率規制の遵守、⑧ 外国人による株式投資限度の拡大、⑨ 政策金融の縮小、⑩ 労働市場流動化のための雇用保険制度の改革、等。

12月には、14のマーチャント・バンクに業務停止命令が出され、証券業界第8位のコリヨ証券が不渡りを出して事実上倒産し、金融危機が深刻化した。

しかも、97年末から98年初めにかけては、多くの韓国の銀行がロールオーバー（借り換え）の期限が来ており、銀行倒産や韓国政府の債務不履行の懸念

が出てきた。国際金融危機を防ぐために，IMF，アジア開発銀行，世界銀行が相次いで緊急融資を行った。しかし，民間金融機関のロールオーバーはなかなか進まなかった。12月末には，ウォンが対ドルで1,700ウォンを下回る水準まで急落した。

12月29日に日欧米の主要民間銀行の間で韓国支援の交渉がまとまり，98年1月28日には，韓国と民間銀行との間で，240億ドルを上限に民間金融機関の短期債務を3～5年間の長期債務に繰り延べることが合意された。2月に発足した金大中政権は金融危機の克服を最優先課題とし，国際機関や民間金融機関の協力を得てロールオーバーを乗り切った。

かくして，韓国に対する緊急支援では，IMFなどの公的支援とともに民間セクターの支援が重要であることが明らかとなった[11]。韓国の場合は，インドネシアと異なり，主な対外借入れの主体が銀行であったことや，IMFの支援もスムーズにいったことが危機の深化を緩和した。

しかし，韓国は深刻な不況となり，98年のGDP成長率はマイナス5.8％に落ち込み，失業率も6.8％と極めて高いものとなった。

(2) 韓国経済の脆弱性

韓国は資本の自由化が遅れていて短期外資の流入が比較的少なく，また財閥が不動産融資を規制されていたために，タイにおけるような，短期外資の流入による資産バブルの膨張という状況はそれほど見られなかった。財閥の過剰な設備投資が財閥系企業の財務内容を悪化させた。これは，日本の大企業と大金融機関との関係に類似している。

また，財閥は低利融資を優先的に受けやすく，シェアを重視する傾向が強く，この点でも日本の経済構造に似ている。

さらに，韓国の経常収支は赤字体質であり，輸出を増加させれば，原材料や部品の輸入も増加する構造がある。裾野産業が十分に成熟しておらず，多くの部品を日本に依存している。また，韓国企業は半導体などの分野で日本企業と

競合関係にあり，95年以降の円安局面で輸出競争力が弱くなり，急速に貿易収支が悪化した。他方で，OECD加盟に伴い，韓国は資本の自由化を行ったために，外国資本が以前よりも入りやすくなり，これによって経常収支赤字をファイナンスするようになった。

金融システムに関しては，金融機関に対する金融当局の監督体制にも問題があった。銀行は中央銀行の管理下にあったが，マーチャント・バンク等は財政経済院の管理下にあり，金融機関の監督に齟齬があった。さらに，情報開示に不透明な点もあり，これがウォンが売りを呼び，ウォン安を増幅した。

また，韓国は，経済の成長とともに急激な賃金コストの上昇に悩まされるようになった。この高コスト体質が韓国の国際競争力を削いだ。激しい労使対立が労働市場の改革を困難にしており，労組活動がしばしば生産活動に打撃を与えている[12]。

(3) 金融システム改革

今回の危機のなかで，金融システム改革が推進されることになった。97年12月に金融監督機関の統廃合が行われ，98年4月から首相傘下の独立機関である金融監督委員会 (FSC) が業務を開始し，金融機関の監視や規制を行うことになった。また，韓国資産管理公社が設立され，不良債権の買い取りによる処理，問題銀行の再編を促進することになった。さらに，98年5月には，外国人による韓国企業の株式の所有制限が撤廃され，敵対的M&Aも自由化され，株式市場の対外開放が進められた。預金保険機構の強化や韓国銀行の独立性の強化も行われた。

韓国は，金融機関処理に関しては，タイ，インドネシアよりも迅速に対処した。金融改革のスキームもほぼ固まり，ウォンは98年に入って，上昇傾向に転じ，金利水準も危機以前の水準に低下した。各金融機関のロールオーバーも順調に行われ，当面の金融危機を脱した。破産法の整備，国際会計基準の導入等によって，経営環境の近代化を進めている。

さらに,経済改革も推進している。財閥改革では2000年までに既存の相互債務保証を撤廃することとし,98年4月以降は新たな保証を行うことを禁止した。また,労働市場改革では,労働基準法が改正され,レイオフが認められた。

かくして,韓国経済の近代化が迅速に進められ,短期間で景気も回復してきている。99年は,かなりの高い成長が見込まれている。また,98年には韓国向け直接投資も急増している。しかし,韓国は,中長期的成長のためには,通貨危機で露見した,経済構造の弱点,裾野産業の育成,財閥中心の経済構造の改革,企業経営の近代化,労働市場改革等の問題点を解決する必要があろう。また,先進国としては,より自由な社会制度,より開放的な対外政策等が必要であろう。

4 独自路線のマレーシア

マレーシアは,81年に就任したマハティール首相の強力な指導の下にルック・イースト政策を推進し,産業の多角化や工業化を推進してきた。80年代後半には,外資を積極的に導入し,輸出志向型産業の育成を図り,88年から97年まで7〜9%の高度経済成長を実現してきた(表5-4)。しかし,経常収支は赤字基調であり,タイの通貨危機を契機に,マレーシアのリンギも投機の攻

表5-4 マレーシアの主要経済指標

	1992	93	94	95	96	97	98
実質GDP(%)	7.8	8.3	9.2	9.5	8.6	7.7	-6.7
経常収支(億ドル)	-22	-30	-45	-85	-46	-48	―
短期金利(%)	8.0	6.5	5.5	6.8	7.4	8.7	6.5
失業率(%)	3.7	3.0	2.9	2.8	2.5	2.7	3.9
対ドル為替レート	2.6	2.7	2.6	2.5	2.5	3.9	3.8

出所:表5-1に同じ。

撃を受けた。しかし，マハティール首相は，独自路線を歩み，IMFに支援を求めずに，対外資本取引を規制することで，外資による国内経済の攪乱を回避する道を選択した。

その背景には，マハティール首相が，約6割を占めるが貧困層の多いマレー系民族を優遇するブミプトラ政策を推進して民族間の貧富の差を調整しながら政治の安定化を図っている事情がある。IMFの支援を受けるとなれば，ブミプトラ施策の見直しは必至であり，社会的混乱を惹起する可能性もあるからである。また，欧米型自由化政策に批判的な同首相が，IMFの支援を嫌ったと言うこともできよう。

マレーシアは，対外資本取引に対する規制を強化して，外資による攪乱を防ぎ，金融危機を乗り切る道を選んだ。為替管理を強化して，リンギの対外取引を規制するとともに，外国人による株式取引の規制も強化した。また，政府は，為替レートを安定させるため，98年9月2日にリンギを対ドルで3.80リンギに固定した。

しかし，他方で，マレーシア政府は，IMFが支援各国に求めたような改革プログラムを自ら推進し，経済構造の調整と金融改革に取り組んだ。自ら経済構造と金融システムの強化を図って，危機を乗り切ろうとした。マレーシアの試みは成功し，今のところ，通貨危機に見舞われた他の諸国に比較して，経済危機の程度は軽微であった。

なお，マレーシアが通貨危機の影響をあまり受けなかったのは，マレーシア政府が外資の大量流入を通貨危機以前から警戒していただけでなく，資金調達の複線化を図っていたという事情もある。原洋之助氏は，輸出加工区の輸出志向型部門がオフショア市場からのドル建て資金を利用し，輸入代替型の国営・公営部門が年金基金等からの借入を原資とする財政資金を利用しており，こうした複線的資金調達システムがリンギの急落による金融システムの危機を防いだと指摘している[13]。

マレーシアは，2020年までには先進国入りするという長期目標（ビジョン2020）を掲げて，経済・社会の近代化を追求している。マレーシアが先進国に

なるには，マレー系と華人系との潜在的民族対立を解消し，ブミプトラ政策を転換することが必要であろう。また，マレーシアが先進国になった場合には，今回の通貨危機でとったような対応は困難になる考えられる。マレーシアのシステムを欧米諸国のシステムとどのように調整を図っていくのかといったことも課題として残っている。

6 おわりに

　アジア諸国は通貨危機以前の10数年間は経済成長が目覚ましく，世界の注目を浴びた。しかし，戦前は植民地であった国が多く技術的に遅れたり，裾野産業が未発達な国が多いの実情である。また，そのため，資本も技術もその多くを外国に依存する国が少なくなかった。

　このようなアジア諸国は，経済のファンダメンタルズに変調が現れると，外資の流出が加速し，国際決済に関わるシステミック・リスクに晒され，これが国内の金融と経済のシステムを撹乱し，金融危機と経済危機を惹起させることになった。

　もちろん，国によって，状況は異なり，危機の程度や特徴も異なるが，大筋として，以上のように概括できるであろう。換言すれば，経済発展が遅れていたアジア諸国が，先進国の資本や技術を導入して急速な発展を実現してきたが，近代的な市場メカニズムに十分適応できない事態に直面したと言うことができよう。アジア諸国のなかでも，比較的に早くから経済成長を実現し，近代的な金融・経済システムを採用してきたシンガポールや香港は，アジア通貨危機の影響を受けなかったわけではないが，本章で検討した諸国から比較すれば，その影響は少なかった。

　したがって，アジア諸国がアジアの金融・経済危機から脱却して，順調な経済成長軌道に復帰するためには，非近代的な金融システムや経済構造を改革す

ることが、何よりも大切なことである。そのうえで、裾野産業の育成に努め、国際分業のなかでそれぞれに適合した経済政策を推進することが重要であると思われる。

また、日本の金融・経済はアジアのそれと深い関係にあり、資本や技術の提供だけでなく、アジアにおける日本の役割を自覚して、適切な対応を行っていくべきであろう。私見では、円の基軸国際通貨化は困難であると思われるが、長期的には円を中核とするアジア通貨単位といったものも射程に入れるべきであろうと思われる。いずれにしても、日本を含むアジア諸国がアジア経済の発展のために、相互に協力していくことが大切である。

中国は社会主義体制を維持しており、外為管理を通じてアジア通貨危機を回避したが、WTO加盟等のためだけでなく、中国経済そのものが世界経済との結びつきを強めており、巨大化する中国経済の動向がアジア、ひいては世界経済の動向に大きな影響を及ぼすことも考えられる。アジア通貨危機は21世紀型危機と言われるが、今後の貴重な教訓とすべきであろう。

注

1) The World Bank [1993] 参照。例外的に、P. クルーグマンがアジアの景気後退を予想していたが、労働生産性の低下によるものと考えており、今回のアジア金融危機とは直接的な関連はないと言ってよい。円居総一 [2000] 参照。
2) 名尾良泰編 [1997] 39ページ。
3) Economic Committee [1997] 邦訳 139～140ページ。
4) Bank of Thailand [1998] p. 25.
5) *Ibid.*
6) *Ibid.*, p. 15.
7) IMFに対する批判があるが、IMFが求めたような金融システムや経済構造の近代化は持続的な経済成長のために不可欠なことであり、またこうした改革が外国投資家の信頼の回復と通貨の安定に寄与するものと思われる。また、緊縮財政や高金利政策の弾力的な運営は必要であり、IMFもこの点では柔軟な対応を行っている。東京三菱銀行経済調査グループ[1998]、白井早由里 [1999] 等参照。

8) Bank of Thailand, *op.cit.*, p.35.
9) 伊藤隆敏［1998］60ページ。
10) Economic Committee of APEC［1997］邦訳90ページ。
11) 日下部元雄・堀本善雄［1998］35～36ページ参照。韓国については，同書に負うところが大きい。なお，孫千均［1999］をも参照した。
12) 同上書，30～33ページ参照。
13) 原洋之助［1998］13～14ページ。

参考文献

Bank of Thailand［1998］*"Focus on the Thai Crisis," Bank of Thailand Economic Focus*, Vol. 2 No. 2 April-June 1998.

Economic Committee of APEC［1997］*1997 APEC Economic Outlook*, 1997.（経済企画庁調整局訳『1997APEC経済展望』大蔵省印刷局，1998年）。

―――［1998］*1998 APEC Economic Outlook*, 1998.（経済企画庁調整局訳『1998APEC経済展望』大蔵省印刷局，1998年）。

―――［1999］*1999 APEC Economic Outlook*, 1999.

円居総一［2000］「アジア危機の本質，教訓と国際金融協力」国宗浩三編『アジア通貨危機』日本貿易振興会アジア経済研究所，2000年。

原洋之助［1998］「ASEAN4の経済成長と通貨・金融危機」大蔵省財政金融研究所編『ASEAN4の金融と財政の歩み』大蔵省印刷局，1998年。

International Monetary Fund［1998］*World Economic Outlook*, May 1998.

―――［1999］*International Financial Statistics Yearbook*, 1999.

伊藤隆敏［1998］「アジアの通貨危機とIMF」大蔵省財政金融研究所編『ASEAN4の金融と財政の歩み』大蔵省印刷局，1998年。

経済企画庁調査局編［1998］『アジア経済1998』大蔵省印刷局，1998年。

―――［1999］『アジア経済1999』大蔵省印刷局，1999年。

日下部元雄・堀本善雄［1999］『アジアの金融危機は終わったか』日本評論社，1999年。

名尾良泰編［1997］『タイ国経済概況』(1996/1997年版)バンコク日本人商工会議所，1997年。

佐々木文之［1999］「ASEANの通貨バスケット制度」野村総合研究所『財界観測』第64巻3号，1999年3月。

白井早由里［1999］『検証IMF経済政策』東洋経済新報社，1999年。

孫千均［1999］「構造調整期の韓国経済」浦田秀次郎・木下俊彦編『21世紀のアジア経済』東洋経済新報社, 1999年。

東京三菱銀行経済調査グループ［1998］「アジア通貨危機に対するIMFの処方箋について」東京三菱銀行『調査月報』No.23, 1998年2月。

United Nations ［1997］, *Financial Sector Reforms in Selected Asian Countries*, 1997.

The World Bank ［1993］, *The East Asian Miracle*, 1993.（白鳥正喜監訳『東アジアの奇跡』東洋経済新報社, 1994年）。

第6章　東アジア・九州の経済発展と産業構造

土井　紀夫

1　はじめに
2　東アジアにおける雁行型経済発展
3　日本国内における雁行的展開
4　九州と東アジアの経済交流
5　おわりに

1 はじめに

　第2次世界大戦後,とりわけ最近の30年間で東アジアは目覚ましい経済発展を遂げた。それは「東アジアの奇跡」[1]と呼ぶに相応しいものであった。まず日本が高度成長を遂げた。その後を追うようにしてアジアNIEsが成長し,さらにその後を追ってASEAN諸国や中国が成長した。こうした成長の連鎖はしばしば「雁行形態的」[2]と表現される。

　ところで,目を転じれば,そのような連鎖は国内においても生起している。東京や大阪など大都市圏の後を追って地方圏が次々と成長の軌跡を描いている。これもまた雁行形態的と特徴づけられる。本章の主たる関心はそのような経済発展の連鎖にある。

　そこで本章はまず東アジアにおける雁行形態的発展のプロセスをデータによって追跡する。これについては優れた先行研究があるから比較的周知されているかもしれない。次いで日本国内の雁行的展開に目を向け,その実態を明らかにする。そのなかでも九州経済の発展過程には特別の注意を払う。九州はこれまで雁行の隊列の最後尾につけてきた。これを前方に押し出す手はないのか。本章にはこうした問題意識が潜在している。

　東アジアでは数年前から雁行形態の乱れが指摘されている。後の雁が前の雁を追い越し始めたのである。その主役は中国であり,とくに沿海部の急激な経済発展が注目される。その推進力となったのが隣接するアジアNIEsとの経済交流であった。九州も経済活性化のためにはそうした国際交流に積極的に取り組むことが重要ではないか。この意味で最近北部九州・山口地域で進められている環黄海経済圏構想が注目に値する。そこで最後に,九州と東アジアの経済交流の実態を分析し,環黄海地域における交流の意義を考察する。

2 東アジアにおける雁行型経済発展

(1) 経済発展の連鎖

東アジア諸国の経済成長

　東アジア諸国はかつてその大半が西欧の植民地であった。政治的にも経済的にも宗主国にまさに従属していた。第2次大戦後政治的には独立を勝ち取ったものの，経済的自立への道は険しかった。しかし，「奇跡」が起こった。東アジアは「世界の成長センター」となった。アジアで最初に高成長を実現したのは日本であった。1960年頃から70年代初めまでが日本の高度成長期であった。NIEsは70年代初めから80年代の中頃にかけて高成長を達成した。80年代半ば以降，ASEANと中国がこれに続いた。成長の連鎖は1人当たりGDPの推移で示される（表6-1）。まず日本のそれが急上昇し，香港とシンガポールがこれを追いかけ，その後に韓国と台湾が続いている。ASEAN4と中国も未だ低水準ながら上昇傾向にある。

　もとより東アジアを構成する国・地域はきわめて多様であり，経済の発展段階も著しく異なる。世界銀行の分類によれば，1995年の時点で，NIEs 4は「高所得国」の水準に到達しているが，ASEAN4はいずれも「中所得国」に属し，中国は最下層の「低所得国」に属する[3]。このように発展段階の異なる国・地域が次々と雁行形態的に経済発展を遂げてきたのが東アジアの特徴である。その推進力となったのが70年代から80年代にかけて各国で採用された輸出志向工業化戦略であった。外資を利用して工業生産力を拡充し，工業製品の輸出増大を図ったのである。それ故，雁行的展開は産業構造や貿易構造の面でもみられた。

表6-1　東アジア諸国の1人当たりGDP

(単位：ドル)

	1960年	1970年	1980年	1990年	1997年
日　　本	477	1,967	9,146	24,273	33,248
韓　　国	155	272	1,643	5,917	9,511
台　　湾	－	386	2,325	7,870	13,070
香　　港	－	959	5,624	13,111	26,355
シンガポール	433	916	4,962	13,819	31,036
タ　イ	97	195	693	1,528	2,535
マレイシア	275	382	1,787	2,409	4,545
インドネシア	－	77	491	590	1,055
フィリピン	253	195	675	714	1,032
中　　国	－	－	302	342	733

出所：経済企画庁『アジア経済1998』pp.278-279.

産業構造の高度化

　産業構造の変化に関する経験法則によれば，一般に経済が発展するにつれて第1次産業の比重が低下し，第2次産業と第3次産業の比重が上昇する。第2次産業はある水準に達するとその後はやや低下気味に推移するが，第3次産業は一貫して上昇する（ペティ＝クラークの法則）。第2次産業は製造工業によって代表される。その内部では消費財工業の比重が低下し，投資財工業の比重が上昇する（ホフマンの法則）。投資財工業のなかでも金属や化学に比して機械の比重が明らかに上昇する。ここから経済の発展段階を示す指標として工業化率や機械工業化率がしばしば用いられる。

　図6-1は東アジア各国の産業構造の変化をみたものである。①は各国のGDPに占める農業と製造業の比率の推移を示している。各国とも農業のウエイトが低下し，製造業のウエイトが上昇している。工業化の進行である。しかもそのプロセスはまさしく雁行形態的である。日本の後を韓国が追い，さらにその後をASEAN諸国が追いかけている。香港とシンガポールは特殊な軌跡を描いているが，ここではもともと農業がほとんど存在しなかったことによる。またこの図をみて気づくことは，日本と香港ではすでに70年代から，韓国で

第6章　東アジア・九州の経済発展と産業構造　153

図6-1　東アジア諸国の産業構造高度化

①GDPに占める農業と製造業の比率

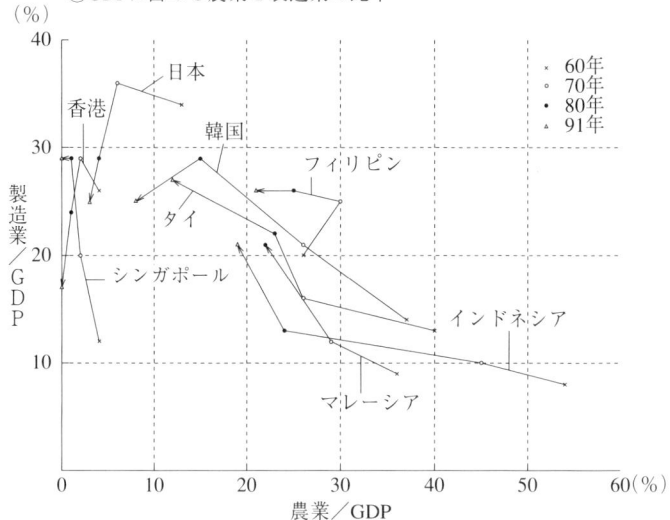

凡例：× 60年、○ 70年、● 80年、△ 91年

縦軸：製造業／GDP（％）、横軸：農業／GDP（％）

国・地域：日本、香港、韓国、フィリピン、タイ、シンガポール、インドネシア、マレーシア

②製造業付加価値に占める軽工業と重工業の比率

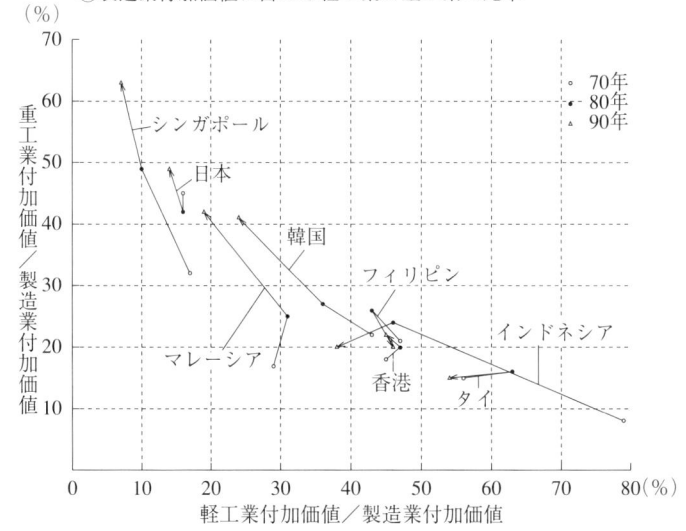

凡例：○ 70年、● 80年、△ 90年

縦軸：重工業付加価値／製造業付加価値（％）、横軸：軽工業付加価値／製造業付加価値（％）

国・地域：シンガポール、日本、韓国、フィリピン、マレーシア、香港、インドネシア、タイ

注：軽工業＝食品・飲料・タバコ，繊維・衣料。
　　重工業＝機械・輸送機器，化学製品。
資料：世界銀行『世界開発報告』。

も80年代に入ってから，製造業の比率に低下傾向がみられることである。これはサービス経済化の進展を示唆している。

②は製造業付加価値に占める軽工業と重工業の比率の推移をみたもので，製造業内部の構造変化を示している。各国とも軽工業の比率が低下し，重工業の比率が上昇している。とくにシンガポールとマレーシアで重工業化の進行が際立っているが，総じてここでも①と同様に雁行形態的な追跡過程がみとめられる。

貿易構造の高度化

図6-2は東アジア各国の輸出構造の変化をみたものである。①は輸出総額に占める工業製品の比率の推移を示している。いわば輸出面における工業化率の推移である。日本はすでに1960年頃にはこの比率が90％の水準に到達している。香港も60年代の後半には90％の水準に達した。韓国では60年代後半から70年代初めにかけて急激に伸び，その後も着実に増勢を続けている。シンガポールは80年代後半以降の伸びが顕著で，近年では90％近くの水準に到達している。ASEAN諸国はもともと農業国であり，輸出志向工業化路線への転換も遅れたことから，工業製品の輸出比率は長い間30％以下の低水準にあった。しかし，80年代に入って急上昇し，とくにタイとマレーシアはシンガポールの後を急追している。

工業製品輸出の拡大過程で注目すべきは機械類の輸出比率である。②は東アジア諸国の輸出総額に占める機械類のシェアの推移を示したものである。各国とも産業構造の高度化を反映して機械類の輸出比率を急速に高めている。ここでも日本が先行し，その後をNIEs，ASEANの諸国がそれぞれ追跡する展開になっている。機械類は他の産業に比較して生産の迂回度が大きく，関連産業の裾野も広い。それだけに分業関係が構築される余地が大きい。それ故，東アジアにおけるこの比率の連鎖的な上昇は，この地域で国際的な分業関係（多国籍企業による企業内分業）が急速に拡大していることを示唆している。

東アジア諸国の産業構造が相互に関連し合いながらダイナミックに変化して

図 6-2 東アジア諸国の輸出構造高度化

①輸出総額に占める工業製品の比率

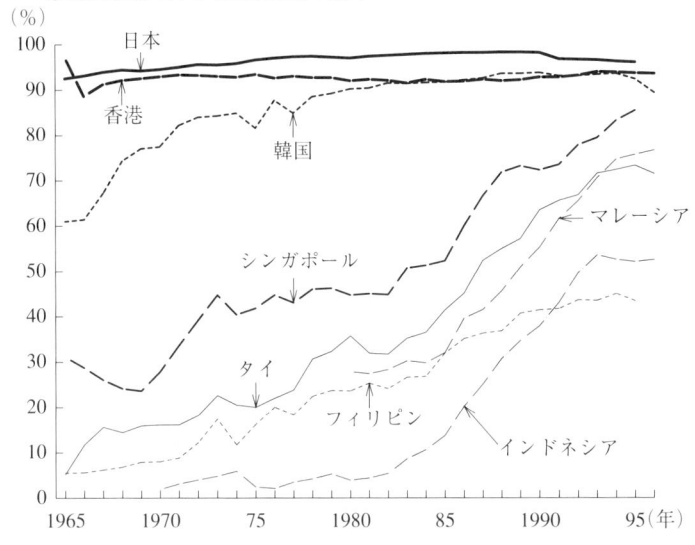

②輸出総額に占める機械類および輸送機器類の比率

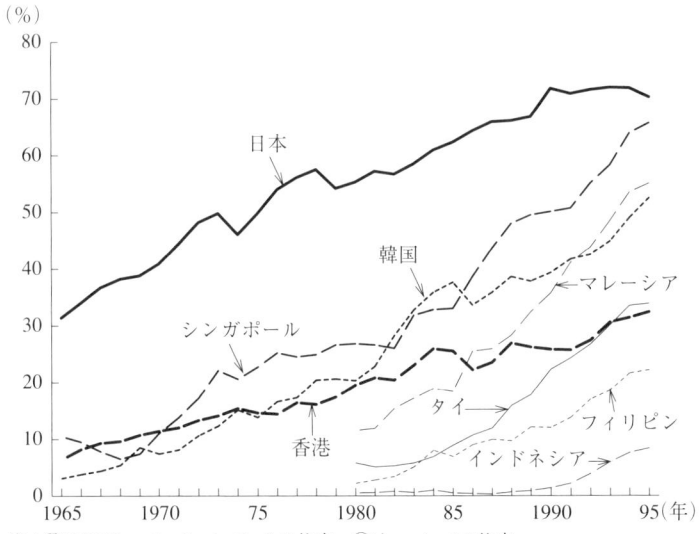

注：①はSITC section 5・6・7・8 の比率。②は section 7の比率。
資料：国際連合編集『アジア太平洋統計年鑑』各年版。

きたことは「貿易特化係数」(各財の輸出入差額を輸出入合計で除したもの)を用いた分析でも示すことができる。詳細は省略するが，たとえば経済審議会21世紀世界委員会は1997年3月に取りまとめた報告書の中で，日本，アジアNIEs, ASEAN 4, 中国という4つのグループについて，資本財，耐久財，非耐久財の貿易特化係数の推移を図示している。それによれば，国・地域としては日本→アジアNIEs→ASEAN 4→中国という順で，産業分野としては非耐久財→耐久財→資本財という順で，特化係数が上昇から低下への動きを示している。これは日本をはじめ各国が次々と付加価値の高い分野に産業のウエイトを移していることを意味する[4]。

(2) 雁行型経済発展のメカニズムとその帰結

こうして東アジアの経済発展は雁行形態的に進展してきた。そのメカニズムについては諸説ある。たとえば，① 東アジア諸国の高い転換能力に着目する渡辺利夫の「構造転換連鎖」説[5]，② そうした内的条件よりも多国籍企業の行動といった外的要因を重視する平川均の「玉突的成長連鎖」説[6]，③ 東アジア経済発展の核心を「外国直接投資主導型」と捉える小島清の「直接投資前線拡延」説[7] などがよく知られている。各説ともそれぞれに説得的であるが，ここで詳しく紹介する余裕はない。ここではこれらの説を踏まえたうえで，発展連鎖のメカニズムを概括的に整理するにとどめる。

80年代後半以降の東アジアにおける発展連鎖は，① 東アジアへの直接投資の流れ，② 直接投資と貿易の好循環，③ 好循環地域の外延的拡大によるところが大きい[8]。世界の直接投資は80年代を通じて増大し，90年をピークにして減少に向かった。しかし，途上国向けの投資は引き続き増加し，そのなかでも東アジア向けが大きなシェアを占めた。東アジアへの直接投資の流れには，プル要因とプッシュ要因があった。プル要因は外資を利用した輸出工業の振興，発展段階の違いにもとづく生産コストの格差などであった。プッシュ要因としては先発国の産業構造の転換にともなう直接投資の流れがあった。先発国が比

較優位を喪失した産業を後発国にシフトさせたのである。

途上国にとって外資を利用した輸出志向工業化戦略は，一方で資本財・中間財の輸入を誘引するが，生産能力の増強により，他方では完成財の輸出拡大を導く。ここから，輸出志向工業化政策→資本財・中間財の需要増大（輸入増大）→新規投資拡大→生産能力拡大→輸出拡大という好循環が生まれた。70年代にNIEsが直接投資の積極的な導入によってこの循環を形成した。80年代後半以降，この循環がNIEs→ASEAN→中国へとスピルオーバーし，東アジア全域に拡大した[9]。

かくて東アジアでは雁行形態的に経済発展が進行した。当初これに強いインパクトを与えたのは日本と米国であった。日本は資本財・中間財の輸入先として，米国は工業製品の輸出先として，それぞれ重要な役割を果たした。直接投資も日・米の多国籍企業によるものが主流であった。ところが，NIEsの台頭とともに様相が変化した。貿易・投資の域内相互依存度が著しく上昇したのである。表6-2と表6-3を参照されたい。前者は輸出・輸入とも域内依存度が大きく上昇したことを示している。後者は東アジアへの直接投資の主役が日・米からアジアNIEsへ変わったことを示している。いまや東アジアにとって最大の貿易相手は東アジア自身となり，最大の投資国はアジアNIEsとなった。渡辺の言葉を借りれば，貿易と投資の「域内循環構造」[10]が形成された。こうして東アジアの経済発展は将来この地域に自律的経済圏が生まれる可能性を予感させるまでになった。

3　日本国内における雁行的展開

(1)　経済発展と産業構造の変化

戦後日本の経済発展は目覚ましいものであった。1968年にはGDPでドイツ（旧西ドイツ）を抜き，アメリカに次いで世界第2位となった。この頃から「経

表6-2 東アジアの相手地域別貿易依存度

(単位：%)

	年	東アジア	日本	米国	EU	世界
輸出依存度	1985	27.6	18.1	23.2	10.9	100.0
	1990	33.2	14.9	20.8	15.4	100.0
	1995	38.0	13.1	19.3	13.9	100.0
輸入依存度	1985	24.4	25.6	14.7	12.6	100.0
	1990	32.6	21.1	14.7	14.0	100.0
	1995	35.3	21.9	13.9	13.8	100.0

注：東アジアとは，韓国，香港，シンガポール，タイ，マレーシア，インドネシア，フィリピン，中国。
資料：IMF, *Direction of Trade Statistics Yearbook.*

表6-3 東アジアの直接投資受入額に占める各国・地域のシェア

(単位：%)

年	東アジア	(NIEs)	日本	米国	EU	世界
1986	27.8	(26.6)	25.8	18.8	11.4	100.0
1990	36.6	(33.8)	27.5	10.8	10.8	100.0
1995	37.1	(34.6)	16.5	12.2	12.7	100.0

出所：日本貿易振興会『ジェトロ白書・投資編（1997年）』p.35.

済大国」と呼ばれるようになった。その後も比較的高い成長を持続し，87年には1人当たりGDPで主要先進7カ国中第1位となった[11]。

　経済発展にともなって産業構造も大きく変化した。経済企画庁『国民経済計算年報』によれば，第1次産業は1955年には付加価値の2割近く，就業者数の4割以上を占めていたが，95年にはそれぞれ2％，7％にまで低下した。第2次産業はどちらの指標でみても高度成長期にシェアが上昇し，70年には付加価値の43％，就業者数の35％を占めた。その後この比率は緩やかに低下し，95年にはそれぞれ34％，33％となった。第3次産業のシェアはどちらの指標でも一貫して上昇し，95年にはそれぞれ64％，60％を占めている。日本の産業構造はまさにペティ=クラークの法則の通りに推移してきた。

　製造業の内部でも大きな構造変化があった。具体的なデータは省略するが，

戦後10年間ほどは繊維を中心とした軽工業のウエイトが高かった。その後鉄鋼，石油化学等の重化学工業ないし素材型製造業の躍進が著しく，これが高度成長を牽引した。しかし70年代に2度の石油危機を経験して以降，産業構造の基調は重厚長大から軽薄短小へと転換し，電機，自動車を中心とした加工組立型産業が製造業の主流を占めるに至った。この分野も80年代後半になるとアジアNIEsの追い上げを受け，わが国はハイテク化・高級化指向を一層強めていった。

このような構造変化は貿易の面でも現れた。戦後60年頃までは繊維が輸出の中心であった。その後70年頃までの高度成長期には鉄鋼や電気機器の比重が高まり，70年代以降は自動車や工作機械等の機械類が輸出の大半を占めるに至った。80年代後半以降は海外現地生産の拡大により，かつて輸出の主力であった自動車や家電製品のシェアが低下し，これに代わって電気機器のシェアが伸びてきた[12]。

かくて日本は電機や自動車など加工組立型産業を中心とした産業構造・貿易構造を形成してきた。しかしながら，産業構造の態様は地域によって異なる。構造転換の進行も然りである。産業構造の高度化は大都市圏が先行し，地方圏がこれを追う形で進んだ。

(2) 工業化の波及

工業の地域構成

企業は一般に市場規模や関連工業の集積状況などのほか，用地・用水，交通・通信網など産業基盤の面で有利な地域を求めて立地する。わが国でこれに該当する地域といえば東京，神奈川，愛知，大阪，兵庫など太平洋ベルト地帯の大都市圏であり，工業立地は古くからこれらの地域に集中してきた。戦後もしばらくの間はそうであった。しかし高度成長期に入った頃からこのトレンドに変化が生じた。

これについては服部保孝の詳細な分析がある。それによれば，戦後も50〜

60年には3大工業地帯中心部への工業の集中現象が強まり，とくに京浜工業地帯中心部への集中化が顕著であった。しかし，60～75年に工業構成は集中から分散へと大きく転じた。工業のみならず商業・サービス業も3大工業地帯中心部に集中し過密化が進行したこと，用地・用水，道路・港湾等の産業基盤がこれに対応できなかったことなどがその原因であった。この分散過程も60～70年には3大工業地帯の周辺部や隣接地域など外延部にとどまっていた。ところが，70～75年には低開発地域を含め全国の広い地域に分散した。要するに，戦後日本工業の地域構成は「集中化→外延化→広域化」という基調変化を遂げてきた。これが服部の結論であった[13]。

　服部の分析は1975年までを対象にしたものであった。その後の状況はどうか。表6-4は服部の分析を95年まで延長してみたものである。データ・ソースは服部と同じく「工業統計表」に求めた。これをみると，工業立地の分散傾向はその後ますます強まっている。とくに3大工業地帯中心部のシェア低下が著しく，60年には56％，70年には50％あったものが，95年には37％にまで落ち込んでしまった。基礎データは異なるが，こうした傾向は原田幸裕も指摘している。原田は「県民経済計算」にもとづいて75～93年における製造業の地域構成を分析し，大都市圏のシェアの低下傾向を明らかにした。とくに85年以降，関東・甲信のシェアが目立って低下していることに注目し，その原因として，80年代後半の労働力不足や地価高騰の中で大都市圏から地方に工業が移転したこと，91年以降の急激な円高進行の中で輸出産業ウエイトの高い大都市圏工業の生産が低下したことを指摘している[14]。

　かくて工業立地の分散傾向は明らかであり，3大工業地帯中心部のシェア低下は最近まで続いている。ただし，シェアの推移をみる限り，服部のいうように，工業立地が低開発地域を含め全国の広い地域に分散したとまでは特徴づけられない。中心部のシェア低下を相殺したのは周辺部と隣接地域のシェア上昇であり，この両地域のシェアは60年以降一貫して上昇している。つまり工業立地の分散化はせいぜい3大工業地帯の外延部までのことであった。

表6-4 工業の地域構成変化

(単位:%)

	1950	1955	1960	1965	1970	1975	1980	1985	1990	1995
3大工業地帯中心部	46.1	51.0	55.7	52.9	50.0	44.4	42.7	41.0	40.2	37.0
3大工業地帯周辺部	9.9	10.0	9.8	12.0	14.2	15.1	15.4	16.8	17.1	17.2
3大工業地帯隣接地域	9.4	9.3	9.4	10.7	12.3	14.0	15.2	16.9	17.1	18.0
その他の高工業地域	20.2	16.2	15.1	14.0	13.7	14.5	14.4	13.1	13.0	13.7
低工業開発地域	14.4	13.5	10.0	10.5	9.9	12.0	12.3	12.2	12.6	14.2

注:1. 4人以上の事業所にかんするもの。
　　2. 地域分類は次の通り。
　　　　3大工業地帯中心部　　：(京浜)東京,神奈川。(中京)愛知。(阪神)大阪,兵庫。
　　　　3大工業地帯周辺部　　：(京浜)埼玉,千葉。(中京)岐阜,三重。(阪神)滋賀,京都。
　　　　3大工業地帯隣接地域：茨城,栃木,群馬,山梨,長野,静岡,奈良,和歌山。
　　　　その他の高工業地域　：新潟,富山,岡山,広島,山口,香川,愛媛,福岡。
　　　　低工業開発地域　　　：その他(75年以降は沖縄を含む)。
資料:1950～75年は通産統計協会『戦後の工業統計表(産業編)—第3巻—』p. 285.
　　　1980～95年は『工業統計表(産業編)』各年版。

地域の産業構成

　工業立地の分散化・広域化は地方における工業化の進行を意味する。図6-3は各地域における製造業のシェアの変化を示したものである。関東・甲信と近畿では70年度をピークにしてそのシェアが一貫して低下している。東海・北陸は75年度にこの2地域を追い抜き,その後最も高い水準で推移している。北海道・東北と九州・沖縄は全国最低水準ながら微増ないし横這い傾向を示している。このトレンドを先に述べた産業構造変化の経験法則に照らしてみると,関東・甲信と近畿はすでに70年代に工業化の成熟段階に達し,東海・北陸も80年代中頃にはその段階に入ったといえる。北海道・東北などの地方圏はまだ工業化の途上にある。

　製造業内部の構造変化をみると,地方による工業化の追跡過程は一層明らかである。前述のように,一般に経済が発展するにつれて製造業のなかでは加工組立型産業の比重が増大する傾向がある。図6-4は付加価値額で測った加工組立型産業のシェアを地域別にみたものである。各地域ともシェアは上昇傾向

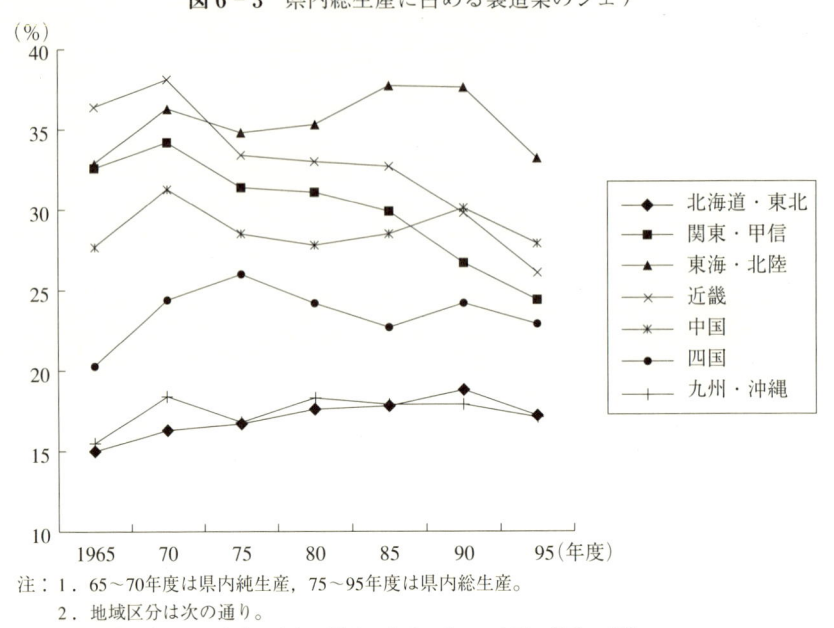

図6-3 県内総生産に占める製造業のシェア

注：1. 65～70年度は県内純生産，75～95年度は県内総生産。
   2. 地域区分は次の通り。
      北海道・東北：北海道，青森，岩手，宮城，秋田，山形，福島，新潟。
      関東・甲信　：茨城，栃木，群馬，埼玉，千葉，東京，神奈川，山梨，長野。
      東海・北陸　：静岡，富山，石川，岐阜，愛知，三重，福井。
      近畿　　　　：滋賀，京都，大阪，兵庫，奈良，和歌山。
      中国　　　　：鳥取，島根，岡山，広島，山口。
      四国　　　　：徳島，香川，愛媛，高知。
      九州・沖縄　：福岡，佐賀，長崎，熊本，大分，宮崎，鹿児島，沖縄。
資料：65～70年度は『県民所得統計年報』昭和55年版。
      75～95年度は『県民経済計算年報』平成10年版。

を示している。そのなかでも関東・甲信が先行し，これを東海・北陸が追っている。北海道・東北と九州・沖縄は最後尾の方から急ピッチで追い上げ，95年には中国と四国を抜いている。このような展開はまさに雁行形態的である。われわれが東アジアの経済発展をめぐって見出した雁行的展開が国内でも地域産業構造の転換過程をめぐって展開されているのである。

図6-4 製造業に占める加工組立型産業のシェア（付加価値額）

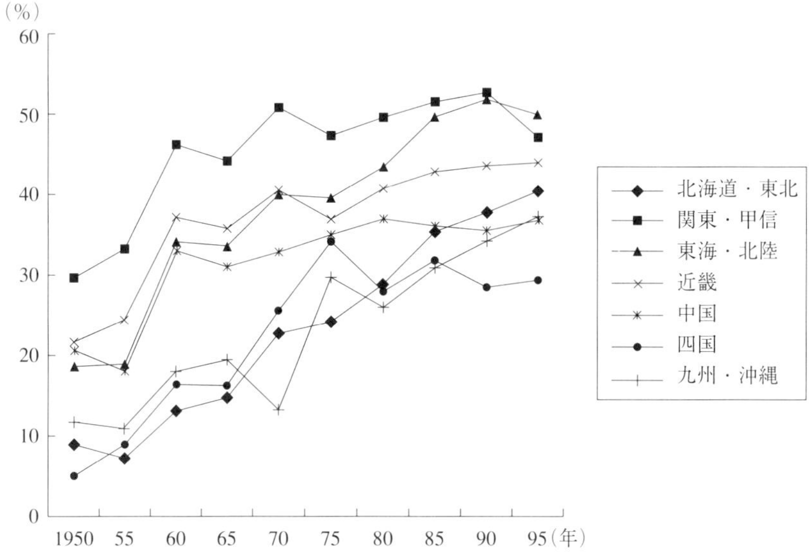

注：1．4人以上の事業所に関するもの。
　　2．地域区分は次の通り。
　　　北海道・東北：北海道，青森，岩手，宮城，秋田，山形，福島。
　　　関東・甲信　：茨城，栃木，群馬，埼玉，千葉，東京，神奈川，山梨，長野。
　　　東海・北陸　：静岡，富山，石川，岐阜，愛知，三重，福井，新潟。
　　　近畿　　　　：滋賀，京都，大阪，兵庫，奈良，和歌山。
　　　中国　　　　：鳥取，島根，岡山，広島，山口。
　　　四国　　　　：徳島，香川，愛媛，高知。
　　　九州・沖縄　：福岡，佐賀，長崎，熊本，大分，宮崎，鹿児島，沖縄（1975年以降）。
　　3．加工組立型産業：金属製品，一般機械（武器を含む），電気機械，輸送機械，精密機械。
資料：1950〜75年は通産統計協会『戦後の工業統計表（産業編）―第3巻―』p. 286―289。
　　　1981〜95年は『工業統計表（産業編）』各年版。

(3) 九州産業構造の高度化

このような雁行形態論的視点から九州の産業構造を分析した文献に『九州経済白書』(96年版)がある。同白書は九州の産業構造を,「アジアの中の九州」および「日本の中の九州」という2つの側面から分析した。分析の指標とされた

のは主として各国・地域における製造業比率と第3次産業比率の変化である。いうまでもなく，経済が成熟化するにつれて産業構造は前者の低下，後者の上昇という方向で変化する。分析の結果によれば，産業構造高度化レースにおいて，アジアの中では，九州を含む日本が先頭を切り，アジアNIEsやASEAN諸国，中国が追いかけるという形で，アジア全体が「雁行形態的成長」を遂げつつある。

一方，国内においては，関東と近畿の産業構造は製造業が成熟化して第3次産業への転換が進む「成熟型」，中部は製造業の比重の高い「工業型」であるのに対し，九州は製造業が未成熟なまま工業化とサービス化が進んでおり，いわば「併進型」である。かくて九州は，成熟国・日本の一地域としてアジアの中では先頭を走っているが，国内では後発地域として大都市圏を追いかけている。つまり，アジアでは「追われ」，国内では「追う」——九州にはこういう2面性があるというのである[15]。

このような情況のなかで九州は産業構造の高度化を急ピッチで進めてきた。図6-5は九州の工業構造の変化を出荷額でみたものである。加工組立型産業の伸びが目立つ。91年までの急上昇ぶりもさることながら，その後も他の2類型が伸び悩む中でこれだけは引き続き好調を持続し，95年には基礎素材型を抜いてトップになった。これに連動して，九州では貿易構造も素材型から加工組立型への転換が進んだ。表6-5は商品別輸出額の推移をみたものである。85年から95年にかけて鉄鋼と自動車の輸出額は低下したが，電気機器は急上昇，その他の商品も上昇傾向を示している。

こうした構造変化の背景には，自動車や電機など主要製造企業による相次ぐ九州進出があった。九州は賃金や地価が相対的に低いし，成長するアジアにも近い。それに，IC，鉄鋼，化学，造船などの分野で大都市圏に遜色のない製造技術と関連企業の集積がある。こうした事情が首都圏や近畿圏から企業進出を促す誘因となったのである[16]。

しかしながら，バブル経済の崩壊後，情況が変わった。大都市圏の地価が大幅に下落し，企業が生産拠点を地方へ移転するインセンティブは弱くなった。

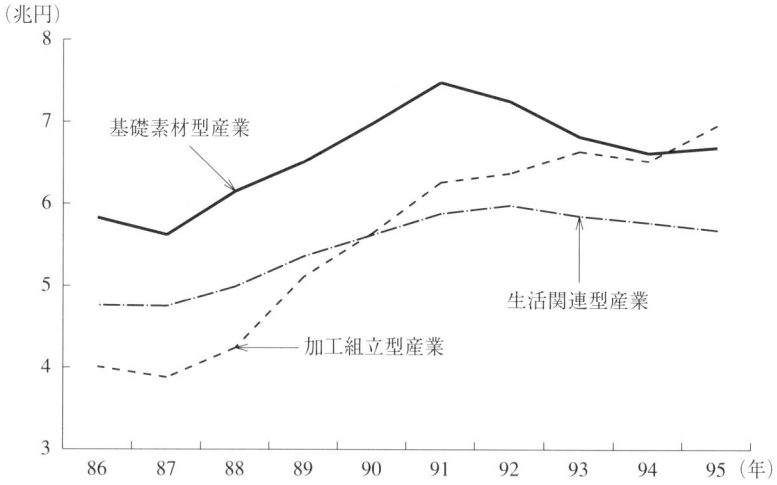

第6章　東アジア・九州の経済発展と産業構造　165

図6-5　九州の産業3類型別製造品出荷額等

（兆円）

基礎素材型産業

生活関連型産業

加工組立型産業

注：1994年と1995年は従業者4人以上の事業所。
資料：『工業統計表』各年版。

表6-5　九州の商品別輸出額

（単位：億円）

	1975年	1980年	1985年	1990年	1995年
化学品	752	906	886	1,210	2,737
鉄鋼	2,906	4,511	4,250	2,319	1,897
一般機械	115	1,554	2,176	2,479	3,858
電気機器	71	575	1,390	2,316	5,827
船舶類	3,473	1,499	3,486	2,439	3,231
自動車・二輪車	—	2,286	4,470	3,570	3,088
総額	9,915	15,387	21,362	18,360	25,427

出所：九州経済調査会『図説九州経済1996/97』p.91.

これは地方からみると経済開発の有効な手段として企業誘致に頼ることが難しくなったことを意味する。地方は活路を別に求めなければならない。そこで注目されるのが海外との経済交流である。九州は地理的条件からしてアジアとの

経済交流に優位性をもつ。この優位性は十分に活かされているのであろうか。次に貿易と投資（企業進出）について交流の現状をみていこう。

4　九州と東アジアの経済交流

(1) 経済交流の進展

貿　易

　九州の貿易は輸出・輸入ともアジアへの依存度が高い。『九州経済白書（97年版）』によれば，95年の九州の東アジア地域（アジアNIEs，ASEAN，中国）への輸出額は1兆6,652億円，輸入額は1兆1,805億円で，86～95年の間に輸出は4倍，輸入も3倍になった。この間，貿易額に占める東アジア地域の割合も輸出で33％から53％へ，輸入で30％から42％へと上昇した[17]。

　最近の傾向をもう少し具体的にみることにしよう。『関税年報』（平成10年版）により門司税関および長崎税関管内における輸出入額の推移をみると（表6-6），①93年から97年にかけて輸出額・輸入額ともに一貫して増加しており，この間，門司税関では輸出・輸入ともに1.5倍，長崎税関では輸出・輸入とも1.2倍になった。②しかし，全国に占めるその比率はきわめて低く，門司税関では輸出・輸入とも全国比6％程度，長崎税関では輸出で1％前後，輸入で2％前後にすぎない[18]。

　③貿易額の多い門司税関について97年の貿易の特徴を主要品目別・地域別にみると，輸出品目では電気機器と自動車の比率が高く，ともに20％程度を占めている。輸入では原油・粗油（14％），電気機器（11％）の比率が高い。電気機器の比率が輸出・輸入の両面で高いということは，この分野での水平貿易の進展を示唆している。④貿易相手としてはアジアのウエイトが高い。これは全国的な傾向でもあるが，門司税関ではとくにその比率が高く，輸出で51％，輸入で48％を占めている。これを国別にみると，比率が高い順に，輸

第6章　東アジア・九州の経済発展と産業構造　167

表6-6　門司税関・長崎税関の貿易額

(単位：10億円)

		1993年	1994年	1995年	1996年	1997年
輸出額	門司税関	2,144	2,277	2,656	2,797	3,275
	長崎税関	381	466	404	463	453
	全国	40,200	40,498	41,530	44,732	50,939
輸入額	門司税関	1,691	1,735	2,019	2,297	2,542
	長崎税関	614	636	594	658	763
	全国	26,827	28,103	31,550	37,994	40,956

注：全国とは，東京，横浜，神戸，大阪，名古屋，門司，長崎，函館および沖縄地区税関の合計。
資料：関税年報編集委員会『関税年報』平成10年版。

出では韓国(13％)，台湾(9％)，シンガポール(6％)，香港(6％)，輸入では韓国(14％)，中国(12％)，インドネシア(7％)となっており，輸出入のいずれからみても韓国が九州にとって重要な貿易相手であることを示している。また輸入面で中国の伸びがとくに著しいことが注目される[19]。

企業進出

　九州企業の海外進出状況については九州経済調査協会が毎年データを公表している。表6-7は97年4月に公表されたデータをまとめたものである。それによると，59～85年は総計138件で年平均5件程度にすぎない。進出先はアジアが多く，北米がこれに次いでいる。アジアの中ではNIEsが多い。80年代後半になるとプラザ合意後の急激な円高を背景にして進出件数は急増し，86年から90年までの5年間は年平均49件となった。91年以降は中国の市場経済化や一時は1ドル＝80円近くにまでなった円高の進行もあって進出件数はさらに増大し，96年までの6年間は年平均73件となった。86年以降の状況を進出先別にみると，当初はNIEsと北米への進出が顕著であったが，89年から90年にかけてASEANと中国への進出が目立つようになり，90年代に入ると中国への進出が著しく増加した。これを業種別にみると，中国への進出のなかには製造

表6-7 九州企業の海外進出状況(件数)

	1959~85	1986~96	86	87	88	89	90	91	92	93	94	95	96
アジアNIEs	57	140	11	18	15	9	11	21	15	7	10	14	9
ASEAN	21	113	5	9	7	12	11	9	6	7	15	17	15
中　国	17	238	9	6	5	11	12	15	26	40	40	46	28
北　米	24	116	8	14	14	17	14	17	12	5	4	7	4
欧　州	9	47	3	2	1	5	5	14	1	9	3	1	3
その他	10	30	3	2	2	3	2	4	5	3	2	4	1
総計	138	684	39	51	43	57	55	80	65	71	74	89	60

注:アジアNIEsとは,韓国,台湾,香港,シンガポール。
出所:九州経済調査協会『九州・山口地場企業の海外進出(1986-96)』p.3.

業が多く含まれており,モノ造りの拠点を中国に移す動きを示している[20]。

　このように九州企業の海外進出は著しく増加してきたが,それは全国的にみればどの程度のものなのか。上で用いたデータと直接比較できる全国のデータはない。試みに大蔵省届出統計によりわが国の対外直接投資件数をみると,91～96年度は年度平均で3,273件(「債権」形態のものを除くと,1,431件)であった。これを上で示した九州企業の91～96年の年平均件数と比較してみると,後者は前者の2%(5%)にすぎない。

　以上,貿易と投資の両面から九州とアジアの経済交流の状況をみてきた。いずれにしても,九州は全国に比してアジアとの関わりが深い。しかし,交流のスケールはまだ小さい。これを拡大・深化することが九州の経済発展にとて不可欠なように思える。とりわけ地理的に隣接する韓国と中国の黄海・渤海を取り巻く地域との交流は重要である。ここでは「環黄海経済圏」の形成に向けた動きが進行している。

(2) 環黄海地域の経済交流

経済圏の形成へ向けて

　環黄海経済圏はもともと中国と韓国との間で構想されたものである。その背景には両国における外交政策の転換があった。すなわち，冷戦構造の崩壊という大きな流れのなかで，中国は改革・開放政策をとり，韓国は北方政策を推進した。この双方が結びつき，これまで疎遠であった両国の間に経済交流が始まったのである[21]。

　中国の対外開放政策は華南から始まった。79年に広東省と福建省に4つの経済特別区が指定された。84年には東側沿海部の14の港湾都市が開放都市に指定された。88年には遼東半島，山東半島等の環渤海地域が経済開発区に指定された。こうして開放政策は南から北へと拡大した。渤海・黄海に面した都市の開放は韓国や日本との経済交流を意図したものであった。

　韓国では88年に登場した盧泰愚政権が「北方政策」を掲げ，社会主義諸国との関係改善に乗り出した。90年9月にソ連との間で国交を樹立し，92年8月には中国との間でも国交を樹立した。これにより社会主義諸国との間に経済交流の道が開かれた。とくに中国との経済交流は92年2月に「韓中貿易協定」が発効して以後急速に拡大した[22]。一方，国内では西海岸地域開発計画が策定され，その実施のためにエネルギー，原材料，労働力などの面で中国の環渤海地域との経済交流の必要が高まった。

　かくして，環黄海経済圏が輪郭を現すに至った。これに日本，とくに北九州・山口地域が参画の意思を明確にしていった。地方公共団体と地元経済界，それに学界まで加わって経済圏の形成を構想し始めた[23]。九州はしばしば「支店経済」といわれる。東京に本社のある大企業の支社・支店等が実に多いからである。これらの企業では海外事業などの主導権は本社が握っている。その意味で九州の国際化は多くの場合「東京経由の国際化」であった。こうした状況の打破を目指して，九州は自ら主体的に隣接するアジアとの経済交流を考え始

地方間経済交流の進展

　90年代に入って，環黄海地域の経済環境に変化が生じた。特筆すべきは，輸送体系の整備である。黄海・渤海を挟んだ中国と韓国との間でフェリーやコンテナの定期航路が開設され，航空路も開設された。国内でもそれぞれ鉄道や高速道路が整備され，国際的な海と空のネットワークが国内のインフラと結びつくようになった[24]。

　インフラの整備にともなって経済交流も拡大した。小川雄平の調査によれば[25]，① 中国の黄渤海地域（山東省，遼寧省，河北省，天津市）の対韓輸出は91年には6億ドルであったが，96年には41億ドルへと6.8倍増加した。中国全体の対韓輸出に占めるこの地域のシェアも，この間に28％から54％へと増加した。② 中国—韓国間のコンテナ貨物輸送における天津港・大連港・青島港のシェアが増加し，96年には輸出入ともこの3港で全体の60％以上を占めている。また韓国側でも黄海に面した仁川と中国黄渤海各地（威海・天津・青島・大連）との貨物輸送が急速に拡大している。③ 仁川企業と釜山企業の対中国投資をみると，双方とも黄渤海地域への進出が著しく，前者では76％（94年末現在），後者では66％（96年末現在）がこの地域に集中している。④ 中国—韓国間の航空路やフェリー航路が拡充され，ヒトの往来が頻繁になった（たとえば，仁川—威海間のフェリー旅客輸送実績は91年8万人→96年12万人）。こうした事実にもとづき，小川は次のように結論づけている。「韓国の釜山・仁川と中国の黄渤海地域諸都市，とりわけ遼寧省の大連・瀋陽，山東省の青島・威海，天津との間には，『環黄海経済圏』の形成に向けた，モノ・カネ・ヒトの交流ネットワークが確立をみている」[26]。

　この分析は中国と韓国の環黄海地域において「地方間経済交流」が急速に拡大していることを明らかにしている。それでは，この地域と九州との経済交流はどうか。これについては，上記①〜④に対応するような地域限定的な統計資料が入手困難である。しかしながら，本節(1)でみたように，① 門司税関お

よび長崎税関管内の輸出入額が拡大傾向にあり，しかもその主要な貿易相手は韓国と中国である。また，②九州企業の海外進出が90年代に入って急増しており，その中でも中国の占める比率が拡大している。①②はともに全国比でみればまだ小さなシェアにすぎないが，その趨勢は，九州，とくにその北部地域と韓国・中国との経済交流が拡大基調にあることを示している。ただ留意すべき点は，これまでの交流が主として「進出型」になっていたことである。九州経済の発展のためにはアジアの活力を積極的に取り入れることも重要である。

5 おわりに

　1980年代から90年代にかけて東アジアは「奇跡」的な発展を遂げた。日本を先頭にしてNIEs4，ASEAN4，中国が次々と高成長過程に入る「雁行形態」的発展がその特徴であった。しかし80年代後半に入り，雁行の隊列に乱れが生じはじめた。後の雁が前の雁を追い越しはじめたのである。主たる撹乱要因は中国の急成長であった。とりわけ東部沿海地域の経済発展が目覚しかった。しかも，中国はそれ自身が雁行形態的発展のメカニズムを内包している。東部—中部—西部の順での発展である。東アジアでみられた雁行型発展パターンが将来中国国内において展開される可能性もある[27]。

　そのような国内における雁行的展開は日本でもみられる。中国ほどひどくはないが，日本にも地域間の経済格差がある。そして地方圏による大都市圏への追跡過程が観察される。その主たる要因は大都市圏の大企業による地方への工場移転であった。この背景には，高度成長の過程で東京への一極集中が進み，首都圏で地価や人件費などのコストが高騰したという事情がある。しかし，地方の追い上げにもかかわらず，経済格差は依然として解消されていない。そもそも首都圏への依存体質を保持したままで格差解消を企図しても，それは難しい。では，どうすべきなのか。

後発国としてスタートし日本を急速に追い上げている東アジアの経済運営が参考になる。中国沿海部の目覚ましい経済発展をみよ。改革・開放路線のもとで輸出志向工業化戦略をとり，積極的に外資を導入したことがこの成果を導いた。これにより先進諸国のダイナミズムがこの地に伝播した。とりわけ周辺NIEsとの間で貿易と投資を通じた経済交流が拡大し，これが「華南経済圏」（香港―広東省）や「海峡経済圏」（台湾―福建省）のごとき経済圏の形成につながった。こうしてみると，カギは国際化による海外からの活力の導入にある。

　九州も経済開発のためには国際化が不可欠である。それも自ら主体的に取り組むのでなければならない。九州の国際化はこれまで東京依存型と特徴づけられてきた[28]。東京に本社のある大企業・大商社の海外戦略に依存し，大都市を拠点とした物流や情報通信のネットワークに依存してきた。しかしながら，九州の経済規模はいまやアジアの主要国に匹敵する。たとえば，95年のGDPは韓国のそれにほぼ等しく，1人当たりGDPの水準はアジアのどの国よりも高い。このことは九州がそれ自体で国際的な経済交流を担える力を有することの証左といえる。いまや九州は自らのイニシアティブにもとづいて海外との直接交流を推進していくべきである。地元の企業・団体や地方自治体が主体となって自らに適合した国際交流のスタンスを追求していくのである。そうした交流の進展こそ，地方の内発的発展に寄与するばかりでなく，国境を越えた共生・連帯意識を醸成し，近隣地域との間で局地経済圏の形成を促すことにもなる[29]。

　国際交流の相手としては韓国と中国，それも環黄海地域がとりわけ重要である。この地域は何といっても地理的に近い。様々な形で交流の歴史もある。交流のメリットは計り知れない。実際，九州とこの地域の交流は近年拡大・深化の趨勢にある。しかし貿易や投資の流れをみると，これまでは一方通行の傾きがあった。これからは双方向の交流が望ましい。いずれにしても，九州経済の活路は環黄海地域を中心とした国際交流にあるように思われる。

注
1)　World Bank［1993］（邦訳1994）．

2) 「雁行形態」とは，もともと赤松要の発想にもとづく用語である。赤松は後進国日本の産業の発展過程を実証的に分析した結果，先進国からの製品輸入→国内生産による代替→輸出という段階を経ることを明らかにし，それを図示したとき，雁の群が飛翔するときの隊列を連想したことから，この語を思いついたのであった。しかし最近では経済発展の地域的波及を形容する語として用いられることが多い。この語のネーミングの由来や本来の意味については小島清が様々なところで説明している。たとえば，小島清［1975］，同［1977］などを参照。
3) 世界銀行は1人当たりGNPを基準にして，「低所得国」＝765ドル以下，「中所得国」＝766～9,385ドル，「高所得国」＝9,386ドル以上と分類している。World Bank［1997］p. 207（邦訳p. 345）．
4) 経済企画庁総合計画局編［1997a］p. 25, p. 88．
5) 渡辺利夫［1995］．
6) 平川均［1993］．
7) 小島清［1997］［1998］．
8) 北村かよ子［1995］pp. 5–28参照。
9) 同上，pp. 14–15．
10) 渡辺利夫［1998］p. 182．
11) 経済企画庁総合計画局編［1997b］p. 4．
12) 同上，p. 16．
13) 服部保孝［1982］pp. 217–218．
14) 原田幸裕［1997］p. 14．
15) 九州経済調査協会［1996a］pp. 21–23．
16) 同上，p. 26．
17) 九州経済調査協会［1997］pp. 55–56．
18) こうした傾向は貿易業者の輸出入金額を調査した通商産業省『貿易業態統計表』でも確認されており，1993年度の調査で，九州の貿易業者の輸出額は全国比0.2％，輸入額は0.8％にすぎなかった（貿易業者の数は3.4％）。
19) 関税年報編集委員会編集［1998］pp. 376–378．
20) 詳細は加峯隆義［1998］pp. 32–37参照。
21) ここでの論述は西村明［1997］pp. 46–62を参考にしている。
22) 韓・中経済交流は両国の国交が樹立した92年以後急増しており，たとえば，韓国の対中投資額（実行ベース）は91年には4,200万ドルにすぎなかったが，92

年には1億4,100万ドル，94年には6億4,100万ドルとなった。しかも韓国の対中投資は地理的に近い渤海湾地域に向かうものが圧倒的に多く全体の61％を占めている（93年末累計額）。こうした経済交流の実態については谷浦孝雄［1997］に詳しい（上記の数字は同書，p. 209, p. 212.）。

23) これまでの具体的な取り組みについては，西村明［1997］pp. 38-39参照。
24) 具体的には，同上，pp. 3-6参照。
25) 小川雄平［1998］pp. 31-33.
26) 同上，p. 33.
27) 経済企画庁経済研究所編［1997］p. 110.
28) 九州経済調査会［1996b］pp. 150-152.
29) 小川雄平［1998］pp.29-30参照。小川は，このような意味で，地場の中小企業，地場銀行，地方自治体，地方住民などを主体とした「地域間経済交流」の意義を強調している。

参考文献

原田幸裕［1997］「バブル崩壊後の地域経済の変化」経済企画庁経済研究所国民経済計算部『季刊国民経済』No. 112（1997年9月号）。

服部保孝［1982］「地域構造分析」通産統計協会編集『戦後の工業統計表（産業編）第3巻解説編』大蔵省印刷局。

平川均［1993］「アジアNIEs発展の国際的条件」柳田侃編著『アジア経済論』ミネルヴァ書房。

平川均［1997］「東アジア工業化ダイナミズムの論理とその諸相」粕谷信次編『東アジア工業化ダイナミズム』法政大学出版局。

市村真一［1997］「東アジア—九州地域間経済交流の可能性」国際東アジア研究センター『東アジアへの視点』1997年8月号。

加峯隆義［1998］「増大・多様化する九州企業の海外進出」塩次喜代明『地域産業のグローバル経営戦略—日本・韓国・中国の経営比較—』九州大学出版会。

勝原健［1998］「九州および福岡県とアジアとの貿易関係について」国際東アジア研究センター『東アジアへの視点』1998年12月号。

関税年報編集委員会編集［1998］『関税年報（平成10年版）』日本関税協会。

経済企画庁経済研究所編［1997］『21世紀中国のシナリオ』大蔵省印刷局。

経済企画庁総合計画局編［1997a］『進むグローバリゼーションと21世紀経済の課

題』大蔵省印刷局。

経済企画庁総合計画局編［1997b］『データで読む日本の経済構造』東洋経済新報社。

北村かよ子［1995］「東アジアの工業化と外国投資の役割」北村かよ子編『東アジアの工業化と日本産業の新国際化戦略』アジア経済研究所。

小島清［1995］「雁行形態論とプロダクトサイクル論」『世界経済評論』1995年3月号。

小島清［1997］「直接投資主導型経済成長」『世界経済評論』1997年3月号。

小島清［1998］「東アジア経済の再出発」『世界経済評論』1998年1月号。

九州経済調査協会［1996a］『九州経済白書（96年版）』九州経済調査協会。

九州経済調査協会［1996b］『東アジアと福岡・九州の共存的発展の可能性』九州経済調査協会。

九州経済調査協会［1997］『九州経済白書（97年版）』九州経済調査協会。

西村明［1997］『環黄海経済圏交流への視座』九州大学出版会。

小浜裕久［1998］「戦後日本の産業発展① 経済発展と構造変化」『経済セミナー』1998年4月号。

小川雄平［1998］「『東アジア地中海経済圏』と都市間協力」『APCアジア太平洋研究』第2号（1998年3月号）。

坂田幹男［1998］「『局地経済圏』とアジア」本田健吉・坂田幹男編『アジア経済を学ぶ人のために』世界思想社。

高中公男「検証―アジア経済② 工業化の進展」『経済セミナー』1998年9月号。

谷浦孝雄［1997］「韓国―対中国経済交流の本格化と展望」石原享一編『中国経済の国際化と東アジア』アジア経済研究所。

渡辺利夫［1995］『新世紀アジアの構想』筑摩書房。

渡辺利夫［1998］『中国経済は成功するか』筑摩書房。

渡辺利夫・足立文彦・文大宇［1997］『図説アジア経済（第2版）』日本評論社。

渡辺利夫・文大宇［1997］「東アジアの貿易・投資関係と域内循環メカニズム」国際東アジア研究センター『東アジアへの視点』1997年9月号。

World Bank［1993］*The East Asian Miracle : Economic Growth and Public Policy*, Oxford University Press（白鳥正喜監訳・海外経済協力基金開発問題研究会訳『東アジアの奇跡』東洋経済新報社，1994年）．

World Bank［1997］*World Development Report 1997 : The State in a Changing World*, Oxford University Press（海外経済協力基金開発問題研究会訳『世界開発報告1997』東洋経済新報社，1997年）．

第Ⅲ部 経済発展と地域経済

第7章 九州の経済と地域開発政策

外間　安益・石川　祐三

1　はじめに
2　九州の経済構造
3　製造業の動向
4　地方財政
5　地域開発政策と九州
6　おわりに

1 はじめに

　本章では九州の経済と地域開発政策について考察する。
　典型的な地域経済指標である人口，就業者数，県民所得，県内総支出等を用いて，地域間の比較を行ないながら，九州経済の構造を観察し分析することとする。産業構造が高度化するなかで地域経済構造も大きく変化しているが，最も基本的な産業としての製造業の重要性は九州でも依然として大きい。また，特に九州に限られるわけではないが地域経済における地方財政の重要性も無視できない。
　そこで本章では，第2節における産業構造等の地域経済構造の分析とともに，第3節では製造業，そして第4節では地方財政を取り上げて分析する。特に地方財政は地域経済における政策主体としての役割がこれからますます期待されていることもあり，九州各県における現状の観察はこれからの地域経済運営を考えるにあたって重要な作業となるはずである。
　第5節では，これまでの全国総合開発計画をごく手短に振り返り，これからの地域開発政策について九州経済を視野に入れながら考察することとする。九州経済の今後の発展には，如何に環境保全型の新しい産業構造と定住型都市開発を推進していくかをはじめ，いくつかの重要な課題がある。本章の分析と考察を通じて，将来の地域経済開発の課題をできるだけ明確にしていきたい。

2 九州の経済構造

(1) 人　　口

　人口は最も基本的な地域資源であり，地域の経済発展にとって人口の規模と

表7-1　大都市圏と九州の人口

(単位：1,000人, %)

区　分	1955年	1965年	1975年	1985年	1995年	1998年
東京圏	15,424	21,017	27,042	30,273	32,577	33,003
全国構成比	17.1	21.2	24.2	25.0	25.9	26.1
関西圏	10,174	13,097	15,696	16,533	16,829	16,899
全国構成比	11.3	13.2	14.0	13.7	13.4	13.4
名古屋圏	6,839	8,013	9,418	10,231	10,809	10,950
全国構成比	7.6	8.1	8.4	8.5	8.6	8.7
地方圏合計	57,640	57,082	59,784	64,012	65,355	65,634
全国構成比	64.0	57.5	53.4	52.9	52.0	51.9
九州合計	12,938	12,371	12,417	13,276	13,483	13,462
全国構成比	14.4	12.5	11.1	11.0	10.7	10.6
福岡県	3,860	3,965	4,293	4,719	4,993	4,988
対全国比	4.3	4.0	3.8	3.9	4.0	3.9
対九州比	29.8	32.1	34.6	35.5	37.0	37.1
全　国	90,077	99,209	111,940	121,049	125,570	126,486

注：東京圏は埼玉県，千葉県，東京都，神奈川県，関西圏は京都府，大阪府，兵庫県，名古屋圏は岐阜県，愛知県，三重県の合計である。
資料：総務庁『国勢調査』，『人口推計年報』。

構成は極めて重要な役割を持っている。

　表7-1は，昭和30（1955）年からの大都市圏と地方圏および九州における人口数の推移である。東京，埼玉，千葉，神奈川の1都3県からなる東京圏は，45年前には人口数1,500万人，対全国17％の構成比であったにすぎない。東京圏，関西圏，名古屋圏を除く地方圏には64％の人口が居住し，九州の人口は1,300万人，対全国14％以上であった。

　その後の高度成長の過程で，大都市圏への大量の人口移動が生じる。地方圏の人口は大都市圏へと移動し，20年後の昭和50（1975）年までに大都市圏とくに東京，関西圏の人口は急激に増加し，地方圏の人口は自然増があるために絶対的な減少はないものの，構成比が低下する。地方圏の構成比は10ポイント以上低下し，九州では50万人以上の減少を示した。

　しかし，50年代に入って高度成長から安定成長へ転換されるなかで，大都市への人口移動の勢いは急速に弱まってくる。次節で述べるように，ちょうど

この頃，三全総が定住圏構想を新しい開発方式として提示し，地域経済は地域間均衡へ向けて動き出すかに見えた。昭和50（1975）年から60（1985）年までの10年間に，九州の人口は86万人増加している。しかしその後，中国の市場化・対外開放政策などによってアジア経済が成長を開始し，日本の産業構造の再構築が進められるにしたがって，大都市圏への人口集中が再び開始される。

昭和50年代からの人口集中は，大都市圏全体への集中と言うよりも東京圏への集中であり，関西圏は相対的には低下し，名古屋圏は幾分上昇という程度である。つまり，東京1極集中という現在の姿が人口においても現出することになった。東京圏の人口数は平成10（1998）年で3,300万人，対全国構成比26％である。地方圏は構成比52％で，九州は人口数1,350万人，11％の構成比である。

全国の人口が東京1極集中であるとすれば，九州の人口は福岡1極集中であるといってよい。九州全体が対全国構成比を低下させるなかで，福岡県の対全国構成比は4％前後で維持されてきた。その結果，九州における福岡県の構成比は昭和30年の30％から平成10年の37％まで一貫して上昇しつづけているのである。ちなみに，各県における人口分布もその中枢的な都市への1極集中となっているのはよく知られている。

こうした1極集中的な人口分布は，国際的な経済競争を勝ち抜くためには適しているということができる。かつて日本の高度経済成長を支え，いま新しい国際的な産業構造の再編成に追随できているのは，そうした集積の経済効果によるところが大きい。人口の集中は確かに過密過疎問題の発生や自然との触合いといった価値の喪失を伴うが，グローバル化する経済のなかで集中による経済効率を廃棄するわけにはいかないのである。地域間の機能的連携を強化して各地域における生産・就業・生活の場を着実に改善していく以外にないであろう。

(2) 県民所得

　表7-2は地域別1人当たり県民所得の推移である。九州の1人当たり県民所得は1986年度では約184万円である。この水準は表出の7ブロック地域のうちどの地域よりも少なく，全国平均の80.7％に相当している。90年度には約228万円に増加したが，他の地域ではそれ以上に増加しており，逆に全国平均の77.7％の水準にまで落ちた。しかし，95年度には81.8％まで回復し，約255万円となった。それでも九州の1人当たり県民所得は7地域のなかでいぜんとして最も少ないことがわかる。

　この間の変化を年当たり伸び率で見ると、九州の1986〜90年度の伸び率は全国より低いが，5.6％と高水準の値を示した。対前年度比でみると，93年度

表7-2　地域別1人当たり県民所得

(単位：1,000円，％)

区　　分	1986年度	1990	1995	年当たり成長率 1986〜90	1990〜95
北海道・東北	1,937	2,414	2,747	5.7	2.6
関東	2,634	3,437	3,523	6.9	0.5
中部	2,384	3,079	3,260	6.6	1.1
近畿	2,278	2,987	3,106	7.0	0.8
中国	2,087	2,620	2,859	5.9	1.8
四国	1,878	2,363	2,640	5.9	2.2
九州	1,839	2,283	2,552	5.6	2.3
福岡県	1,999	2,468	2,707	5.4	1.9
佐賀県	1,810	2,201	2,549	5.0	3.0
長崎県	1,713	2,133	2,572	5.6	3.8
熊本県	1,881	2,343	2,507	5.6	1.4
大分県	1,820	2,320	2,698	6.3	3.1
宮崎県	1,604	1,961	2,214	5.2	2.5
鹿児島県	1,673	2,081	2,277	5.6	1.8
全　国	2,280	2,939	3,118	6.6	1.2
九州の対全国比（指数）	80.7	77.7	81.8	—	—

資料：経済企画庁『県民経済計算年報』各年版。

には0.53％，95年度1.51％の極めて低い伸びに止まった。結局90～95年のバブル不況と言われるこの時期，マイナスの伸びを示している地域も観測されたが，九州は低いとはいえプラスの伸び率であった。その結果年当たりでは2.3％と、全国の1.2％より大きい値を示している。変動の大きな地域は大都市圏であったことを指摘しておく。

九州内の各県の動向はどうか。対前年成長率でみると，実は93年度と95年度に福岡と熊本の両県はマイナス成長を経験している。他方，長崎県の比較的高い水準での安定した伸び率も特記しておくに値しよう。九州では各県とも80年代後半には全国よりも低位ではあるが比較的高い伸びを実現し，90年代前半の不況期には全国よりも平均的に高い成長率となったが伸び率の変動幅が大きく異なり，県により明暗を分けたことも明らかである。全国レベルでは逆にバブル期には県民所得の格差は拡大し不況期には縮小している。このことは47都道府県の1人当たり県民所得の変動係数を求めてみると，86年度0.154，90年度0.173，95年度0.134と変化していることからも推測できる。

別の角度・位置づけの視点で見ると，95年度における都道府県別の順位では福岡県が47都道府県中28位で九州内のトップ，宮崎県が47位の最下位であった。86年度の順位から下った県は福岡，佐賀（39位），逆に順位が上った県は鹿児島（44位），長崎（42位），そして変化なしが熊本（32位），大分（35位），宮崎の各県である。

(3) 就 業 者 数

表7-3は九州の県別就業者数に関するデータである。1995年度の九州の就業者数は約655万人で，全国の就業者数6,528万人の約10％に相当する。九州はわが国の幾つかの経済指標においてほぼ1割を占めているが、これもその1つと言えよう。

就業者数は1986年度から95年度の9年間におよそ375,000人増加した。その間の増加率は6.1％である。同期の全国における増加率は9.6％であり，九州が

表7-3 九州の県別就業者数

(単位：人，%)

区分	1986年度 実数	構成比	1995年度 実数	構成比	対86年度 増加率	寄与度	構成比
福岡	2,159,999	35.0	2,397,532	36.6	11.0	3.8	63.3
佐賀	419,593	6.8	443,075	6.8	5.6	0.4	6.3
長崎	709,558	11.5	737,052	11.2	3.9	0.4	7.3
熊本	893,561	14.5	928,334	14.2	3.9	0.6	9.3
大分	576,216	9.3	599,481	9.1	4.0	0.4	6.2
宮崎	565,237	9.2	591,173	9.0	4.6	0.4	6.9
鹿児島	852,849	13.8	855,782	13.1	0.3	0.0	0.8
九州	6,177,013	100.0	6,552,429	100.0	6.1	6.1	100.0

注：寄与度は増加率に86年度の構成比を掛けたものである。
資料：経済企画庁『県民経済計算年報』各年版。

全国的に見て就業の機会に恵まれていなかったことになる。特に80年代後半のバブル期における差が目立った。この数値を年率にすると九州は1％にも満たない僅かな増加率だが，91年度のみは1.4％と1％を上回り，唯一の例外年度といえる。全国的には対前年比で見ると前半期1％台から後半期の0％台へと低下し，明らかな不況の影響を示している。93～95年度においては同じく0％台とはいえ九州の方が比較的大きかった。

次に，県別の状況を見てみよう。

95年度では九州全体の約37％，240万人は福岡県における就業者である。熊本県が14％，鹿児島県が13％，長崎県が11％で，福岡県のみでこの3県分に相当する。こうした福岡・北部九州への集中傾向は，近年さらに進んでいると思われる。

増加率で見ると86～95年度に10％以上の増加率を示した県は7県のうち福岡県のみである。他県の増加率は福岡の2分の1またはそれ以下である。就業者数について全九州の35％を占める福岡県が11％の大きな増加率を示したのであるから，その結果は明らかに1極集中強化となる。この間の増加寄与率（寄与度の構成比）は表出のとおりである。福岡県の63％と鹿児島県の0.8％を見れば九州内の地域格差の存在は明らかである。鹿児島県における就業者数はほ

186 第Ⅲ部　経済発展と地域経済

とんど変化が見られない。

(4) 県内総支出

次に，九州における県内総支出の動向を取り上げ，地域経済の規模や県間格差等について観察しよう。地域構造の実態と発展の推移の一端を垣間見ることができる。

表7-4からは，九州地域の県内総支出がおよそ40兆円（95年度）であること，86年度のおよそ31兆円から9兆円増加したこと，成長率は1986-90年度の4年間がほぼ4.3％，1990-95年度の5年間は1.9％に半減していること等がわかる。この間，全国では成長率が5.7％から1％へ大きく低下している。92,93年度の両年にはマイナスの状況であった。こうした数字でみると九州では，バブル破綻の影響はこの時点では全国ほど大きくはなかったともいえる。

表7-4　県内総支出の動向

(単位：10億円，％)

地域区分	1986		1990		1995		年当たり成長率	
	支出額	構成比	支出額	構成比	支出額	構成比	1986～90	1990～95
北海道・東北	43,987	12.3	52,425	11.7	58,403	12.4	4.5	2.2
関東	138,860	38.7	178,386	39.9	180,694	38.5	6.5	0.3
中部	52,465	14.6	65,828	14.7	69,985	14.9	5.8	1.2
近畿	58,531	16.3	73,649	16.5	76,849	16.4	5.9	0.9
中国	21,352	6.0	25,649	5.7	27,139	5.8	4.7	1.1
四国	9,821	2.7	11,659	2.6	13,029	2.8	4.4	2.2
九州	30,991	8.6	36,698	8.2	40,227	8.6	4.3	1.9
福岡県	12,266	3.4	14,801	3.3	16,169	3.4	4.8	1.8
佐賀県	1,996	0.6	2,239	0.5	2,619	0.6	2.9	3.2
長崎県	3,325	0.9	3,928	0.9	4,511	1.0	4.3	2.8
熊本県	4,249	1.2	5,003	1.1	5,244	1.1	4.2	0.9
大分県	2,967	0.8	3,627	0.8	4,012	0.9	5.2	2.0
宮崎県	2,356	0.7	2,743	0.6	2,976	0.6	3.9	1.6
鹿児島県	3,831	1.1	4,358	1.0	4,695	1.0	3.3	1.5
全国	358,429	100.0	447,106	100.0	469,331	100.0	5.7	1.0

資料：経済企画庁『県民経済計算年報』各年版。

先にも触れたように九州経済はしばしば全国の1割経済といわれるが，確かに人口分布だけでなく経済活動量にも現われている。9％弱の全国比は関東の4分の1にすぎない。構成比では関東地域への集中傾向に変化はないが，成長率のレンジは好況期には拡大し，不況期には縮小する傾向があるといえる。

九州内の状況はどうか。1995年度の総支出額について福岡を100とした指数に置き換えてみると，佐賀県16.2，宮崎県18.4，大分県24.8，長崎県27.9，鹿児島県29.0，熊本県32.4，になり，九州内でも就業者数の地域分布と同様かなりの格差があることがわかる。このような大きな格差の存在は86年度のみでなく，90年度および95年度の変動係数も同じように0.75程度となることからも否定できない。

3　製造業の動向

(1)　業種別の構成

九州の産業構造については第6章で取り上げられているので，ここでは製造業について，その構造と変動を明らかにしたい。

表7-5に1997年における九州各県と全国の粗付加価値額の業種別構成比が掲げてある。これより各県の製造業の構造がわかる。福岡県は輸送用機械，電気機械器具および鉄鋼の3業種でおよそ33％，佐賀県は食料品と電気機械器具でおよそ32％，長崎県は電気機械器具と食料品の2業種だけでおよそ40％を占める。さらに一般機械器具と輸送用機械を加えるとほぼ65％にも達する。熊本県は電気機械器具，輸送用機械で約39％，それに食料品を加えた3業種でほぼ50％になる。大分県をみると電気機械器具に鉄鋼，化学でおよそ50％，そして宮崎県の場合は電気機械器具と化学に食料品が加わって，3業種でおよそ49％を占める。鹿児島県は電気機械器具だけで31.1％の大きな値を占めているが，さらに食料品と窯業・土石の2つの業種を加えると，ほぼ65％に達す

表7-5 粗付加価値の業種別構成比 (1997)

(単位:％)

区　分	福岡県	佐賀県	長崎県	熊本県	大分県	宮崎県	鹿児島県	全国
食料品	9.6	16.4	17.8	10.6	4.0	12.3	21.9	7.4
飲料・たばこ・飼料	3.8	7.9	1.7	3.9	5.3	9.0	10.7	2.7
繊維	0.3	0.4	0.9	1.2	0.4	1.5	0.7	1.4
衣服・その他繊維製品	1.2	3.2	7.5	2.8	1.3	4.7	2.5	1.7
木材・木製品	1.6	1.3	1.0	2.1	1.3	4.1	2.2	1.2
家具・装備品	2.5	1.5	0.9	0.9	1.1	1.3	0.9	1.2
パルプ・紙・紙加工品	1.2	3.5	0.5	2.9	1.0	3.2	2.6	2.8
出版・印刷	6.8	2.5	3.7	4.9	1.9	3.6	4.5	5.7
化学	8.6	6.9	1.1	5.2	11.6	16.9	1.0	10.1
石油・石炭製品	0.4	0.1	0.2	0.3	2.4	0.2	0.3	0.8
プラスチック製品	2.2	2.2	1.1	2.4	2.1	2.9	1.3	3.6
ゴム製品	3.3	5.0	0.1	2.5	0.6	2.5	n.a.	1.4
なめし皮・同製品・毛皮	0.1	0.2	0.0	0.0	0.0	0.1	0.1	0.3
窯業・土石	8.0	7.6	7.3	5.1	7.6	4.8	10.6	4.2
鉄鋼	11.1	2.9	1.5	1.0	13.8	0.7	0.2	4.6
非鉄金属	0.9	0.7	0.1	0.4	5.6	n.a.	n.a.	1.9
金属製品	7.2	6.1	6.0	7.1	3.3	4.0	4.5	6.6
一般機械器具	7.8	8.4	14.5	6.7	4.0	3.3	2.6	10.6
電気機械器具	10.5	16.1	21.2	24.5	24.8	19.4	31.1	17.1
輸送用機械	11.7	4.2	12.0	14.2	3.8	2.4	0.6	11.4
精密機械	0.2	0.2	0.3	0.5	3.9	2.0	0.3	1.5
武器	0.0	0.0	n.a.	0.0	0.0	0.0	0.0	0.1
その他	0.9	2.5	0.7	0.6	0.6	n.a.	1.1	1.7
合　計	100.0	100.0	100.0	100.0	100.0	100.0	100.0	100.0

資料:通産省『工業統計表』

る。

　全国の構造も機械関連の3業種で約40％，それに化学の上位4業種でほぼ50％を占めており，付加価値額で見る限り九州の製造業の産業構造は全国とかなりの相違があり，また各県ごとにも大きな差異があることがわかる。

(2) 九州の特化産業

そこで,別の角度から各県の製造業の特徴をさらに詳しく見てみよう。

表7-6には各県の立地商(または特化係数)を示している。立地商は各県のある業種・産業の構成比を同じ業種・産業の全国の構成比で除したもので,ご

表7-6 九州各県の立地商(1997)

区　　分	福岡県	佐賀県	長崎県	熊本県	大分県	宮崎県	鹿児島県	全国
食料品	1.29	2.21	2.39	1.43	0.53	1.65	2.94	1.00
飲料・たばこ・飼料	1.43	2.96	0.64	1.47	1.97	3.34	3.99	1.00
繊維	0.25	0.27	0.61	0.85	0.25	1.05	0.51	1.00
衣服・その他繊維製品	0.69	1.82	4.31	1.64	0.73	2.72	1.46	1.00
木材・木製品	1.40	1.13	0.84	1.75	1.10	3.49	1.85	1.00
家具・装備品	2.04	1.25	0.69	0.69	0.91	1.07	0.74	1.00
パルプ・紙・紙加工品	0.43	1.23	0.19	1.03	0.36	1.15	0.94	1.00
出版・印刷	1.20	0.44	0.65	0.87	0.33	0.63	0.79	1.00
化学	0.86	0.69	0.11	0.52	1.15	1.67	0.10	1.00
石油・石炭製品	0.48	0.13	0.21	0.31	2.84	0.30	0.36	1.00
プラスチック製品	0.61	0.62	0.31	0.67	0.57	0.80	0.35	1.00
ゴム製品	2.42	3.70	0.07	1.84	0.43	1.88	―	1.00
なめし皮・同製品・毛皮	0.20	0.72	0.14	0.17	0.02	0.29	0.21	1.00
窯業・土石	0.92	1.84	1.75	1.22	1.83	1.16	2.56	1.00
鉄鋼	2.41	0.64	0.33	0.22	3.00	0.16	0.04	1.00
非鉄金属	0.50	0.40	0.04	0.22	2.96	―	―	1.00
金属製品	1.08	0.92	0.90	1.08	0.50	0.60	0.67	1.00
一般機械器具	0.73	0.79	1.36	0.63	0.38	0.31	0.25	1.00
電気機械器具	0.61	0.94	1.24	1.43	1.45	1.13	1.81	1.00
輸送用機械	1.03	0.37	1.06	1.25	0.33	0.21	0.06	1.00
精密機械	0.13	0.10	0.20	0.32	2.58	1.33	0.23	1.00
武器	0.00	0.00	n.a.	0.00	0.00	0.00	0.00	1.00
その他	0.56	1.48	0.42	0.36	0.33	―	0.67	1.00
合　計	1.00	1.00	1.00	1.00	1.00	1.00	1.00	1.00

注:立地商とは各県ごとの各業種の構成比を,全国の当該業種の構成比で割ったものである。
資料:通産省『工業統計表』

く簡単に求められる係数であるが，これである県・地域がどの業種に特化しているのかを知ることができる。立地商が1より大きい場合には，その産業や業種が全国平均よりも相対的に優位にあり，地域外へ製品を移出している特化産業であると考えられる。

　各県にはそれぞれその地域性を活かした特化産業があるが，九州にはいくつかの特徴もある。まず，まさに九州の歴史的背景を持つ産業であるが窯業・土石が全ての県で特化産業となっている。食料品，飲料・たばこ・飼料という2つの産業も，前者が大分県，後者が長崎県を除けばその他の県の特化産業である。これらの産業は九州の特化産業であるともいえるが，言いかえれば，生産性の高い産業には特化できていなかったということでもある。

　しかし，1997年までの20年間に九州の産業地図はかなり変化する。電気機械器具は九州のどの県においても特化産業ではなかったが，近年では福岡県と佐賀県以外の県では特化産業となった。大分県の精密機械，宮崎県のゴム製品と精密機械，福岡県の輸送用機械にも同様のことが言える。逆に特化産業でなくなったケースとしては，福岡県における一般機械器具，佐賀県のなめし皮・同製品・毛織物，熊本県の繊維，大分県の食料品，そして鹿児島県の繊維，パルプ・紙・紙加工品，等々を掲げることができる。中九州と南九州の機械産業は77年以降の20年間に特化産業になったといってよいであろう。

　表7-7は工業統計による製造業の生産性等を示したものである。

　まず付加価値生産性（従業者1人当たり付加価値額）であるが、九州は全国より低く生産性指数はほぼ80％（97年）である。ここ20年間大体この程度で変わりはない。もちろん生産性は向上している。およそ2.4倍となった。全国でも同程度の値を示す。したがって、格差は縮小していない。

　県レベルではどうか。大分県が最も高く、次いで福岡県の順となり、長崎県が最も低く大分県の2分の1程度である。20年前は鹿児島県が最も低い県であったけれども、この間に大分県と同じくほぼ2.6倍も向上し、長崎県の1.6倍を上回る伸びを実現した。福岡県の2.4倍をも凌駕している。地域内の生産性の格差は拡大したのである。

表7-7 製造業の生産性等比較

(単位:人,万円,%)

区分	従業者数／事業所数	出荷額等／従業者数	付加価値／従業者数	固定資産／従業者数	付加価値率
1977年					
福岡	30.3	1,419.7	532.8	418.8	37.5
佐賀	29.1	1,061.1	411.2	195.2	38.8
長崎	29.4	1,082.8	461.3	237.4	42.6
熊本	25.9	991.0	376.9	268.7	38.0
大分	25.2	2,041.7	585.7	1,035.5	28.7
宮崎	26.3	1,026.6	357.5	247.0	34.8
鹿児島	19.2	1,024.0	339.1	154.4	33.1
全国	24.7	1,512.2	538.6	314.7	35.6
九州平均	26.5	1,235.3	437.8	365.3	36.2
1997年					
福岡	30.6	2,973.0	1,262.9	847.7	42.5
佐賀	30.5	2,407.9	1,041.2	668.9	43.2
長崎	26.5	2,046.0	721.9	531.6	35.3
熊本	33.5	2,507.2	1,031.6	754.7	41.1
大分	33.2	3,786.7	1,553.8	1,099.4	41.0
宮崎	31.1	1,957.6	830.3	578.7	42.4
鹿児島	28.4	2,152.8	866.9	585.4	40.3
全国	27.7	3,251.1	1,310.6	905.8	40.3
九州平均	30.5	2,547.3	1,044.1	723.8	40.8

資料:通産省『工業統計表』

　大分県の生産性が高いのはわが国の新産都市政策による大企業・重化学工業の立地が進んだ結果といえる、従業者当たり固定資産額の大きさでこのことを確認できよう。

　付加価値率では九州は全国水準40%に達している。域内では佐賀県が43%と高く、長崎県が最も低い。20年前は逆に長崎県が43%で最も高い県だったのである。また最下位は大分県であったことも記しておこう。産業構造の大きな変化すなわち造船業に依存している長崎県と石油化学産業等の成功をみた大分県の違いといえる。ともあれこの20年間の付加価値率の九州地域内の格差は生産性とは逆に縮小の方向にあることがわかる。福岡県がいずれの指標にお

いても上位に位置するとはいえ、トップにないことは特記しておきたい。

4　地　方　財　政

　各地域の地方財政はその地域経済の構造をかなり正確に反映する。地方財政収入の構成は地域経済力によって大きく左右されるし、地方財政支出の構成もその地域の経済社会構造にしたがって異なる。ここでは、1997年度決算をもとに地方財政を観察しよう。

(1) 地方財政支出

　表7-8は性質別支出を各県ごとに示したものである。各経費欄の上段にある支出金額は人口1人当たり額であり、下段は歳出合計に占める構成比である。参考に全国平均の数値を掲げてある。

　九州各県では福岡県を除いて、地域経済における財政支出の割合が相対的に高い。それは支出合計の人口1人当たり額にも現われており、全国平均が約41万円であるのに対して、各県はこれより25〜35％程度高い、52〜56万円となっている。そのなかで福岡県は約30万円で、全国平均の72％程度でしかない。

　こうした差異は福岡県の各経費支出が概して低いことによるが、構成比の大きさを考慮すれば普通建設事業費の差異が重要である。普通建設事業費は全国平均で1人当たり125,000円であるが、福岡県ではその50％の62,000円にすぎない。これに対して、その他の九州各県では熊本県の167,000円から宮崎県の227,000円まで、相当高い数値となっている。全国的な傾向として、地域の経済力に対して反比例的に1人当たり投資額が低くなるという傾向があることも確かである。

　社会資本サービスを含む公共サービスにも、ある人口の範囲で規模の経済効

第7章　九州の経済と地域開発政策　193

表7-8　性質別地方財政支出

(単位：円, %)

区　分	福岡県	佐賀県	長崎県	熊本県	大分県	宮崎県	鹿児島県	全国合計
人件費	110,220	150,571	147,422	129,213	156,037	139,399	152,380	126,790
	37.0	27.1	28.6	23.9	29.2	25.0	27.5	30.6
物件費	9,213	15,620	8,117	12,681	15,421	14,846	15,960	14,664
	3.1	2.8	1.6	2.3	2.9	2.7	2.9	3.5
維持補修費	994	2,876	2,090	3,930	1,659	3,305	2,260	3,522
	0.3	0.5	0.4	0.7	0.3	0.6	0.4	0.8
扶助費	15,509	18,269	24,061	14,037	13,843	12,893	18,964	10,351
	5.2	3.3	4.7	2.6	2.6	2.3	3.4	2.5
補助費等	39,805	43,376	45,554	41,035	43,200	51,597	46,223	53,117
	13.4	7.8	8.8	7.6	8.1	9.3	8.3	12.8
普通建設事業費	62,061	221,915	186,545	166,904	204,330	227,736	218,033	125,288
	20.8	40.0	36.2	30.9	38.2	40.9	39.4	30.2
補助事業費	29,745	113,057	110,386	81,128	105,875	118,533	139,085	60,272
	10.0	20.4	21.4	15.0	19.8	21.3	25.1	14.5
単独事業費	26,625	88,000	66,863	74,865	88,958	99,476	70,679	55,027
	8.9	15.9	13.0	13.9	16.7	17.9	12.8	13.3
災害復旧事業費	2,685	5,254	4,210	7,540	10,404	16,750	13,377	2,420
	0.9	0.9	0.8	1.4	1.9	3.0	2.4	0.6
公債費	26,708	47,364	57,814	96,955	54,367	53,269	56,988	38,155
	9.0	8.5	11.2	18.0	10.2	9.6	10.3	9.2
積立金	220	2,656	5,648	2,262	3,078	3,901	5,123	3,092
	0.1	0.5	1.1	0.4	0.6	0.7	0.9	0.7
投資及び出資金	1,968	810	2,255	1,901	645	2,114	988	2,431
	0.7	0.1	0.4	0.4	0.1	0.4	0.2	0.6
貸付金	26,032	45,736	30,405	62,169	30,562	30,688	22,079	32,971
	8.7	8.2	5.9	11.5	5.7	5.5	4.0	8.0
繰出金	545	348	1,617	1,240	685	534	1,324	1,648
	0.2	0.1	0.3	0.2	0.1	0.1	0.2	0.4
歳出合計	297,805	554,7944	515,774	539,866	534,233	557,032	553,699	414,522
	100.0	100.0	100.0	100.0	100.0	100.0	100.0	100.0

資料：『地方財政統計年報』1999年版。

果が働くことが知られているが，以上の支出状況からもそれを窺うことができる。すなわち，人口規模も経済規模も大きい福岡県では，投資支出をはじめとして多くの支出が相対的に効率的であり，人口1人当たりで見て公共サービス

の費用負担は少なくて済んでいるが，その他の県では費用負担は相対的に大きいということである。

次の表7-9は，行政目的別に財政支出を分類したものである。性質別経費と同じように，全国平均と比較して九州各県の状況が示されている。全国平均

表7-9　目的別地方財政支出

(単位：円，%)

区　　分	福岡県	佐賀県	長崎県	熊本県	大分県	宮崎県	鹿児島県	全国合計
議会費	582	1,333	988	900	1,142	1,159	969	762
	0.2	0.2	0.2	0.2	0.2	0.2	0.2	0.2
総務費	12,559	22,066	26,865	23,873	28,128	22,543	31,435	23,806
	4.2	4.0	5.2	4.4	5.3	4.0	5.7	5.7
民生費	30,294	37,380	38,692	33,150	33,281	36,430	43,624	29,265
	10.2	6.7	7.5	6.1	6.2	6.5	7.9	7.1
衛生費	8,079	13,055	19,517	54,193	18,503	15,627	13,734	16,954
	2.7	2.4	3.8	10.0	3.5	2.8	2.5	4.1
労働費	4,040	3,865	2,109	2,457	5,546	1,400	1,498	2,344
	1.4	0.7	0.4	0.5	1.0	0.3	0.3	0.6
農林水産業費	21,427	85,378	70,773	65,612	83,224	94,542	101,874	40,866
	7.2	15.4	13.7	12.2	15.6	17.0	18.4	9.9
商工費	20,681	50,622	29,389	23,744	23,913	34,201	17,251	28,354
	6.9	9.1	5.7	4.4	4.5	6.1	3.1	6.8
土木費	47,129	135,279	108,026	90,340	121,757	127,349	122,163	87,211
	15.8	24.4	20.9	16.7	22.8	22.9	22.1	21.0
警察費	27,013	26,470	28,152	26,007	24,759	25,680	24,033	27,268
	9.1	4.8	5.5	4.8	4.6	4.6	4.3	6.6
教育費	85,918	120,257	122,320	108,874	122,433	121,670	120,911	99,825
	28.9	21.7	23.7	20.2	22.9	21.8	21.8	24.1
災害復旧費	2,685	5,254	4,210	7,540	10,404	16,750	13,379	2,420
	0.9	0.9	0.8	1.4	1.9	3.0	2.4	0.6
公債費	26,922	47,377	57,831	96,969	54,375	53,271	57,002	38,393
	9.0	8.5	11.2	18.0	10.2	9.6	10.3	9.3
その他	10,476	6,458	6,902	6,206	6,768	6,411	5,824	17,053
	3.5	1.2	1.1	1.1	1.3	1.2	1.1	3.6
歳出総額	297,805	554,794	515,774	539,866	534,233	557,032	553,699	414,522
	100.0	100.0	100.0	100.0	100.0	100.0	100.0	100.0

資料：『地方財政統計年報』1999年版。

で最大の構成比を持っているのは土木費であるが、この支出は福岡県では低くその他では高い。1人当たり額の全国平均を100とすると、福岡県では54であり、そのほかの6県のうちでは熊本県の104が最低で佐賀県の155が最高である。次に大きい教育費も福岡県の低さが目立つ。全国を100とすると、その他の県が110～120程度であるのに対して、福岡県は86である。しかし、支出合計額が低いために教育費の支出構成比は九州7県のなかで最も高く、全国平均よりもさらに高くなっている。

　農林水産業費の状況はいうまでもなく地域経済の状況を反映する。九州の経済構造を反映して、全国平均よりも支出水準も高く構成比も大きい県が多い。1人当たり支出額は、全国を100とすると鹿児島県が249、宮崎県が231、比較的低い熊本県でも160である。しかし、都市化が進んでいる福岡県では52となっている。支出構成比も表出のように全国を大きく上回っている。商工費も経済構造を反映するが、農林水産業費とは反対に、多くの県で全国平均よりも低い構成比となっている。宮崎県と佐賀県では1人当たり水準が高く、構成比も大きい。

　総務費は内部管理経費であるが、福岡県が低くその他の県では高い。総務費は公共サービス供給のいわばベースとなる経費であると思われるが、この経費にも人口規模が増加するにしたがって1人当たり支出額が減少するという規模の経済効果が認められる。商工費や衛生費や商工費などにも認められる規模の経済効果は、財政運営にあたって無視できない重要な要素である。

(2) 地方財政収入

　以上の地方経費支出を賄う地方財政収入はかなり多様である。人口1人当たり額などの概要は次の表7-10に示したとおりであり、日本における地方財政収入はある意味では複雑すぎるほど多様であるが、地方税、地方交付税、国庫支出金(いわゆる補助金)、地方債が主要収入であるといってよい。

　地方税は次節でさらに検討するが、地域の経済力と密接に関連している。地

表 7-10 地方財政収入

(単位：円, %)

区　分	福岡県	佐賀県	長崎県	熊本県	大分県	宮崎県	鹿児島県	全国合計
地方税	97,377	96,673	76,942	84,204	87,734	79,534	79,333	134,370
	32.1	17.2	14.5	15.3	15.8	14.1	13.9	31.9
地方譲与税	2,348	3,402	3,151	3,186	3,901	3,307	3,227	3,142
	0.8	0.6	0.6	0.6	0.7	0.6	0.6	0.7
地方交付税	55,269	172,659	153,166	125,108	163,493	173,739	152,151	69,899
	18.2	30.7	28.9	22.7	29.4	30.7	26.6	16.6
普通交付税	54,038	168,280	149,823	123,019	160,138	170,220	148,119	68,451
	17.8	29.9	28.2	22.3	28.8	30.1	25.9	16.3
交通安全対策特別交付金	384	446	374	452	475	397	528	422
	0.1	0.1	0.1	0.1	0.1	0.1	0.1	0.1
分担金及び負担金	4,268	11,100	8,438	8,838	11,920	5,283	8,728	6,283
	1.4	2.0	1.6	1.6	2.1	0.9	1.5	1.5
使用料	3,979	6,410	6,830	5,354	6,550	6,728	5,735	6,738
	1.3	1.1	1.3	1.0	1.2	1.2	1.0	1.6
手数料	1,742	1,926	1,709	1,757	1,746	2,446	2,406	2,051
	0.6	0.3	0.3	0.3	0.3	0.4	0.4	0.5
国庫支出金	57,569	125,667	131,476	102,963	122,548	137,859	159,834	75,554
	19.0	22.4	24.8	18.7	22.0	24.4	28.0	17.9
義務教育費負担金	22,605	27,266	29,884	27,892	29,983	28,576	31,410	23,978
	7.4	4.9	5.6	5.1	5.4	5.1	5.5	5.7
生活保護費負担金	5,932	2,171	3,855	1,710	2,211	2,356	4,471	1,290
	2.0	0.4	0.7	0.3	0.4	0.4	0.8	0.3
児童保護費負担金	894	2,009	4,541	4,180	1,662	1,413	1,754	1,605
	0.3	0.4	0.9	0.8	0.3	0.2	0.3	0.4
普通建設事業費支出金	15,102	66,818	70,508	48,466	62,459	65,112	82,052	33,965
	5.0	11.9	13.3	8.8	11.2	11.5	14.4	8.1
財産収入	914	2,347	7,123	1,912	2,098	2,988	2,131	2,188
	0.3	0.4	1.3	0.3	0.4	0.5	0.4	0.5
寄附金	1.1	0.6	30	60	24	11	－	102
	0.0	0.0	0.0	0.0	0.0	0.0	－	0.0
繰入金	4,209	7,188	7,630	11,272	6,628	20,759	11,792	12,526
	1.4	1.3	1.4	2.0	1.2	3.7	2.1	3.0
繰越金	5,084	7,354	13,926	12,260	21,365	9,874	16,774	7,024
	1.7	1.3	2.6	2.2	3.8	1.7	2.9	1.7
諸収入	28,952	52,141	41,622	72,027	39,331	36,456	30,877	39,625
	9.5	9.3	7.8	13.0	7.1	6.4	5.4	9.4
貸付金元利収入	20,738	46,188	31,103	66,675	30,431	30,709	21,482	31,757
	6.8	8.2	5.9	12.1	5.5	5.4	3.8	7.5
収益事業収入	1,125	1,775	1,936	2,326	2,388	2,367	1,982	2,263
	0.4	0.3	0.4	0.4	0.4	0.4	0.3	0.5
地方債	41,430	74,677	78,127	122,601	88,635	86,264	98,103	61,262
	13.6	13.3	14.7	22.2	15.9	15.3	17.2	14.5
歳入総額	303,527	561,991	530,535	551,994	556,448	565,646	571,620	421,186
	100.0	100.0	100.0	100.0	100.0	100.0	100.0	100.0

資料：地方財政調査研究会編『地方財政統計年報』1999年版．

方税収入の人口1人当たり額は九州各県では全国平均よりも低位である。もっとも，全国水準を超えているのは，東京都以外は愛知県，福井県，静岡県だけである。収入構成比で見ると福岡県が全国平均を超えているだけで，その他の県は概して低く，全国の2分の1以下という県も多い。こうした地方税収入だけで全国水準よりも相当に高い支出が賄える筈はなく，その差を埋めているのが地方交付税や国庫支出金，さらには地方債収入である。

地方交付税は全国平均で7万円弱，収入構成比は16.6％であるが，福岡を除く各県で金額ではその2倍程度あるいは2倍以上の収入がある。構成比もほぼ同様である。国庫支出金は近年の補助金の整理統合によって減少気味であるが，全国平均で76,000円，構成比17.9％で重要な収入項目である。九州各県ではその重要性はさらに高く，補助金の構成比が比較的小さい福岡県でも，金額では全国を100として76，構成比では19％である。鹿児島県では，全国の100に対して212，構成比では28％を占めている。このように地方交付税と国庫支出金は地方税の低位を補うように国から各地方団体へ移転されており，これによって各地域の地方財政支出は維持されているのである。

地方債収入は各県ともに金額も構成比も大きい。ほとんどは普通建設事業費への充当であるため，その費用が1人当たりで少ない福岡県では比較的小さいが，その他の県では1人当たり額で見て全国平均を100とすると，佐賀県の122から熊本県の200までの水準となっている。ちなみに福岡県は68である。地方団体の地方債発行を引き受けるのは主として国であるから，地方債資金の配分を通じてもいくぶんかの地方財政調整が行なわれているわけである。

(3) 地方税と地域経済

地方財政運営に地域の自主性を求めようとする場合，まず必要になるのは地方税収入の確保である。使途が特定されないという意味で一般的で，自律的に徴収するという意味で自主的な財源である地方税は，地方財政運営の根幹であり，地域開発の重要な財源のひとつであることは言うまでもない。

そこで地方税の現状を九州各県に即して確認しておこう。次の表7-11は，主な地方税収入の現状を人口1人当たり額と構成比によって示したものである。

地方税の構成は地方収入全体の構成よりもさらに多様であり，地方税制の複雑さは欠点といってよいが，安定的な収入を確保して地方サービス供給の安定性の基盤となっているという側面もある。しかし，近年の不況は地域経済にも大きな影響を及ぼし，地方税収入も地域サービスの基礎としては心許ないのが現状である。

都道府県段階における主な地方税は，道府県民税の所得割と法人税割，事業税の法人分，さらに新しく1997年から導入された地方消費税などである。とくに事業税は全国平均で34％（法人事業税は32％）の構成比で，地方税収入全体を大きく左右する項目である。そして実は，九州各県ではこの法人事業税が低位にある。人口1人当たり額は，全国を100とすると，もっとも高い佐賀県で72にすぎず，最も低い宮崎県では52にすぎない。

次に大きな構成比となっている道府県民税の所得割も，福岡県が全国水準の82であるのが最高で，最低の鹿児島県は58である。法人税割はさらに低位であるといわなければならず，人口1人当たり額が最も高い福岡県が全国水準の78，最も低い宮崎県は53でしかない。地方消費税も全国平均よりも低位であるが，格差は比較的に少ない。1人当たり額が最高の福岡県が全国水準の89，最低の佐賀県も76の水準となっている。九州各県では，地方消費税は全国平均よりも高い構成比となっており，この導入が九州各県の地方税収入をより強く支えていることは明らかである。

このように課税ベースの違い（個人所得，法人所得，消費，あるいは固定資産等）によって税収入は異なるが，地方税収入が地域の経済活動水準に左右されるのは当然のことである。つまり，地域の地方税収入はその経済活動水準によってほとんどが決定される[1]。したがって，地方財政運営の自立性や自主性を確保するには，地域の経済力を拡大させる必要がある。

地方分権化の推進にあたって地方税制度を含む地方財政制度を変更する必要性は明らかであるが，その基本的方向が地域の財政的自立である以上は，どの

第 7 章 九州の経済と地域開発政策 199

表 7 - 11 都道府県の主要地方税

(単位:円, %)

区　分	福岡県	佐賀県	長崎県	熊本県	大分県	宮崎県	鹿児島県	全国合計
普通税	83,389	79,475	66,786	70,119	74,107	64,580	65,878	103,955
	85.6	82.2	86.8	83.3	84.5	81.2	83.0	87.3
道府県民税	26,963	22,250	21,140	21,116	22,584	19,431	19,698	33,520
	27.7	23.0	27.5	25.1	25.7	24.4	24.8	28.2
個人均等割	357	332	325	320	327	321	312	374
	0.4	0.3	0.4	0.4	0.4	0.4	0.4	0.3
所得割	17,933	14,732	14,459	14,095	14,819	13,074	12,806	21,985
	18.4	15.2	18.8	16.7	16.9	16.4	16.1	18.5
法人均等割	933	886	798	889	1,017	876	845	1,008
	1.0	0.9	1.0	1.1	1.2	1.1	1.1	0.8
法人税割	5,163	4,057	3,707	3,918	4,204	3,474	3,812	6,589
	5.3	4.2	4.8	4.7	4.8	4.4	4.8	5.5
利子割	2,577	2,242	1,851	1,894	2,216	1,686	1,923	3,566
	2.6	2.3	2.4	2.2	2.5	2.1	2.4	3.0
事業税	29,238	29,305	23,279	23,955	25,958	21,158	22,376	40,618
	30.0	30.3	30.3	28.4	29.6	26.6	28.2	34.1
個人	1,626	1,556	1,436	1,159	1,133	1,253	1,043	2,157
	1.7	1.6	1.9	1.4	1.3	1.6	1.3	1.8
法人	27,612	27,749	21,843	22,796	24,825	19,904	21,333	38,461
	28.4	28.7	28.4	27.1	28.3	25.0	26.9	32.3
地方消費税	5,693	4,854	5,040	4,961	5,426	4,957	5,051	6,427
	5.8	5.0	6.6	5.9	6.2	6.2	6.4	5.4
不動産取得税	5,700	3,879	4,049	3,842	3,852	2,984	3,667	5,822
	5.9	4.0	5.3	4.6	4.4	3.8	4.6	4.9
道府県たばこ税	1,926	1,780	1,718	1,681	1,757	1,677	1,636	1,972
	2.0	1.8	2.2	2.0	2.0	2.1	2.1	1.7
ゴルフ場利用税	572	920	530	930	751	935	797	781
	0.6	1.0	0.7	1.1	0.9	1.2	1.0	0.7
特別地方消費税	710	951	928	707	991	492	515	992
	0.7	1.0	1.2	0.8	1.1	0.6	0.6	0.8
自動車税	12,576	12,528	10,077	12,894	12,728	12,892	11,854	13,575
	12.9	13.0	13.1	15.3	14.5	16.2	14.9	11.4
目的税	13,987	17,196	10,155	14,083	13,627	14,953	13,454	15,085
	14.4	17.8	13.2	16.7	15.5	18.8	17.0	12.7
総　額	97,377	96,673	76,942	84,204	87,734	79,534	79,333	119,042
	100.0	100.0	100.0	100.0	100.0	100.0	100.0	100.0

注:鉱区税,狩猟者登録税など表掲以外の地方税があるため,各項目の合計は総額に一致しない。
資料:地方財政調査研究会編『地方財政統計年報』1999年版。

ような変更であるとしても各地域にとっては地方税源の涵養が必須である。税源の選択肢として人頭税が否定されるとすれば，所得ベースにしても消費ベースにしても，あるいは伝統的な資産ベースでいくとしても，地域経済の開発が避けて通れない目標になるのは明らかであろう。

ただし，財政支出の側における効率性や支出効果の追求が忘れられてはなるまい。如何に効率的に公共サービスを供給するか。さらには如何に効果的に財政支出政策を展開するか。少ない支出で大きい効果を挙げるように最大限の工夫をしなければならない。

5 地域開発政策と九州

最後に，地域開発政策とりわけ九州におけるその課題を考察する。まず，これまでに展開されてきた全国総合開発計画の変遷を辿ることにしよう[2]。急速な国際化時代の進展のなかで，また日本経済が構造改革に苦闘するなかで，我が国の地域開発政策も大きな転換期を迎えているといってよい。そのなかで九州地域の開発政策も根本的な変革を迫られていると考えられる。

(1) 全国総合開発計画

1962（昭和37）年10月に閣議決定された「全国総合開発計画」（一全総）は，日本経済の高度成長を背景に地域間の均衡ある発展を基本的な目標として策定された。60年12月策定の「国民所得倍増計画」を上回る急速な経済成長は，既存の大工業地帯，東京，大阪などへの集積効果によって実現しており，その結果として都市部や工業地域では過密現象や交通の混雑，住宅の不足，公害現象などが発生する一方，開発の遅れた地域では人口の流出や経済の停滞といった問題が次第に強くなった。

そうしたなかで一全総は，都市の過大化の防止および地域格差の縮小に配慮しつつ，資源の有効利用や資本，労働，技術等の適切な地域配分を促進させて，地域間の均衡ある発展を図ることを目標としたのである。地域開発方式としては「拠点開発方式」が採用された。拠点開発方式は，既存の大集積と関連するように，それ以外の地域に機能別にいくつかの大規模な開発拠点を設定し，この開発拠点と周辺の農林漁業を含む諸地域・諸機能の有機的連結を深めて，連鎖反応的に地域の発展を促進させようというものである。

民間投資が拡大するなかで既成工業地帯への工場の新増設が抑制された結果，工業の地方分散には一定の効果があったと思われるが，工場進出は既成工業地帯の近隣に限られ，結果的に地価の上昇や人件費の高騰，大気汚染や水質の汚濁，騒音や混雑現象，さらには人口急減地域が出現するなど，当初の目標を達成するには及ばなかったと考えられる。

次の新全国総合開発計画（二全総）は1969年5月に策定された。一方では大都市への人口集中，他方では農村や山村，漁村からの人口流出がますます進行し，いわゆる過密過疎現象が深刻化するなかで，この二全総は長期的な観点から豊かな環境を日本全国に行き渡らせることを基本的な目標とした。交通通信ネットワークを先行的に整備することなどによって開発可能性を全国土へ拡大し地域間の均衡を促進させようとしたが，その開発方式は「大規模プロジェクト方式」である。

大規模プロジェクト方式とは，中枢管理機能の集積と物流システムの体系化を図るため新幹線や高速道路，本四架橋などによる全国的なネットワークを形成し，このネットワークに関連させながら効率的な諸産業の開発や環境保全にかかる大規模プロジェクトを計画し，その地域の発展の効果を周辺に浸透させることによって，国土利用の均衡化を図ろうとするものである。産業開発には工業だけでなく農林水産業，流通，観光レクリエーションなども含まれ，また自然保護や環境保全のための大規模プロジェクトも計画されたが，地域の特性と主体性を基本とすることが特徴となっている。

また，二全総では人間と自然との長期にわたる調和を図ること，都市化の進

展によって予測される自然への欲求に対応するために，自然を恒久的に保護・保存することも謳われている。しかし，大規模プロジェクトによる経済開発が表に出たことは疑いなく，それまでの高度成長の結果，国民の価値観は質的豊かさへと変化しはじめており，またニクソン・ショック（71年），オイル・ショック（73年）など国際政治経済状況が変化するなかで，省エネルギー政策への転換の必要性などもあり，見なおしを余儀なくされることになった。

　1977年11月に策定された第三次全国総合開発計画（三全総）は，それまでとは多少趣が異なっている。何よりも基本的目標として，「限られた国土資源を前提として，地域特性を生かしつつ，歴史的，伝統的文化に根ざし，人間と自然との調和のとれた安定感のある健康で文化的な人間居住の総合的環境を計画的に整備すること」を掲げ，開発方式としては「定住構想」が打ち出されている。一全総の点，二全総の線，そして三全総では面へと開発の発想が変化し，経済だけでなく歴史や文化を含む人間居住環境により重点が置かれるようになった。

　定住構想とは，「歴史的，伝統的文化に根ざし，自然環境，生活環境，生産環境の調和のとれた人間居住の総合的環境の形成」であり，また「大都市への人口と産業の集中を抑制し，一方，地方を振興し，過密過疎に対処しながら新しい生活圏を確立すること」である。50～100世帯程度の人口によって構成される居住区は，その複合として定住区を構成し，その定住区が複合されたものとして定住圏が形成される。全国は「およそ200～300の定住圏で構成される」と想定された。

　この定住圏を基本にして住宅や公園，上下水道，交通通信施設などの整備を図り，そのうえに教育，医療，文化，中枢管理機能を適切に配置し，工業分散を促進させて就業機会の充実，地方定住を実現させようとした。定住構想の実現においては，地方公共団体が主導的な役割を果たすことが期待され，全国で44箇所のモデル定住圏が指定された。しかし，問題は主導的役割を果たすべき地方団体の財源不足にあり，長期化する不況のなかで国の財源措置も充分に行なえず，支援制度の未整備も重なって定住圏構想は期待どおりには進展しな

かった。

　第四次全国総合開発計画（四全総）は1987年6月に策定された。昭和50年代半ばには人口の大都市集中が沈静化し地方定住の傾向が見られたが，50年代後半には大都市圏とりわけ東京圏への集中が始まる。この集中は人口だけでなく物や情報についても生じて，いわゆる高次都市機能が東京に集中する東京1極集中の状況となった。地方圏では素材型産業や輸出依存型産業の不振によって産業構造の転換に直面し，雇用の維持が深刻な問題となっていった。

　そうしたなかで四全総は，地方圏の定住条件の飛躍的な改善，国際交流を含む広域的な交流による地域の活性化，国民生活の安全性の確保，ゆとりと安心感のある高質の地域環境整備などを課題として，「特定の地域への人口や経済機能，行政機能等機能の過度の集中がなく，地域間，国際間で相互に補完，触発し合いながら交流している多極分散型の国土を形成すること」を基本的な目標とした。ここでは交流ネットワーク構想が開発方式とされた。

　交流ネットワーク構想実現の主柱の1つは交流拠点の整備である。地域の個性を活かし，地域の創意と工夫によって，中枢的都市機能の集積拠点，先端技術産業の集積拠点，農林水産業の拠点，自然とのふれあいの拠点，国際交流の拠点などの形成である。そして，交流基盤としては，高速交通体系の整備による主要都市間での全国1日交通圏の構築，情報通信体系の全国展開による長距離通信コストの低減や情報アクセスの改善が必要とされた。また交流を実際に促進させるべく，都市・農山漁村間，産業・技術集積間，その他の地域間の交流機会や国際交流の機会を，国，地方，民間諸団体の連携によって形成する必要性が示された。

（2）　将来の地域開発と九州経済の課題

　四全総策定以後，確かに交通や情報通信基盤は整備が進展し，国内の交流量は増大しかつ広域化している。国際交流についても，急速に経済成長を遂げたアジア諸国・地域との交流は増加しており，国際化は日本の各地域へとますま

す深く浸透しつつある。しかし，東京1極集中という地域構造は，地方圏における中枢・中核都市の集積機能強化にもかかわらず続いており，長期的な不況のもとで，地方圏における高速交通体系の整備は遅れがちであり，人口減少と高齢化のなかでなお地方圏の経済・雇用基盤は相対的に劣位にあることが明白になってきた。

　1998年3月，第5回目の全国総合開発計画（五全総）は『21世紀の国土のグランドデザイン』として閣議決定された。価値観や生活様式の多様化，人口の減少・高齢化，高度情報化社会の進展，グローバライゼーションの浸透といった長期的な変動を踏まえて，これまでに形成されてきた1極1軸型の国土構造を，4つの新しい国土軸から形成される多軸型の国土構造に転換し，国土の均衡ある発展を目指すための指針となっている。基本的課題として，① 自立の促進と誇りの持てる地域の創造，② 国土の安全と暮らしの安心の確保，③ 恵み豊かな自然の享受と継承，④ 活力ある経済社会の構築，⑤ 世界に開かれた国土の形成があげられた。これまで何らかの形で取り上げられた国土の均衡やバランスといった考え方が大きく後退しているのは特徴的である。

　少子高齢化のなかで福祉政策への関与を継続するとすれば国の財源上の制約はほぼ明らかであり，これからの地域開発においては各地域の主体的な開発努力に期待する必要がある。五全総では地域の自立を基盤として，そのうえに国，地方公共団体，民間企業，ボランティア団体，地域住民といった多様な主体の参加と連携を求め，民間資金の活用や民間団体・組織の動員も必要であると考えられている。広範な連携が必要であるとしても，地方圏にあっては地方公共団体が連携の中心として広範な機能を果たさなければならないであろう。その意味からも，地方分権の推進が望まれるところである。

　地方分権の推進は，国土基盤投資の重点化，効率化のためにも望ましい。長期的な投資余力の減少が見こまれており，従来のように各地方団体が補助金や地方債に多く依存しつつフルセットの施設建設を経済効果の見込みとは関係なく継続するわけにはいかない。地域の歴史や文化に根付いた公共施設の建設と運用は，いわば地域の誇りの一部を形成するものでもある。各施設の相互関係

性や地元における利便性を高めたり，既存施設の効果的運用を促進させるためにも，地域の自律的な取り組みが好ましい。しかし，経済行動の広域化を考慮すれば，関係する他の地方団体との連携が不可欠である。

　五全総では，基本的課題を達成するために必要な4つの戦略を提示している。① 多自然居住地域の創造，② 大都市のリノベーション，③ 地域連携軸の展開，④ 広域国際交流圏の形成の4戦略である。このうち② は3大都市圏が対象であり，九州に関連するのは ① と ③ と ④ である。中小都市と農山漁村の連携と相互補完によって，都市的サービスと自然の豊かな生活環境を享受できる圏域を形成すること，交通・通信基盤を整備し各地域の資源と魅力を共有して機能分担と連携を通じて選択可能性の拡大を図ること，国際空港・港湾等の交流基盤・機能を高めて国土を世界に開き，経済，文化，学術等の国際交流を展開して国際感覚の豊かな人材育成などを図ること，いずれも重要でないものはない。

　九州には確かに多くの可能性が開かれている。その可能性を最大限活用するためには，おそらくこれまでにない政策展開，それには地域間の連携を含めた組織形成や各種政策の継起選択，言いかえれば政策優先順位の決定が含まれるが，つまり相当に戦略的な政策展開が必要である。そしてそのひとつは「アジアの九州」として九州を位置づけたうえで，アジアと共同する九州における経済政策を確立していくことが必要である。

6　おわりに

　可能性としての九州はしかし現実としての九州ではない。これまでに分析してきたように九州の現状は，一部の地域を除けばいかにも厳しい状況にある。人口数は長期的な減少傾向にあり，若年人口の構成比は大きいものの有利な就業機会を提供できないために，生産年齢人口の構成比は低い。政策主体として

の地方公共団体は厳しい財政状況にあり政策経費を確保すること自体が難しくなっている場合もある。各種の基盤整備に民間資金の活用を図るとしても，この不況化では自ずと限界があろう。四全総において期待された定住圏構想が地方団体の財源不足を主因に頓挫していることが思い起こされる。

今後期待される財源の重点的・効果的投入には地方団体の緊密な連携が必要になるが，国際的地域間競争の時代には，五全総も指摘するように，基礎的な地方公共団体である市町村の自主的合併を積極的に推進する方向性の確立だけは必要であろう。近年行なわれてきた市町村合併はほとんどが経済力を付けてきた市町村によるものであり，停滞的な市町村に地域間競争下にあるという意識が希薄であることが危惧される。

国際交流のきわめて長い歴史をもち古くから外に開いている九州では，国際化社会になればなるほどその潜在力が活かされるはずであるという見解も充分にあり得る。まさに，「21世紀をリードしていくと期待されるアジア経済と一体となって新たな発展を目指していく」[3] 九州には大きな可能性が開けるであろうが，そのためには経済・政治・行動パターンの構造や組織や慣行をかなりドラスティックに変革する必要性が高いと思われる。そしてその可能性もまた九州各地に潜在していると思われるのである。

注

1) 試みに，1997年度の人口1人当たり都道府県税収入額（LT，1,000円）と1996年度の1人当たり県内総生産（RGDP，1,000円）の関係を，両変数ともに対数変換して計測すると次式のようになる。括弧内はt値，R^2は自由度修正済み決定係数である。データは『地方財政統計年報』および『県民経済計算年報』の名目値を利用している。

$$LnLT = -4.1435 + 1.0744 LnRGDP$$
$$(-6.878)\ (14.594) \qquad R^2 = 0.8217 \qquad F = 213.0$$

2) 本節と次節の既述は，各計画書のほか国土庁計画・調整局 [1999]，兵谷 [1995]，地域進行整備公団 [1999] などによっている。

3) 国土庁 [1999] p.33。

参考文献

九州経済調査協会［1999］『99年版九州経済白書——都市再編と地域の変容』。
国土庁編［1977］『第三次全国総合開発計画』大蔵省印刷局。
国土庁編［1987］『第四次全国総合開発計画』大蔵省印刷局。
国土庁編［1998］『21世紀の国土のグランドデザイン』大蔵省印刷局。
国土庁編［1999］『九州地方開発促進計画（第五次）』大蔵省印刷局。
国土庁計画・調整局監修［1999］『21世紀の国土のグランドデザイン—新しい全国開発計画の解説—』時事通信社。
兵谷芳康［1995］『全国総合開発計画』湯浅利夫編『地域経済と地方財政』ぎょうせい。
地域振興整備公団編［1999］『地域統計要覧』ぎょうせい。

第8章　島嶼経済の開発と課題
──鹿児島・奄美群島の経済分析──

福永　敬大

1　はじめに──鹿児島県の地域政策と奄美
2　奄美の経済振興と鹿児島
3　奄美と沖縄のマクロ指標比較
4　奄美経済振興の課題──計量モデル分析の試み
5　おわりに

1 はじめに──鹿児島県の地域政策と奄美──

　鹿児島県の地域政策は，その時々の経済・社会情勢によって細部は変動しているが，県土の成り立ちが不変である以上，基本的な流れは存在する。
　まず，県都鹿児島市及びそれに空港周辺を加えた地域が，県の地理的な中央であるとともに，情報，通信，交通などの核としての新しい成長分野を担っている。次に，これを中心に東，西に鹿屋市，川内市を中心とする地域があり，地方拠点都市として都市機能の充実を担う地域と位置づけられている。さらに，県土の南北には，いわゆる半島地域と県際部の田園，山岳地域が存在し，それぞれの個性を生かした発展を目指している。もちろん，このように整然と分かれているのではなく，地方拠点都市地域と半島地域との重なりなど独自の現象もみられる。
　普通の県であれば，以上の主として3つの類型的な説明で終了するが，鹿児島県の場合，これに離島地域が大きな拡がりをもって連なっている点が特長的である。離島地域の大きな拡がりという点では，日本では東京都，長崎県，鹿児島県と沖縄県の4つだけである。鹿児島の離島地域の場合，いわゆる離島振興法の適用を受ける種子島，屋久島等の離島と，奄美群島振興開発特別措置法（いわゆる奄振法）の適用を受ける奄美群島地域とに分けることができる。
　このようにみると，鹿児島県は日本の中でも最も多くの類型をもった地域政策を展開している行政単位であるということができる。ただし，県内に，歴史の厚みに支えられた製造業群や，海外との交易に関して太いつながりをもつ大都市地域がないという点では，県全体の過疎性，後発性のなかで様々な地域政策の展開の必要を抱えた地域という特性をもっている。
　さて，鹿児島と奄美という角度から，奄美群島をとらえた場合，一言でいえば，後発性の強い地域の中での特別法適用地域の振興に係る問題であるといえ

よう。また，奄美独自の色濃い自然と文化や住民の人情，そして広大な海域を念頭に置きながら考える必要もあろう。特に21世紀は海洋の世紀であるとすれば，今後様々な可能性を持った地域であるといえる。

2　奄美の経済振興と鹿児島

(1)　意識としての沖縄と現実としての鹿児島

2000年秋には，沖縄県で九州・沖縄サミットが開催される。沖縄県ではこの一大イベントに向けて準備に忙がしく，また，サミットによる経済効果も期待されている。奄美は，より自立的な振興への取り組みという意識から沖縄との連携を探ろうとする指向性はあるものの，サミットのような具体的な事柄をとらえての連動の試みは余りない。現実の奄美振興は，行政的には鹿児島県の一部としての資金供給がなされており，公共事業等もこの流れの中で展開されている。文化的には沖縄に近い要素も多いものの，近世以降の政治的統治は好む好まないの問題を別とすれば鹿児島の一部として動いており，さらに経済的には関東，関西との直接的な移出入も多いかたちとなっている。このような見方をすれば，地理的なハンデイキャップ故の交流の全方向性を指摘することもでき，その意味では典型的な島嶼経済であると言える地域である。

ここで，島嶼経済の意味を考えてみよう。『広辞苑』によれば，島嶼とは「しま。島々。」となっており，しまは「周囲が水によって囲まれた小陸地」とされている。経済地理的にはチューネンの『孤立国』を極限化した世界だともいえる。しかし，チューネンの孤立国が外延を包摂するにしたがい，経済機能の一体性が完成していくのに対して，島嶼は程度の差はあれ，経済機能の一体性が水際において断たれているところが根本的な違いである。そして，この水際において移出入の概念が，通常の地域経済以上にはっきりと目に見える形で展開する[1]。

212　第Ⅲ部　経済発展と地域経済

　鹿児島県の経済振興を考えるとき，特徴を表すことばは，シリコン，公共事業，畜産であろう。シリコンは，いわばフットルースな電子部品産業群の代名詞で，1980年代以降立地展開が盛んになった。公共事業は行政投資依存型の性格を表しており，畜産は鹿児島の農業粗生産額の約半分を占めている。これになぞらえて，奄美の経済振興の中で現状として大きな意味を果たしているものをさがすとすれば，公共事業と観光である。公共事業の方は奄美群島振興開発特別措置法等による公的資金の流れに基づくものであり，観光は奄美の自然，風土，文化などの特徴を売りものにしていることは言うまでもない。

　この地域の経済発展を概観するうえで念頭において置くべき事柄は，1954（昭和29）年の日本復帰（行政区域としては鹿児島県）以降続けられてきた「奄美群島振興開発事業」（「奄振」事業）の存在である。この事業の財政的分析はここでは行われないが，この事業の実施期間を通しての郡内の経済水準が向上したことが確認されている一方，域際勘定の分析によって，この経済水準を維持していくためにも，「奄振」事業並みの外部資金供給の必要性が明らかにされる。

(2) 復帰時と現在の経済水準

　1人当り所得の県との比較を行うと（表8-1），1953年には約50％であったのが，63年には約75％になり，65年を過ぎると約80％台，75年以降は約85％台となっており，平成に入っても80％前後で推移している。一方，国との比較では71年に約50％になったものの，75年以降も60％台で推移し，この傾向は今も続いている。

　純生産の産業別構成比に目を転じると（表8-2），53年と95年とを比較してすぐわかるのは，第1次産業のシェアが55.7％から7.8％へと7分の1程度になり，第2次産業のシェアが9.8％から23.3％へと2.4倍になり，第3次産業のそれが32％から72.5％へと約2.3倍になっていることである。これらの数値の変化をみると，この間の社会生活の変化が急であったことが想像される。

表8-1 郡民所得等長期データ

	郡内純生産 (100万円)	1人当り 郡民所得 (1,000円)	県との 比 較 (%)	国との 比 較 (%)	資　料
1953	3,892	19.58	49.9	28.3	高橋良宣[1976]
55	6,661	33.90	70.0	41.5	〃
60	10,301	52.43	72.7	36.9	〃
65	22,100	120.73	80.3	45.7	〃
70	42,380	259.55	84.5	45.5	〃
75	105,763	690.24	85.3	62.3	『昭和60年度郡民所得推計報告書』
80	177,612	1,145.91	90.5	67.3	『昭和60年度郡民所得推計報告書』
85	205,719	1,378.20	85.6	65.5	『昭和62年度郡民所得推計報告書』
90	227,309	1,652.60	79.4	59.1	『平成7年度郡民所得推計報告書』
95	253,031	1,909.37	83.9	63.0	『平成7年度郡民所得推計報告書』

表8-2 域内純生産，産業別構成比

(単位：100万円，%)

	域内純生産	1次産業	2次産業	3次産業	帰属利子
1953	3,892	2,167 (55.7)	382 (9.8)	1,245 (32.0)	
55	6,661	3,145 (47.2)	599 (9.0)	2,941 (44.2)	
65	22,100	6,361 (28.8)	6,003 (27.2)	9,654 (43.7)	
75	105,763	14,521 (13.7)	33,279 (31.5)	60,669 (57.4)	-2,707 (-2.6)
85	205,719	22,561 (11.0)	55,739 (27.1)	135,122 (65.7)	-7,702 (-3.7)
95	253,031	19,656 (7.8)	58,875 (23.3)	183,520 (72.5)	-9,020 (-3.6)

注：要素費用表示。
資料：1953〜65年　高橋良宣[1976]。
　　　1975〜95年『郡民所得推計報告書』(昭和60年度版，昭和62年度版，平成7年度版)。

214 第Ⅲ部 経済発展と地域経済

　復帰時と現在の生活実態の違いをよく示しているのは，交通の変化であろう。例えば陸上の交通では，戦前は名瀬と瀬戸内との間をバス代りの中古乗用車が1日1回便で運行されていただけだといわれる。復帰時の道路事情も全般的に悪く陸の孤島が多くみられたとされる。現在（1999年）では名瀬と瀬戸内の間は約1時間10分で結ばれ，名瀬方向と古仁屋とは1日20回のバスの便がある。

　港については，1957年頃までは鹿児島からの船は名瀬の沖合で止まり，はしけで人や荷物を桟橋まで運んでいた。これが現在の名瀬港には1万トン級バースが2つあり，鹿児島との間も1日1回の便の航路で結ばれている。

　空路は，復帰当時には空港は1つもなかったが，59年供用開始の喜界空港をはじめとして，88年の（新）奄美空港に至るまで着実に整備が進み，例えば鹿児島空港と奄美空港とを結ぶ路線は1日発着回数12便にもなり，最短の所要時間は50分になっている。

(3) 奄美群島の域際収支

　奄美群島の経済構造の中で特徴的なことは，現在の生活水準を支えるための雇用そのものが，大規模な財政的な支援等のもとに維持されている面が大きいということである。表8-3には，この地域の域際収支についての数字が示されている。

　財貨サービスの移出から財貨サービスの移入を差し引いたものが純移出であるが，この地域の場合マイナスの値となる。つまり移入超過ということである。この移入超過は，1995年で，1,352億円ほどであるが，郡民経済の均衡のうえからは，政府部門からの資金供給によってオフセットされている。

　これを示すために，政府投入から政府収入を差し引いた，政府の純投入の大まかな値を求めてみる。政府投入は政府最終消費支出と政府の総固定資本形成との合計であり，政府収入は税合計と商品・非商品販売との合計により近似の値とすることができる。このような数値の操作によって得られた政府の純投入の額は，75年に373億円だったものが，80年には655億円に，85年には744億

表 8-3 奄美群島の域際収支

(単位:100万円)

		1975	80	85	90	95
	純 移 出	▲42,999	▲59,885	▲73,995	▲94,258	▲135,189
A	政府最終消費支出	26,713	40,649	48,820	59,902	75,475
	総固定資本形成(政府)	17,639	41,370	47,821	57,952	88,091
B	税 合 計	5,050	12,646	16,627	21,724	25,303
	商品・非商品販売	2,241	3,882	5,596	6,648	8,139
	政府の純投入 (A-B)	37,261	65,491	74,418	89,482	130,124

注:純移出+政府の純投入≒0。▲はマイナス,他も同じ。
資料:『郡民所得推計報告書』

円になっている。90年には895億円,95年には1,301億円である。

　先程の移入超過額と,この政府の純投入額とはほぼ見合う数値であることがわかる。このことは,この地域の住民の生活水準を維持するのに必要な財貨・サービスを移入したものを域内の経済活動でまかなうことができないために,政府の純投入によってこれを補っているということになる。

　ここで,財政赤字によって域際収支が補われていることをマクロ経済学の恒等式によって考えてみたい[2]。周知のように,事後的には,民間部門の貯蓄・投資ギャップと域際部門のそれ(域際収支)を合計した値は,一般政府の赤字に等しい。

$$(S-I)+(M-X)=G-T \tag{1}$$

　このとき,S=民間貯蓄,I=民間投資,M=移・輸入等,X=移・輸出等,G=政府支出,T=税収である。

　財政によって雇用を維持している状態のときは,この右辺(G-T)が財政

赤字にほかならない。これに対して左辺は，民間部門の貯蓄・投資ギャップ（民間ISギャップ）と域際収支の絶対額の合計（雇用ギャップ）である。この(1)式は，事後的には常に成立する。この(1)式を域際収支を左辺に残して書きなおすと次のようになる。

$$(M-X) = (G-T) + (I-S) \qquad (2)$$

この(2)式は，域際収支の大きさが，財政赤字と民間ISギャップとに分解できることを示している。

まず，奄美群島の民間ISギャップについてみてみる。

この地域の民間貯蓄について，『郡民所得推計報告書』で直接知ることはできないので，推計を行なう必要がある。貯蓄は可処分所得から民間及び政府の最終消費支出を差し引いたものである。このうち政府の貯蓄を除いた残りが民間貯蓄である。

県全体の所得に占める可処分所得の比率や貯蓄の比率と奄美でのそれらが同じであると仮定すると，次の3つの式によって計算される。

郡可処分所得＝郡民所得×県の可処分所得／県民所得＝341,916,150(千円)
〔1995年度〕

貯蓄＝可処分所得－（民間最終消費支出＋政府最終消費支出）＝50,067,849(千円)

民間貯蓄＝貯蓄×(1－県の政府貯蓄／県の貯蓄)＝39,049,473(千円)　(3)

ところで，この地域の民間投資は大まかには，民間総固定資本形成の数値であるが，これは95年には51,852,170（千円）となっている。　　(4)

うえの(3)－(4)で

民間貯蓄－民間投資＝39,049,473－51,852,170＝▲12,802,697(千円)

となるが，これは郡民総支出額311,777,801（千円）の4％程度であり，統計的な誤差の範囲として無視してもよい大きさである。このことから，「S－I」＝0と仮定できるため，M－X＝G－Tとなり，移入超過が財政赤字によって補われていることが確かめられる。

一方，域際収支における移入超過の大きさという側面から考えてみよう[3]。

この移入超過の額が75年に429億円だったものが，80年には599億円に，85年には740億円になっている。さらに90年には943億円，95年には1,352億円にものぼっている。

この移入超過額が拡大しているのは（表8-4），この地域の経済規模の拡大に見合ったものであり，移出入超過額を郡民総支出額で割った域際収支割合は，82年から87年までの間は28～32％とほぼ一定した値を示している。そのあと，90年以降一環して上昇してきており，93年で37％，95年で43％となっている。これは，沖縄の域際収支割合が20％程度であるのに比較すると，はるかに大きな値であると言える。

ところで，この域際収支の経済的意味あいについて，つぎのようなことが言える。地域の移出と移入の差である域際収支という概念を使うと，地域の経済力格差が明確に示される。地域民総支出に占める域際収支の割合を算出すると，都道府県の場合，域際収支割合がマイナス10％以上の大幅な入超県のグループは北海道・東北北部・九州南部などに多く，大幅な出超県のグループは3大都市圏に多い。入超割合が大きい「赤字県」は全般的に県民所得水準・工業化率が低く，財政依存度が高い。域際収支を改善するには公共投資の効率を高め，その地域内の工業化・地域外の市場開拓を促進する必要がある。それとともに域際収支の均衡が容易でない地域の場合，移入活動の経済効果を正当に評価し，そのあり方を検討していくことも必要である。

3　奄美と沖縄のマクロ指標比較

ここで奄美の域内の経済活動を素描しておく必要がある。具体的には，主要な指標について奄美と沖縄とを比較しながら，経済概況を見ていきたい。

奄美群島と沖縄県とを比較の対象とするのは，一見奇異に感じられるかもしれない。一方の奄美群島は鹿児島県の行政区域の一部であり，沖縄県は1つの

表8-4 域際収支割合（奄美群島）

(単位：100万円，%)

	1982	85	90	95
移出超過額	▲69,727	▲73,995	▲94,258	▲135,189
郡民総支出額	219,868	243,281	280,691	311,778
域際収支割合	▲31.7	▲30.4	▲33.6	▲43.4

資料：1982-85年は『昭和62年度大島郡民所得推計報告書』
　　　1990, 95年は『平成7年度大島郡民所得推計報告書』

県全体である。人口総数も10倍もの開きがある。しかし，面積は沖縄県が奄美群島の2倍であるにすぎないし，人口も1955年時点では沖縄県が奄美の4倍であったにすぎない。面積についてもう少し詳しくみると，奄美大島本島820km²に対して，沖縄本島1,201km²と本島同士の差は1.5倍以下である。人口の面では沖縄戦で市民10万人，軍人11万人が死亡したといわれるが，戦後島外疎開者10万人の帰島もある。もしこれらの人口の変動要素を考慮したとしても，沖縄と奄美の55年の人口比は5倍以下であろう。更に共通項として双方ともいわゆる琉球弧の中にあって，気候的，文化的にも類似性をもっている。また，この背景には近接性や特別法地域としての共通性などもある。表8-5には奄美群島や沖縄県を含めた日本の離島部に係る面積と人口を整理してある。

(1) 人口，所得

　総人口の推移について奄美群島と沖縄県とを比較してみよう。奄美の人口減少と沖縄の人口増加があざやかな対比をみせている。55年に奄美群島205,363人であったものが，95年には135,791人とおよそ3分の2にまで減少している。これに対して沖縄県は，55年に801,065人であったのが95年には1.5倍を超えて1,273,440人となっている。総人口で55年時点で沖縄は奄美の4倍程度であったが，95年にはその差が大きく拡大し，沖縄は奄美の10倍となり，114万人もの差となっている[4]。

表8-5　面積と人口の概要

(単位：人，km²)

	人　口	面　積
離島振興対策実施地域	548,265	5,443.96
奄　美　群　島	135,791	1,239.10
うち大島本島	(75,832)	(819.88)
小　笠　原　諸　島	2,809	68.25
沖　　縄　　県	1,273,440	2,267.88
うち沖縄本島	(1,170,619)	(1,201.27)
計　　　A	1,960,305	9,019.19
全国　　B	125,570,246	377,829.41
A／B（％）	1.56	2.39

資料：『国勢調査』(1995年)，『離島統計年報』(1998年)，国土地理院。

　通常，過疎地域での人口減少は若年層を中心とするが，奄美群島の場合もその例外ではなく，65歳以上人口構成比をみると，55年7.7％が95年には22.9％にも上昇している。これは全国の65歳以上人口構成と比較して55年，95年のいずれも高齢化の傾向が早いことを示している。一方，沖縄県の65歳以上人口構成比は55年4.9％，95年11.6％であって，いずれも全国の65歳以上人口構成比よりも低く，若年社会であるといえる。

　つぎに所得水準をみてみよう。1人当り所得水準で沖縄がより高いことは言うまでもない。データの得られやすい最近5年間の動きをみると，奄美群島の人口1人当り所得は，90年度の1,653,000円から95年度の1,909,000円へと若干上昇している。これを全国格差でみると，90年度の59.1％から95年度の63.0％へとやや改善がみられる。これに対して沖縄県は，90年度の2,009,000円から95年度の2,149,000円へと推移しており，これの全国格差は90年度71.8％から95年度70.9％と大きな変化はみられていない。

(2) 産業構造

　地域内総生産の構成比をみると（表8-6），第3次産業を別とすれば，沖縄，奄美とも建設業が目立っている。95年度の奄美群島では，総生産額3,055億3,400万円のうち，第1次産業が7.9％，このうち甘蔗，野菜，花きなどを中心とする農業が6.4％を占めている。第2次産業は22.8％でこのうち建設業等が16.6％，製造業が6.3％である。第3次産業は72.6％であり，その内訳としてサービス業38.3％を含んでいる。こうしてみると奄美群島の総生産の内訳は第1次産業と建設業，サービス業の比率が大きいといえる（なお，各産業を合計して100％とならないのは帰属利子の取扱いのためである）。

　一方，95年度の沖縄県は，第1次産業が2.4％と極めて低く，第2次産業は20.7％でこのうち建設業等が14.2％，製造業が6.5％である。沖縄県の第3次産業の大きさは目立っていて80.2％であり，このうちサービス業が41.4％である。沖縄県の場合も総生産構成比は建設業が大きい。この反面製造業の構成比は小さい。

　就業構造を95年国勢調査の数字でみてみよう（表8-7）。奄美群島では就業者総数58,822人の内訳として20.8％が第1次産業に従事し，このうち農業は18.7％である。第2次産業は22.3％を占め，これは建設業13.6％と製造業8.5％とからなる。第3次産業は56.8％である。奄美群島は1次産業も大きい割合を占めているが，それ以上に大島紬を含む製造業の割合が高いことが特長であったものが，ここ10年で23.7％から8.5％へと激減している。

　沖縄県は，農業が6.7％を占めており，これを含めて第1次産業は7.4％である。沖縄は第2次産業が奮わず19.4％と低い割合である。このうち建設業が13.5％で大きく，製造業はわずか5.8％である。第3次産業の高いことは沖縄の特長であり，就業構造でも72.8％を占めている。

　かつては奄美群島の就業構造における製造業の高さは，大島紬に由来していたことは既に指摘した。この意味で大島紬は奄美群島の重要な産業であった。

第8章 島嶼経済の開発と課題 *221*

表8-6 産業別地域内総生産

(単位:%)

区　分	奄美 構成比			沖縄県 構成比	全国 構成比
	93年度	94年度	95年度	95年度	95年度
第1次産業	7.6	8.0	7.9	2.4	1.9
農　業	5.6	5.9	6.4	1.9	
林　業	0.4	0.3	0.2	0.0	1.9
水産業	1.7	1.8	1.3	0.4	
第2次産業	24.0	22.5	22.8	20.7	35.2
建設業・鉱業	16.6	15.5	16.6	14.2	10.5
製造業	7.8	7.4	6.3	6.5	24.7
第3次産業	71.4	72.9	72.6	80.2	67.1
うち卸小売業	8.9	8.7	8.5	13.5	12.7
サービス業等	36.7	37.7	38.3	41.4	27.4
輸入税	—	—	—	0.7	0.6
(控除)帰属利子等	▲3.0	▲3.3	▲3.4	▲3.9	▲4.7
総生産	100.0	100.0	100.0	100.0	100.0

資料:『大島郡民所得推計報告書』,『県民経済計算年報』,『県民所得統計』(沖縄県統計課)。

表8-7 就業構造

(単位:%)

区　分	奄美 構成比				沖縄県 構成比	全国 構成比
	1980	1985	1990	1995	1995年	
就業者総数	100.0	100.0	100.0	100.0	100.0	100.0
第1次産業	21.3	22.4	22.9	20.8	7.4	6.0
農　業	19.5	20.6	20.5	18.7	6.7	5.3
林　業	0.5	0.4	0.4	0.2	0.0	0.1
水産業	1.3	1.4	1.9	1.9	0.7	0.5
第2次産業	37.7	33.8	25.5	22.3	19.4	31.6
うち建設業	10.5	10.0	10.0	13.6	13.5	10.3
製造業	27.1	23.7	14.4	8.5	5.8	21.1
第3次産業	40.9	43.7	51.5	56.8	72.8	61.8

資料:『国勢調査』

しかし，この大島紬は韓国紬に圧倒されていて，価格競争からいっても不利な状態にある。この事実を例えば，西太平洋地域でのグローバルな産業構造調整という視点からみれば当然の流れであるといえる。しかし，繊維産業は先進国としてマクロ的には中，後進国へ譲っていくべき産業ではあるが，奄美群島にとっては，紬はいわば生業であるために保護しなければならないこととなる。高級品化という方向は残っているものの，生業としての数量を確保する方向は極めて困難な状況と考えられる。

観光客の入り込み状況についてみると，奄美群島が75年以降減少してきていたものが，95年に75年のレベルに戻り，これを超えたという推移となっている。これに対し，沖縄県は85年以降，93～4年の横ばい状態の時期を含みつつも，傾向的には一貫して増加してきている。奄美の観光と沖縄の観光とを対比すると，沖縄は大規模な亜熱帯植物園や海洋博記念公園や首里城公園などに代表されるように人工系の風物が積極的に展開されているのに対し，奄美の場合はより自然志向が強く積極的な投資がなされていない面が指摘できる。

(3) 交通および海上出入貨物

空港利用者数を第三種空港乗降客の合計数に限ってみると，奄美群島は80年の81.5万人から88年には77.5万人へと減少したが，91年の100.7万人以降おおむね上昇傾向にあり，96年には108.3万人となっている。

これに対して沖縄県は，80年の137.1万人から88年の169万人まで順調に毎年度利用者数を伸ばしそれがその後も続いている。奄美と沖縄との両者の対比は80年で1.68倍，88年で2.18倍，96年では2.39倍となっている。

道路の整備状況について奄美群島と沖縄県とを比較すると，まず改良率のうち国道については，奄美群島93.3％に対して沖縄県98.4％と沖縄県の改良率がやや高いもののさほど大きな差はない。しかし，県道になると奄美群島は59.1％と，沖縄県の85.2％に比較してかなり低い位置にある。市町村道も奄美群島11.9％に対し沖縄県は21.7％である。舗装率の方は，国県道計で奄美群島

98.6％，沖縄県99.2％とあまり差はないように見えるが，このうち簡易舗装率を除いた一般の舗装率の数値は奄美群島36.6％，沖縄県84.9％と大きな差が出ている。市町村道の舗装率（簡易舗装を含む）も奄美群島61.1％に対し沖縄県79.4％と大きな差が出ている。

　港湾について，その機能に注目して名瀬港と那覇港の海上出入貨物を比べると，96年度のデータでみて那覇港が名瀬港の約9倍にもなっている（表8-8）。取扱貨物量に格段の差があることはもちろんであるとしても，移出入のパターンに差異がみられる。那覇港の移出の上位4つは，輸送機械を中心とする金属機械工業品，食料品を中心とする軽工業品，飼肥料等の特殊品，日用品を含む軽工業品である。移入の方の上位4つは，輸送機械を中心とする金属機械工業品，セメント・石油を中心とする化学工業品，特殊品，日用品を含む軽工業品である。つまり，輸送機械は，移出，移入のいずれにおいても高いシェアをもっているが，移入のみに高いシェアをもっているのはセメント，石油等であり，移出のみに高いシェアをもっているのは食料工業品である。これらを要約すると，沖縄県は本土との間で輸送機械を中心とする金属機械工業品及び日用品を含む軽工業品につき移出入のパイプをもつなかで，セメント，石油等の移入によって建設業に比重をもつ産業構造を支えつつ，食料工業品を移出しているということである。

　一方，名瀬港の移出の上位4つは食料工業品等の軽工業品，輸送用容器・金属くずなどの特殊品，金属機械工業品，農水産品である。移入の上位4つは，砂利等の鉱産品，食料品等の軽工業品，セメントを中心とする化学工業品，金属機械工業品である。移出，移入の双方において高いシェアをもっているのは食料工業品であり，移出を中心に高いシェアをもっているのも食料品や加工度の高くない工業品であると考えられる。奄美群島の産業構造をよく表しているのは，移入において砂利，セメントの比重が高いことであり，これは建設業依存型の経済をよく示している。

　それにしても，那覇港と比較しても，名瀬港は鉱産品移入率の高さという点でより建設業中心型の移入構造を示していることが印象的である。産業構造の

表8-8 海上出入貨物（1996年）

(単位：トン)

	那覇				名瀬	
	輸出	輸入	移出	移入	移出	移入
農水産品	1,119	116,402	88,183	311,758	5,089	25,751
林産品	482	33,172	43,714	60,111	1,834	7,362
鉱産品	412	14,973	4,189	299,752	245	101,361
金属機械工業品	55,529	24,727	503,081	1,491,099	7,977	50,663
化学工業品	3,068	23,662	95,462	862,101	3,215	58,213
軽工業品	1,663	140,528	209,463	587,152	33,824	59,546
雑工業品	1,263	108,966	23,470	93,218	1,348	10,907
特殊品	100,065	340,911	431,594	2,002,118	14,678	30,166
分類不能	0	0	0	0	2,643	39,377
小計	163,601	803,341	1,399,156	5,707,309	70,858	383,346
自航（輸送機械）	—	280	676,945	645,080	273,495	339,175
計	163,601	803,621	2,076,101	6,352,389	344,353	722,521

資料：『港湾統計』

高度化，建設投資波及効果の域内定着という点からは，機械工業品，その他の工業品を中心とした移出入構造になることが目標であろう。

(4) 財政と行政投資

　市町村財政の比較を試みてみよう（表8-9）。96年度の奄美群島の市町村財政の歳入に占める自主財源の割合は17.6％で，このうち地方税は7.2％である。依存財源は82.4％という高さであるが，これは国県支出金（25.5％）及び地方交付税（39.1％），地方債（16.3％）などによって成り立っている。歳出の方は義務的経費も39.1％と高い。

　沖縄県の，市町村財政歳入に占める自主財源は31.6％で，これを構成する地方税は18.2％である。沖縄県の市町村の自主財源比率も決して高いものではな

表8-9 市町村財政歳入・歳出（1996年度）

(単位：100万円，％)

	区　分	実　数 奄　美	構　成　比		
			奄　美	沖縄県	全　国
歳入	自主財源	19,332	17.6	31.6	52.6
	うち地方税	7,930	7.2	18.2	34.7
	依存財源	90,644	82.4	68.4	47.4
	うち国支出金	28,095	25.5	19.7	9.2
	地方交付税	43,024	39.1	26.6	15.0
	地方債	17,933	16.3	10.8	14.3
	歳入合計	109,976	100.0	100.0	100.0
歳出	義務的経費	42,321	39.1	41.1	39.6
	投資的経費	41,077	37.9	33.7	29.6
	その他	24,866	23.0	25.2	30.8
	歳出合計	108,264	100.0	100.0	100.0
	財政力指数		0.14	0.26	0.42
	経常収支比率		87.1	83.3	79.5

資料：鹿児島県地方課

いが，奄美に比べると良好である。依存財源は68.4％で，これは19.7％の国県支出金と26.6％の地方交付税，10.8％の地方債などからなっている。歳出の義務的経費は奄美とほぼ同じ41.1％であるが，投資的経費は33.7％である。財政力指数を比較すると，奄美群島が0.14に対して沖縄県が0.26となっている。

　奄美群島及び沖縄県における振興開発のための投資額のパターンをかいまみてみよう[5]。奄美群島については振興開発事業の実績，沖縄県については行政投資実績がデータとなるので，全く対等の比較というわけにはいかないが，一定の傾向はみることができよう。

　まず，奄美群島については54年から93年までの間に9,848億6,400万円の投資が実施された。このうち交通通信基盤の整備が3,815億2,600万円と最も大きく，これに産業の振興が3,683億5,100万円と続いている。この2つで全体の76％程度を占めている。近年の投資実績をみても，投資の分野別配分には大きな変化はなく，96年度で産業振興分野が約40％，交通通信体系の整備関係

が約37％である。

 沖縄県の行政投資実績をうえと比較するのには無理がある。それは，入手できる自治省の統計では投資分野の分類の仕方が違ううえに，いわゆる行政投資実績は市町村財政全般に係るものを含んでいるからである。市町村財政の支出に係るものは生活基盤分野が多いため，全体として生活基盤分野に最重点がおかれ，つぎが産業基盤分野となっている。

4 奄美経済振興の課題——計量モデル分析の試み——

(1) モデル作成の前提

 奄美経済の特質を明らかにするためには，既にみたように各種の指標ごとにその動きを追っていくのも1つの方法であるが，計量経済モデル的な手法で予測を行ったり，経済構造上の問題を考えたりする方法もある。もっとも，計量経済モデル的な手法とはいっても，奄美地域の場合，データ数が限られていることから，極めて簡易なものとならざるを得ない。逆に奄美地域の利点としては，県が『大島郡民所得推計報告書』を公表していることである。推計方法の変遷等もあって，時系列のデータとして利用できるのは，1977年以降に限られる。このような制約条件のもとで奄美経済ミニ・モデルの作成を試みた[6]。

(2) モデルの概要

 モデルの大まかな考え方は「モデルの概念図」（図8-1）によっている。これは，消費，投資，移入，法人所得，勤労所得に関する主な指標のごく簡単な関係とGNPと郡民所得に対する定義式の関係を図示したものである。在庫投資のようなものはこの地域ではデータが不備であるだけでなく，必要性も高くない。この概念図は地域経済の構造を考える上では簡単すぎるものではあるが，

第8章 島嶼経済の開発と課題 227

図8-1 モデルの概念図

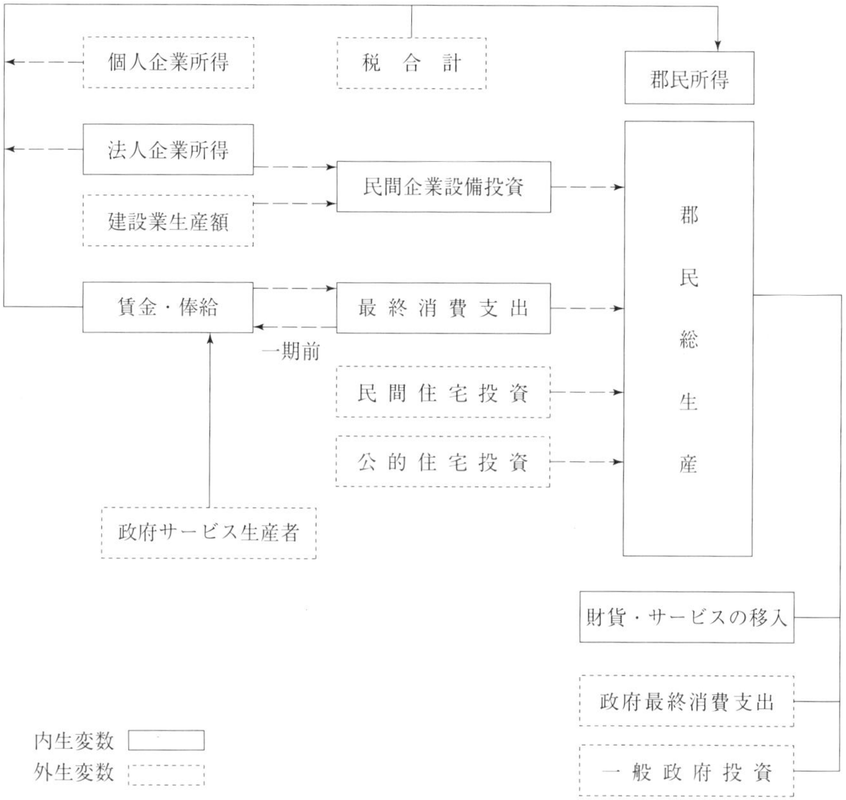

```
┌─────────────┐    ┌─────────┐           ┌─────────┐
│ 個人企業所得 │    │ 税 合 計 │           │ 郡民所得 │
└─────────────┘    └─────────┘           └─────────┘
┌─────────────┐    ┌───────────────┐     ┌─────────┐
│ 法人企業所得 │───→│ 民間企業設備投資│───→│         │
└─────────────┘    └───────────────┘     │         │
┌─────────────┐                          │  郡     │
│ 建設業生産額 │                          │  民     │
└─────────────┘                          │  総     │
┌─────────────┐    ┌───────────────┐     │  生     │
│ 賃金・俸給  │    │ 最終消費支出  │───→│  産     │
└─────────────┘    └───────────────┘     │         │
         ↑一期前                          │         │
                   ┌───────────────┐     │         │
                   │ 民間住宅投資  │───→│         │
                   └───────────────┘     │         │
                   ┌───────────────┐     │         │
                   │ 公的住宅投資  │───→│         │
                   └───────────────┘     └─────────┘
┌─────────────┐
│政府サービス生産者│
└─────────────┘
                                        ┌───────────────┐
                                        │財貨・サービスの移入│
                                        └───────────────┘
                                        ┌───────────────┐
                                        │ 政府最終消費支出│
内生変数 [    ]                         └───────────────┘
外生変数 [┄┄]                          ┌───────────────┐
                                        │ 一般政府投資  │
                                        └───────────────┘
```

入手可能な指標どおしの組み合わせという点からは逆にわかりやすいものと思う。データとしての変数は『大島郡民所得推計報告書』から21系列を採った。

　この「モデルの概念図」の考え方をもとにしながら，回帰式へのデータの当てはまり具合の良いものを探していくと，いくつかの式が得られてくる。このようにしてつぎの7本からなる簡単なモデルが得られた。このモデルで，例えば，投資関数へ建設業のデータを入れたり，勤労所得関数が政府サービス生産者のデータが中心のものとなったりするのは，この地域の特色をあらわしてい

る。

ここで，大まかなモデルの構成を説明する。まず，郡民所得及び郡民総生産を与える定義式を2本作成する[7]。

郡民所得＝1958.24＋1.02892（税合計＋賃金・俸給＋法人企業所
　　　　　(0.36)　　(25.60)
　　　　　得＋個人企業所得）　　　　　　　　　　　　　　①
　　　　　　　　　　　　　　　　$R^2 = 0.973$　　DW＝0.859

郡民総生産＝3222.32＋1.02778（家計最終消費支出＋民間企業設
　　　　　(0.43)　　(21.79)
　　　　　備投資＋民間住宅投資＋公的住宅投資＋政府最終消
　　　　　費支出＋一般政府投資－財
　　　　　貨・サービスの移入）　　②
　　　　　　　　　　　　　　　　$R^2 = 0.963$　　DW＝1.12

①の定義式の関係では

賃金・俸給＝－8685.09＋2.76667政府サービス生産者生産額
　　　　　（－4.94）　(49.33)　　　　　　　〔勤労所得関数〕
　　　　　　　　　　　　　　　　$R^2 = 0.993$　　DW＝2.226

法人企業所得＝－17132.9＋0.262856建設業生産額
　　　　　　（－9.22）　　(2.74)
　　　　　　＋0.107319郡民総生産－2830.67ダミー変数
　　　　　　　(6.46)　　　　　　（－4.99）〔法人所得関数〕
　　　　　　　　　　　　　　　　$R^2 = 0.926$　　DW－2.196

の2つが作成される。

　賃金・俸給の動きはこの地域では政府サービス生産者の支出の動きによって一番よく説明される。また，法人企業所得はこの地域で現在もっとも雇用機会を創り出している建設業生産額と郡民総生産の動きとに制約される。

②の定義式の関係では

第8章 島嶼経済の開発と課題　*229*

家計最終消費支出＝46256.8＋0.809081 賃金・俸給
　　　　　　　　　　（11.57）　（12.11）
　　　　　　　　　＋0.025999 一期前の家計最終消費支出
　　　　　　　　　（0.94）
　　　　　　　　　＋6133.57 ダミー変数　　　　〔消費関数〕
　　　　　　　　　（2.43）
　　　　　　　　　　　　　　　$R^2＝0.94$　　$DW＝0.684$

民間企業設備投資＝12002.2＋1.00646 法人企業所得＋0.050673 建
　　　　　　　　（2.53）　（4.30）　　　　　　　（0.20）
設業生産額＋5477.82 ダミー変数
　　　　　　（4.74）　　　　　　　　　　〔投資関数〕
　　　　　　　　　　　　　　$R^2＝0.844$　　$DW＝1.463$

財貨・サービスの移入＝7022.85＋1.07133（政府最終消費支出＋
　　　　　　　　　　（1.48）　（6.57）
一般政府投資）
　－1.69882（税合計＋政府商品・非商品販
　（－2.95）
売）－10802.1 ダミー変数
　　（－6.92）　　　　　　　　　　〔移入関数〕
　　　　　　　　　　　　　　$R^2＝0.918$　　$DW＝1.341$

の3つが作成されている。

　家計最終消費支出の動きは賃金・俸給の動きと1期前の家計最終消費支出によって影響を受ける。また，民間企業設備投資は法人企業所得と建設業生産額の統計データの動きからもっともよく説明できる。財貨・サービスの移入は，既にふれたように財政投資ないし財政赤字がこの地域の域際収支の赤字を補っている事実にみられるように，移入は政府・支出及び投資から税等を差し引いた式で与えられる。

　このわずか7本のミニ・モデルではあるが，奄美群島の経済をモデル的に分

析しようとする思考実験としては利用可能なものであるので、以下の議論では「Amamiモデル」と呼ぶこととする。このモデルでは、統計方法の変更やその他の外部的な要因による統計数値の変動を補うために、いくつかのダミー変数を導入した。なお、推計に用いた変数は便宜上、1975年の実質価格にして予測などの作業を行った。

この「Amamiモデル」について、パーシャルテスト、ファイナルテストを実施した。パーシャルテストの収束回数は1978～95年期にわたりすべて1回、ファイナルテストの収束回数は1978～95年期にわたり3～4回であった。誤差率は、いずれも民間設備投資、法人企業所得の項目で5～8％台と高くなっているが、他の項目は1～3％程度である。前者2項目の誤差率が高いのは民間経済の力が安定していない奄美地域の特質を反映しているともいえる。

(3) 予測の制約条件と評価

制約条件

まず、実質化の制約という問題がある。各指標ごとの長期のデフレータは得られないため、民間最終消費支出デフレータを用いて、全変数を1975年を100とした実質価格に換算したうえでモデル式の作成を行っている。しかし、価格体系上「実質とは何か」という問題は厳密には難しい問題であり、小規模な地域経済レベルでは、データ的な制約が大きい。

次に、ダミー変数の問題がある。簡単には、統計的な不連続点を補う目的で導入している。具体的には統計方法の改訂や自然災害による統計値の突発的変動をこれにより修正している。ダミー変数の性質という点から、名目値ベースで作成した式と、実質値ベースで作成した式とを比較して気がついたことは、統計の推計方法などの断絶を調整するためのダミー変数を入れたモデルは当てはまり具合（R^2）があまり変化しなかったが、ダミー変数なしでは実質値ベースのときの当てはまり具合（R^2）が大きく低下したことである。

シミュレーション（予測）

「Amamiモデル」のシミュレーションの結果は（表8－10）に整理してある。その概要は，

ⓐ「Amamiモデル」で予測のケース1は全外生変数を2.0％で伸ばしたところ，GNPの2000/1995の成長率は1.6％となった。

ⓑ「Amamiモデル」で予測のケース2は各外生変数の伸びを最近時に近いもの（例えば建設事業は7.8％，政府投資は5.0％）にしたが，GNPの2000/1995の成長率は1.7％にしかならなかった。

このⓐとⓑの対比は建設事業や政府投資が所得の成長を推進するというこの地域の過去の経験則になじんできた立場からは意外であった。

シミュレーションの結果は，建設事業や政府投資が所得の成長を推進するというこの地域の過去の経験則が，将来的には従来どおりには進まないかも知れないという予想を抱かせる。短期的な所得の下支えになるものが，そのまま長期的な成長に結びつくものではないとも言える。ある意味では，いままで我々が与件と考えてきたものが，変化していることが明示されたということにもなる。

また，奄美経済は自立型経済ではないうえ，データも少ないので，将来的には県経済モデルとリンクさせる方向で考えるべきと感じる。

（4）政策的含意

以上はあくまで簡潔すぎるモデルによる分析であり，モデル自体の組立の中に建設事業や政府投資が十分に反映されない欠点を有していることも考えられるし，いわゆる「リーク効果」として財政投資が通過需要を中心に奄美に経済効果をもたらしていることの反映であることも推測できる。

従って，モデルの改善によって政策的含意が異なってくるという主張もできない訳ではない。しかし，あえてこの簡単なモデル分析の中間的な成果を議論の中に組み込むとすれば，建設事業や政府投資が地域にとって効果を生むよう

表 8-10 Amami モデル シミュレーション

予測ケース 1 (単位：％)

構成比	寄与度				成長率		
	1977	1985	1995	2000	1985/77	1995/85	2000/1995
郡民総生産	100.0	100.0	100.0	100.0	3.5	1.0	1.6
家計最終消費支出	74.3	64.7	68.4	67.6	1.7	1.6	1.4
民間企業設備投資	10.3	12.0	12.3	12.6	5.4	1.3	2.1
建設業	15.1	12.5	14.5	14.7	1.0	2.5	2.0

注：各外生変数について，1995～2000年の伸び率を2.0％にしたケース。

予測ケース 2 (単位：％)

構成比	寄与度				成長率		
	1977	1985	1995	2000	1985/77	1995/85	2000/1995
郡民総生産	100.0	100.0	100.0	100.0	3.5	1.0	1.7
家計最終消費支出	74.3	64.7	68.7	68.2	1.7	1.6	1.6
民間企業設備投資	10.3	12.0	12.4	14.1	5.4	1.4	4.4
建設業	15.1	12.5	15.3	20.5	1.0	3.1	7.8

注：各外生変数の1995～2000年の伸び率について，現状に近い数値を与えたケース。
政府サービス生産者生産額＝2.3％，建設業生産額＝7.8％，個人企業所得＝2.2％，政府最終消費支出＝4.9％，民間住宅投資＝1.0％，公的住宅投資＝2.0％，一般政府投資＝5.0％，税合計＝0.5％，政府商品・非商品販売＝2.0％

にするには，それなりの工夫が必要であるという一般的教訓を裏づける結果となっている。

5 おわりに

　モデル分析の政策的含意は，建設事業や政府投資を地域経済にとって効果あらしめるためには，「工夫」が必要ということであった。この工夫はもちろん行政的な支援も必要であるが，何よりも地域に住む人々が考えることが必要である。

そこで，この地域の人々の行動をみると，活力に満ちた人々が多いように思われる。この1人1人の活力が地域づくりに有効に結びついていく必要がある。個人の持つエネルギーが狭いレベルでぶつかり合うときは，これらのエネルギーはグループの外には出ていかない。つまり，個人の持つエネルギーがグループ内で摩擦を起こすときには，意思決定の効率が下がるといえる。

このように内部的な意思決定の効率が必ずしも高くない地域においては，社会資本の配置であるとか，振興施策の型の選択といった問題が生じたときには，結果としては技術的，外部的意思決定が優越してしまうことになる。個々の活力ある人々からみればこのような意思決定のあり方は不満なものであろうが，地域社会内部で意思を集約するルールが確立していない場合，技術的，外部的意思決定に頼ることはやむを得ない一面がある。

しかし，こうした技術的，外部的意思決定の優越は地域の活力ある人々にとって不満であるだけでなく，地域固有の論理や文化と斉合した振興施策の展開を図っていくうえで不利であることは言うまでもない。特に，この地域は紬のデザインにみられるような独特の絵画的表現の文化や，島唄にみられるような独特の歌唱の文化，更には選挙の際の行動にみられるような地域固有の論理を有している地域であり，技術的，外部的意思決定の成果と，ありうるべき内部的意思決定の方向とは，場合によっては大きな差があると推定されて当然である。

このことから，当然にして地域の人々によって地域社会の内部的な意見や感覚が意思決定にまで持ち上げられていくことが求められていく[8]。このとき，大切なのはそのような内部的意思決定の形成に資するような人材の発掘，育成ということであるが，これはリーダーの育成とは違うものである。現在でも活力にあふれており，リーダーになりたいと思っている人はこの地域の場合むしろ多いと見受けられる。しかし，内部的意思決定の形成に資する人材とは，プランナー的資質をもって，地域社会内部の意見の差異を冷静に知ることのできる人々であろう。このような人々がこの地域の内に多く存在するようになれば，内部的な活力が政策的意思決定に対して持つ影響が効果的なものとなるであろ

うし，こうしたときに地域の人々の地元文化に対する自信が養われるとともに，地域が生き生きとなることによって，若い人々がこの地域をみる目も変化してくるのではなかろうか。

このような方向に向かっての施策は，2つの方向があると考える。1つは，この地域の経済・社会の発展や振興についての調査・研究が地元の人によって盛んになされることであり，もう1つは，この地域の独特な文化を，比較文化論的な検討を通して客観視するなどの方法を採りつつ，より洗練されたものへと仕上げていくことである。

注

1) チューネン（Thünen）理論を連続的な平面の問題から離散的な点のグループにおける問題としてとらえ直した議論としては，今川正［1973］がある。ここで，市場の中心が島の内部に成立すると考えるか，島外の市場の外延として島を位置づけるかで議論は大きく異なってくる。
2) 域際収支を重視した地域発展論として「移出ベース理論」がある。これについては，石川祐三［1998］の第5章「地域経済の発展」を参照されたい。
3) 域際収支と地域の経済力との関係をわかりやすく論じたものに，原勲［1990］がある。
4) 沖縄の人口統計からは在沖米軍人，軍属及びこれらの家族約5万人は除外されているが，この5万人のもつ経済的意味合いは小さくないと推定される。
5) 奄美群島及び沖縄県の行政投資の分野別比較は，統計データを細かく分析したうえで再構成することが必要である。今後の課題としたい。
6) モデル分析にあたっては，マクロエコノメトリックス研究会（室田泰弘氏ほか）が開発した「計量経済予測パッケージ・エコノメイト－Ｗ」（東洋経済新報社）を利用した。
7) 各モデル式の係数の下のカッコ内に示されている数字は個別係数の有意性を知るためのt値である。また各式の最終行にあるR^2は決定係数（自由度修正済），DWはダービン＝ワトソン比である。
8) 地域政策と意思決定の問題に対する筆者の基本的な考え方については，つぎのものを参照されたい。福永敬大［1990］141～146頁。

参考文献

鹿児島県大島支庁『奄美群島の概況』各年版,鹿児島県。
鹿児島県企画部『大島郡民所得推計報告書』各年版,鹿児島県。
鹿児島県 [1996]『奄美群島振興開発事業の成果』鹿児島県。
(社) 奄美振興研究協会 [1999]『奄振研15年のあゆみ』(社) 奄美振興研究協会。
石川祐三 [1998]『地方財政論——地域間競争と財政調整——』高城書房。
今川正 [1973]『地域経済論』東洋経済新報社。
高橋良宣 [1993]「奄美群島の経済特質」『南日本文化研究所叢書』18号。
高橋良宣 [1976]「奄美群島の域際勘定」『地域研究』第6巻第2号。
玉盛映聿ほか編著 [1998]『沖縄 社会経済要覧』りゅうぎん国際化振興財団。
原勲 [1990]「地域間収支,経済力格差明確に示す」『日本経済新聞』1990年11月20日。
福永敬大 [1990]「空間編成の意思決定」『日本地域学会1990年次大会講演論文集』日本地域学会。
室田泰弘ほか編著 [1998]『パソコンによる経済予測入門』(第2版) 東洋経済新報社。
Richardson, Harry W. [1969] *Elements of Regional Economics*, Penguin.

第9章　韓国の地域経済開発と財政

石川　祐三・崔　源九

1　はじめに
2　経済発展と財政
3　経済発展と地域経済
4　地域開発政策
5　今後の地域開発——仁川市を中心として
6　おわりに

1 はじめに

韓国における急速な経済発展は、輸入代替的な工業開発に換えて採用された輸出指向の強い工業化政策によるところが大きい[1]。そして、産業の空間的な配置やインフラストラクチャーの整備、財政資金の地域間配分など、各側面における産業・経済政策が中央集権的な財政システムのもとで遂行され経済成長を牽引した。この中央集権的なシステムは経済的効率性を追求するうえで有効性が高かったと推察されるが、1980年代には政策スタンスは民間主導へと変更され、さらに90年代に入って地方分権への指向性の高まりをひとつの背景にして、財政システムも急速に変化しつつある。

本章では、こうした韓国の経済発展過程における地域経済の動向を財政システムの変化を考慮しながら検討する。まず、第2節では韓国の経済発展を概観し、あわせて経済発展過程における財政をマクロ経済的に考察する。第3節では地域経済の近年の状況を観察し、また長期的な地域格差の推移を分析する。第4節ではこれまでの数次にわたる国土計画と経済開発5カ年計画の推移をその目標と経済社会状況との関連に注目しつつ概観し、第5節では、地域開発を巡る内外環境および条件の変化を考察するとともに、地域開発の具体例として仁川市の工業・経済開発政策を検討する。最後に、今後の地域開発政策の課題などに触れることとしたい。

2 経済発展と財政

まず、経済と財政のこれまでの状況を確認しておくことにしよう。財政支出

も財政収入も，経済発展が進むなかで大きく変動してきている。とくに，財政システムにおける地方財政の位置はかなり変化しており，中央集権的であるといわれる韓国財政も長期的には分権的なシステムへと変わり始めている。

(1) 経済発展と産業・経済構造

次の表9-1は，1975年から96年までの国民経済計算の概要を示したものである。生産の側面から見ると，75年当時すでに国内総生産（GDP）の26％を占めていた製造業の生産額は，さらに成長し85年には30％を超える。この間のGDPへの寄与率（各部門の増加額÷GDP合計の増加額，を百分率で示した数値）は30％以上で，製造業が韓国経済の成長を牽引したことを端的に示している。

しかしその後，製造業の寄与率は次第に減少し，1995～96年間では17％にまで低下した。代わりに増加しているのが建設業や金融・保険・不動産・対事業サービス業である。この両部門とも，96年における構成比はいまだ製造業を超えるまでには至っていないが，95～96年間の寄与率で見ると製造業をかなり上回っている。こうした数字は，ここ10年ほどの産業構造の変化を示すものであり，急速に進展するサービス経済化や金融部門の重要性の高まりなど，韓国経済が新しい局面にさしかかったことを窺い知ることができる。

需要の側面では，輸出も確かに重要な成長要因であるが，家計の最終消費支出を無視することはできない。寄与率で見ると，1975～80年間に家計消費が62％，輸出が36％であり，家計消費支出が輸出を大きく上回っている。工業成長の過程で民間消費需要が順調に拡大し，その市場拡大が経済成長を強く牽引したのである。家計消費の寄与率は，その後は次第に低下するが，近年になって再び上昇している。

輸出のGDP構成比は，近年でも30％を超えており，韓国経済における重要性は否定できない。輸出の対GDP比は日本経済ではここしばらくの間10％前後であるから，その意味では経済成長の輸出への依存は，韓国では依然として高いといえるであろう。しかし，52％程度の構成比で安定的に推移してきた

表 9-1 国内総生産の構成

区分	1975年 名目金額	構成比	1985年 構成比	1990年 構成比	1995年 構成比	1996年 名目金額	構成比
民間産業部門	9,384.4	91.1	90.3	90.1	89.9	348,257.7	89.3
農林漁業	2,571.0	25.0	12.8	8.7	6.5	24,545.3	6.3
鉱業	144.1	1.4	1.0	0.6	0.3	1,034.4	0.3
製造業	2,687.0	26.1	30.3	29.2	26.8	100,808.9	25.9
電気・ガス・水供給	125.9	1.2	2.8	2.2	2.3	8,819.9	2.3
建設業	489.9	4.8	7.7	11.5	13.9	56,656.9	14.5
卸・小売り等	1,751.5	17.0	12.2	12.9	11.5	43,660.0	11.2
運輸・通信等	606.1	5.9	7.6	6.7	7.3	28,486.9	7.3
金融・保険・不動産・事業サービス	684.2	6.6	11.8	14.9	17.1	67,939.0	17.4
地域社会・個人サービス	324.8	3.2	4.1	3.5	4.1	16,306.4	4.2
政府部門	657.4	6.4	7.2	7.3	7.9	31,554.4	8.1
対家計民間非営利部門	202.3	2.0	2.5	2.4	2.7	11,032.6	2.8
輸入税	234.2	2.3	2.7	3.8	3.3	13,705.8	3.5
帰属利子(控除)	176.2	1.7	2.8	3.6	3.7	14,737.1	3.8
最終消費支出	8,394.7	81.5	69.3	63.8	63.2	251,540.6	64.5
家計	7,202.8	69.9	58.3	52.8	52.1	206,341.8	52.9
政府	1,130.9	11.0	10.1	10.1	10.3	41,722.6	10.7
総資本形成	2,956.3	28.7	29.3	36.9	37.0	149,778.6	38.4
固定資本形成	2,741.1	26.6	28.2	37.1	36.6	143,688.7	36.9
輸出	2,859.1	27.8	34.6	29.8	33.1	126,236.6	32.4
輸入	3,727.5	36.2	33.3	30.3	34.1	141,649.3	36.3
国内総生産(=支出)	10,302.2	100.0	100.0	100.0	100.0	389,813.4	100.0
国民総生産	10,135.8	98.4	96.6	99.3	99.1	386,438.2	99.1

注:部門別寄与率は,各部門の増加額が国内総生産合計の増加額に占める割合である。
資料:韓国統計庁『韓国統計年鑑』各年版。

家計消費に加えて,政府消費や民間固定資本形成など国内需要の増加も今後は見こまれる。70年代から80年代にかけて,実質10％を超える高度成長を遂げてきた韓国経済では,その市場規模から見て輸出の重要性は明らかであるが,需要構造の変化も将来の道筋ではあろう。

と推移

(単位：10億ウォン, %)

部門別寄与率

1975-80	1980-85	1985-90	1990-95	1995-96
90.8	89.8	89.9	89.6	84.6
11.2	10.9	5.3	4.3	4.0
1.3	0.7	0.2	0.0	-0.1
31.0	30.9	28.2	24.4	16.9
2.3	3.5	1.6	2.4	2.2
9.7	7.2	14.7	16.4	20.0
11.1	11.7	13.5	10.0	8.6
8.3	7.6	5.9	8.0	7.0
12.6	12.5	17.5	19.3	20.7
3.3	4.9	3.0	4.7	5.1
8.1	6.9	7.3	8.4	10.3
1.8	3.1	2.2	3.0	4.2
3.2	2.4	4.7	2.8	5.3
4.0	2.3	4.3	3.9	4.3
74.2	63.2	59.3	62.6	76.7
61.8	53.2	48.3	51.4	60.8
11.7	8.8	10.2	10.4	14.9
32.9	27.1	43.2	37.2	51.2
34.2	24.8	44.3	36.0	39.7
36.4	35.0	25.9	36.5	26.1
43.4	26.0	27.9	38.1	57.0
100.0	100.0	100.0	100.0	100.0
95.9	96.6	101.5	99.0	99.0

(2) 経済と財政の推移

さて，次の表9-2は1971年から96年までの財政支出と租税収入をGNPおよびGDPとの対比で示したものである。この表によって，韓国における財政のマクロ的な進展と同時に財政システムの分権化を読み取ることができよう。

韓国の一般政府財政支出（中央政府と地方政府の総合勘定合計）は，1970年代にはGNPを上回るテンポで増加し，財政支出の対GNP比は73年と74年のオイルショックなどによる一時的な減少はあるものの，82年には26.4％にまで上昇する。この間の財政支出増加は主に中央政府支出の増加によるものであり，地方政府支出の財政支出合計に占める割合は減少あるいは微増に止まっている。地方政府の支出シェアは，71年が44.1％であったのに対して，82年は35.7％に低下した。

こうした中央政府主導の財政支出は80年代に急速に変化していく。財政支出の対GNP比は88年には19.8％にまで低下し，地方政府の対GNP比も減少している。しかし，地方政府の財政支出シェアはむしろ増加しており，この期間の財政支出の減少が中央政府支出の減少を中心としたものであることがわかる。

1980年代末には再び財政支出の対GNP比は上昇に転じ，96年には27.8％に

242 第Ⅲ部 経済発展と地域経済

表9-2 経済発展と財政

(単位:%)

区分 年度	財政支出の対GNP比		地方政府 の財政支出 シェア	租税収入の対GNP比		地方税収入 の租税収入 シェア
	財政支出 合計	地方政府 支出		租税収入 合計	地方税 収入額	
1971	19.4	8.6	44.1	14.5	1.2	8.1
72	19.5	7.6	39.0	12.6	1.1	8.9
73	15.6	6.6	42.1	12.2	1.4	11.3
74	14.6	5.2	35.6	13.5	1.4	10.6
75	20.0	6.8	34.0	15.2	1.6	10.3
76	20.4	6.7	33.0	16.6	1.6	9.7
77	21.7	7.3	33.9	16.6	1.9	11.2
78	22.1	7.4	33.5	17.0	1.8	10.7
79	23.1	8.1	35.1	17.3	1.9	11.0
80	24.9	8.9	35.7	17.5	2.0	11.5
81	26.1	9.0	34.7	17.4	1.9	11.0
82	26.4	9.4	35.7	17.6	2.0	11.6
83	23.9	9.7	40.7	18.1	2.2	12.0
84	23.1	9.7	41.7	17.1	2.0	12.0
85	23.3	9.5	40.8	16.8	2.0	12.0
86	21.2	8.8	41.6	16.4	1.9	11.5
87	20.2	8.5	42.2	16.8	2.0	11.6
88	19.8	8.5	42.8	17.6	2.3	13.2
89	21.9	9.7	44.3	18.3	3.3	18.2
90	23.6	10.5	44.3	19.4	3.6	18.4
91	24.3	11.2	46.0	18.6	3.7	19.7
92	25.2	12.4	49.1	19.6	3.9	20.0
93	24.2	12.0	49.4	20.4	4.1	20.2
94	25.9	12.6	48.6	21.3	4.3	20.3
95	25.9	12.7	48.9	22.0	4.4	19.8
96	27.8	13.5	48.7	23.0	4.5	19.4

資料:韓国統計庁『韓国統計年鑑』各年版,韓国銀行『経済統計年報』各年版。

達する。この時期の上昇は主に地方政府支出の増加によるものである。地方政府支出の対GNP比は88年の8.5％から1996年には13.5％へ急上昇している。すなわち,少なくともマクロ的に見る限りでは,70年代末から財政システムの支出側は次第に分権化してきていると言うことができよう[2]。経済発展過程

における地方政府支出シェアの増加は多くの先進国で観察されてきた傾向であり，韓国におけるこの傾向は当然でもあろう。

　財政の分権化の動向は，財政支出だけでなく租税収入についても観察することができる。1970年代に海外援助資金への依存から脱却し[3]，租税収入が中心の財政収入構造を実現させるが，租税収入の対GDP比が次第に増加するなかで，80年代末からは地方税の租税収入に占める割合が急速に高まる。

　韓国における租税収入の増加は，急速な経済成長に加えて，1966年の国税庁設立からはじまり80年代まで相次いで行なわれてきた税制改革などを通じて，租税制度が次第に整備されたことも重要な要因である。国税では75年に防衛税，77年には付加価値税，82年には教育税というように新税の導入や増税も行なわれた。また，80年代に進められた各種租税誘因の整理も，財政資金の確保だけでなく資源配分の効率化にも役立ったと考えられる[4]。

　地方税については，1977年に国から委譲された登録税は別としても，84年にたばこ販売税（89年にはたばこ消費税），89年に総合土地税（86年の土地過多保有税が改正・拡充）が現在の主要な税目として導入された。その他にも，事業所税が77年，馬券税が88年（その後，94年から競争・馬券税），地域開発税が91年に導入された。それによって地方税の所得弾力性は国税よりもかなり高くなっている[5]。

　地方財政が中央政府からの財源移転に依存する度合は低いとは言えないが，租税収入の地方政府シェアの増加から見るかぎり，財政収入側の分権化も進んでいると考えることができよう。中央集権的であるといわれている韓国の財政システムも，ここ四半世紀の間に大きく変わってきていることには注目しなければならない。とりわけ1980年代の後半から，韓国財政システムは新しい段階に入りつつあると考えられるのである。

(3) 財政構造の変化

　ここで，一般政府の支出および収入内容の変化を簡単に見ておこう。1982

表 9-3　主要財政支出および収入

区　　分	1982年度 金額	構成比	1987年度 金額	構成比	1992年度 金額	構成比
一般行政	1,945.0	14.0	3,347.0	15.1	9,603.1	15.9
国防	3,174.8	22.9	4,683.4	21.2	8,856.9	14.7
教育	2,284.5	16.5	3,663.6	16.6	9,945.0	16.5
保健	312.0	2.3	721.4	3.3	1,240.8	2.1
社会保障・福祉	1,042.3	7.5	1,255.4	5.7	4,747.2	7.9
住宅・地域社会開発	764.8	5.5	1,671.1	7.6	8,066.1	13.4
その他地域社会事業	68.1	0.5	495.8	2.2	225.7	0.4
経済事業	3,617.9	26.1	4,897.9	22.1	14,328.2	23.8
農林水産業	925.7	6.7	1,952.2	8.8	5,059.9	8.4
道路	533.2	3.8	1,071.7	4.8	4,529.7	7.5
財政支出合計	13,865.1	100.0	22,118.3	100.0	60,257.0	100.0
経常収入	11,927.8	98.3	23,000.9	98.6	58,546.1	97.9
租税収入	9,649.1	79.5	18,882.0	81.0	47,213.6	79.0
所得・利潤	2,560.8	21.1	5,561.9	23.9	15,077.2	25.2
法人	1,127.3	9.3	2,438.6	10.5	5,941.1	9.9
個人	1,312.7	10.8	2,873.4	12.3	8,011.4	13.4
社会保険	109.6	0.9	314.1	1.3	2,417.1	4.0
財産	842.4	6.9	1,674.2	7.2	6,160.0	10.3
財・サービス	4,542.6	37.4	7,643.9	32.8	17,735.1	29.7
一般消費	2,094.4	17.3	3,650.5	15.7	10,076.3	16.9
個別物品	1,288.7	10.6	2,154.3	9.2	4,397.7	7.4
国際貿易	1,316.4	10.8	3,204.8	13.7	3,128.5	5.2
税外収入	2,278.7	18.8	4,118.9	17.7	11,332.5	19.0
財産収入	747.5	6.2	1,279.8	5.5	3,124.2	5.2
使用料等	1,044.3	8.6	2,222.2	9.5	3,949.6	6.6
資本収入	210.0	1.7	315.4	1.4	1,236.8	2.1
財政収入合計	12,137.8	100.0	23,316.3	100.0	59,782.9	100.0

注：中央政府と地方政府の総合勘定合計である。
資料：韓国銀行『経済統計年報』各年版。

年からの推移が表9-3に示されている。

　まず財政支出では，1982年に22.9％の支出構成比をもっていた国防関係支出が96年には11.7％へ減少しているのが大きな変化である。急速に増加して

の構成

(単位:10億ウォン,%)

1996年度		年当たり増減率		
金　額	構成比	1982-87	1987-92	1992-96
17,912.0	16.7	11.5	23.5	16.9
12,563.0	11.7	8.1	13.6	9.1
19,875.4	18.5	9.9	22.1	18.9
2,280.6	2.1	18.3	11.5	16.4
9,656.6	9.0	3.8	30.5	19.4
13,762.9	12.8	16.9	37.0	14.3
341.9	0.3	48.7	-14.6	10.9
31,038.4	28.9	6.2	23.9	21.3
11,290.4	10.5	16.1	21.0	22.2
7,196.3	6.7	15.0	33.4	12.3
107,474.8	100.0	9.8	22.2	15.6
115,828.0	98.1	14.0	20.5	18.6
89,780.3	76.0	14.4	20.1	17.4
26,204.0	22.2	16.8	22.1	14.8
9,356.1	7.9	16.7	19.5	12.0
14,769.5	12.5	17.0	22.8	16.5
7,425.4	6.3	23.4	50.4	32.4
11,659.1	9.9	14.7	29.8	17.3
32,539.3	27.6	11.0	18.3	16.4
16,789.5	14.2	11.8	22.5	13.6
10,027.1	8.5	10.8	15.3	22.9
5,309.5	4.5	19.5	-0.5	14.1
26,047.7	22.1	12.6	22.4	23.1
5,738.5	4.9	11.4	19.5	16.4
5,620.1	4.8	16.3	12.2	9.2
2,229.8	1.9	8.5	31.4	15.9
118,057.8	100.0	13.9	20.7	18.5

いるのは住宅・地域社会開発支出で,構成比は5.5%から12.8%へ増加した。特に87～92年間の年当たり増加率は37.0%ときわめて高い。農林水産業関係支出や道路建設が中心である経済事業支出も,80年代末から急速に増加している。経済事業合計で87～92年の増加率は23.9%,92～96年では21.3%の増加率である。

このように,ここ10年間ほどの韓国財政支出は,国内の政治状況や国際関係が変化するなかで国防費の伸びが抑制され,それによって生じた余力が住宅や道路をはじめとする各種社会資本の形成や農村を含む地域開発に向けられたと要約することができよう。社会資本の例としては,西海岸高速道路,ソウル外郭循環高速道路,ソウル釜山間高速鉄道,仁川国際空港などがある。

地方政府の支出シェアが増加していることを先に述べたが,こうした財政支出構成の変化の多くを地方政府が担っていることは言うまでもない。地方政府支出のうち社会保障,住宅・地域開発,農林水産業関連,道路などへの支出が

急速に増加してきた。これに関連して，1990年に新設され91年から実施されている地方譲与金制度は，地方レベルの社会資本（主に道路整備事業）や農村地域開発に大きく貢献したと考えられる。

　財政収入については，この期間では租税構造に若干の変化がある程度である。財産税，社会保険税の構成比が増加している一方で，財・サービス税，国際貿易税（関税）が構成比を減少させている。財・サービス税のうち一般消費税は，1992～96年間の成長率が13.6％で，財政収入合計の成長率18.5％に比べて相当低かった。関税収入は，絶対額で減少したときもあり，貿易の自由化が促進されている韓国では当然の推移である。

　財・サービス税について構成比の高い所得・利潤税は，合計額の構成比では多少増えている程度である。しかし，所得・利潤税のうち法人は減少し，個人が増加するという傾向にある。詳しい考察は別途行なう必要があるが，韓国経済・企業活動が激しい国際競争に参入している以上，こうした推移はやむを得ないことかもしれない。また，個別物品税の整理と同時に付加価値税のいっそうの整備も必要とされるであろう。

　なお，着実に増加してきた財産税はその9割近くが地方税であり，地方税の税収シェアの増加は地方段階の財産税の増加によるものである。しかし，地方財政の自立度をさらに高めていくには，地域的偏在の少ない税目を地方税としていくことや具体的な税制について，さらに実際的な研究を進める必要があろう。

3　経済発展と地域経済

　次に，経済発展の過程における地域経済の動向に注目し，韓国の地域経済の格差がかなり縮小していることを改めて確認しておこう。ここで地域経済とは，基本的に大都市（特別市あるいは広域市）および道の行政区域によって区分さ

第9章 韓国の地域経済開発と財政 247

表9-4 地域経済の概況:1996年

(単位:10億ウォン, 1,000人, %)

区　分	地域内総生産額 名目金額	対全国 シェア	産業別構成比 農林水産業	製造業	建設業	金融・保険等	政府部門	実質成長率 1989-96	指数	人口数 1995年	対全国 シェア
ソウル市	91,950.6	23.7	0.4	10.7	8.6	37.9	6.3	6.7	83.3	10,231.2	22.9
釜山市	26,088.7	6.7	3.0	20.0	12.9	21.3	7.0	5.7	70.4	3,814.3	8.6
大邱市	15,023.0	3.9	1.0	23.4	14.5	22.7	6.9	7.5	93.9	2,449.3	5.5
仁川市	19,089.2	4.9	1.8	47.5	10.8	13.9	5.0	8.6	107.1	2,308.2	5.2
光州市	8,754.3	2.3	2.2	26.1	15.3	18.5	7.9	9.0	111.7	1,257.6	2.8
大田市	8,257.6	2.1	0.9	21.8	13.4	18.8	13.3	6.0	74.2	1,272.1	2.9
京畿道	67,058.4	17.3	3.6	46.5	14.7	15.0	4.7	11.5	142.6	7,649.7	17.1
江原道	10,846.1	2.8	11.4	17.5	20.4	11.9	13.0	4.9	60.4	1,466.2	3.3
忠清北道	13,192.0	3.4	11.3	40.7	13.5	11.2	8.1	9.4	117.2	1,396.7	3.1
忠清南道	17,641.6	4.5	17.0	26.7	21.5	9.8	7.4	9.8	121.5	1,766.9	4.0
全羅北道	14,536.2	3.7	17.4	25.5	15.1	10.8	10.2	6.5	80.8	1,902.0	4.3
全羅南道	20,529.7	5.3	21.3	27.8	13.6	8.9	8.4	8.7	108.5	2,066.8	4.6
慶尚北道	25,485.6	6.6	14.0	37.2	14.1	10.2	7.5	6.9	86.0	2,676.3	6.0
慶尚南道	45,475.8	11.7	7.1	53.5	11.8	8.1	5.0	8.6	106.8	3,845.6	8.6
済州道	3,913.9	1.0	27.2	3.5	14.5	17.3	10.6	5.8	72.2	505.4	1.1
全国合計	387,842.8	100.0	6.4	30.5	12.9	19.2	6.7	8.0	100.0	44.608.7	100.0

注:実質成長率は,1990年価格による年当たり成長率である。
資料:韓国統計庁『韓国統計年鑑』1998年版。

れる地域の経済である[6]。

(1) 地域経済の概況

　まず,韓国地域経済状況を概観しておこう。次の表9-4は近年の地域別経済状況である。国内総生産の空間的な分布がいくつかの地域に偏っていることは一見して明らかであろう。京畿道とそれに隣接する仁川市,空間的には京畿道内部に位置するソウル市という3地域の地域内総生産(RGDP)合計は全体の45.9%を占め,これに慶尚北道,慶尚南道を加えると64.2%になる。さらに,慶尚北道の内部に位置する大邱市,慶尚南道内に位置する釜山市を加えると,

韓国における生産活動の74.8％が，国土の北西部から南東部を通るラインに集中していることがわかる。

　各地域の産業構成はもちろん地域ごとにまちまちである。金融・保険・不動産・事業サービス産業が大きいソウル市や釜山市，大邱市，製造業の割合が高い仁川市や慶尚南道，京畿道がある一方で，農林水産業の比重が高い忠清南道や全羅北道・南道，濟州道（濟州島）もある。工業活動が北西—南東ラインであるとすれば，農業活動は北東—南西ラインに位置しているということができよう。

　こうした産業構造の差異をいくぶんかは反映して，地域ごとの成長率にもかなりの差異がある。1989～96年間で見ると，RGDPの年当たり実質成長率は京畿道が最も高く，最も低いのは江原道である。全国の成長率を100とする指数で見ると，京畿道が142.6であるのに対して江原道は60.4でしかなかった。京畿道はソウル市を内に抱えた経済・政治の中心地であり，96年の全国製造業生産の26.4％が京畿道で行なわれた。この全国シェアは国内最大である。現時点では製造業の成長力は依然として高く，製造業の比重が高い地域ほど実質成長率が高いという傾向がある。

　生産活動が地域的に集中していることに対応して，人口も地域的に集中している。1995年の数字であるが，ソウル市，仁川市，京畿道の3地域合計で全国人口の45.3％，これに慶尚南道と慶尚北道を加えると59.9％である。さらに釜山市と大邱市を加えると74.0％になり，生産活動の集中度合にほぼ等しい。したがって，人口1人当たりのRGDPの格差は近年では驚くほど小さくなっている。最高と最低の比は2対1程度であり，地域格差はすでに日本よりも小さいくらいである。

(2)　地域格差の動向

　そこで次に，韓国における地域格差の長期的な動向を観察しよう。1人当たりRGDPの格差は，変動係数（標準偏差÷平均値）で測ると1995年で0.183とな

図 9-1 地域格差の推移

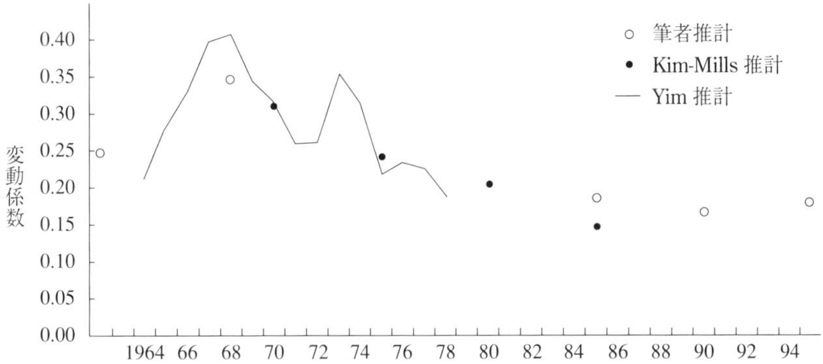

○ 筆者推計
● Kim-Mills 推計
— Yim 推計

注）1962年および1968年データは Kim〔1977〕p.315, Table 1, その他は以下の統計書による。
また, Kim-Mills 推計および Yim 推計は, Kim and Mills〔1990〕p.415, Table 23.3 による。
資料：経済企画院『地域内総生産1994』, 韓国統計庁『韓国統計年鑑』1997年版。

る。これまでの諸研究の成果も援用すると，変動係数で測った地域格差は長期的には上の図9-1に示したように推移してきた[7]。

図に示した計測値の推移から見るかぎり，韓国の地域格差は輸入代替工業化を推進した1960年代の末にかけてピークを迎え，その後70年代に輸出指向工業化が進展するなかで短期的に上昇するが，それ以降は80年代を通じて趨勢的に縮小してきたと考えることができる。しかし，90年代に入って僅かではあるが再び増加していることが観察される。また，1人当たり格差は確かに縮小しているが，総額で見た地域間の格差は非常に大きいことにも注目しなければならない。首都圏などいくつかの地域への集中度はかなり高い。

ところで，1970年代および80年代の地域格差縮小は，人口の大規模な移動によるところが大きい。生産の拡大する大都市およびその都市を擁する地域に向かって，その他の地域から大量の人口が移動した。もちろんこの人口移動は，それ自体が大都市地域における集積効果を高め人口流入地域の生産性上昇要因のひとつになるが，人口流出地域では1人当たりの地域生産額を増加させることになる。

ソウル市，仁川市，京畿道の人口数合計は，1960年には20.8％の全国シェアにすぎなかったが，35年後の95年には45.3％となった。ソウル市は同じ期間に9.8％から22.9％へ増加した。釜山市を含む慶尚南道は16.7％から17.2％への増加である。そして，その他の道はすべて全国シェアを低下させた。とりわけ，全羅北道（9.6％から4.3％）と光州市を含む全羅南道（14.2％から7.5％）の減少は著しい。経済発展の過程できわめて大規模な人口移動が，急速な都市化[8]を伴って進行したのである。

　人口移動によって地域格差はかなり縮小したはずである。試みに，1975年時点の人口構成比で後年の全国人口を各地域に割り当て，その地域別仮想人口で1人当たりRGDPを計算して，変動係数を算出した。85年については，現実人口の場合に変動係数は0.179であるが，仮想人口では0.364になる。同様に，90年は0.167→0.464，95年が0.183→0.465である。仮に人口が移動せず1975年当時のままの構成比が維持されていれば，地域格差はこのように縮小しなったであろう。もちろん，各地域のRGDP水準は大規模な人口移動の結果として増加したという側面もあるから，これは単なる計算にすぎないが，人口移動が1人当たり額で見た格差縮小に貢献したことは明らかである。

4　地域開発政策

　これまでに考察したように，韓国における地域格差は経済発展とともに拡大し，そしてその後は縮小してきた。集権的な政治・経済システムのもとで戦略的な工業配置政策が行われ，また大量の人口が移動することによって，長期的には1人当たりRGDPでみて格差縮小が生じている。次に，こうした動向の重要な要因となっている国土計画と経済開発5カ年計画を中心に韓国の地域開発政策について，これまでの推移を辿ってみよう。

(1) 国土計画

　韓国では1972年以来，全国各地域の開発の基本的な枠組みのひとつとして，国土計画が策定・実施されてきた。最新の第4次計画は97年7月に，2000年からの20年を計画期間として，これに先立つ第3次計画の終了を待たずに策定された。第1次計画からその概要を簡単に追ってみよう。

　1972～81年を計画期間とする第1次国土総合開発計画は，高度経済成長のための基盤施設整備を目標とする拠点開発であった。地域的な集中をもたらす拠点開発はいくつかの問題を伴うが，当時1人当たりGNPは319ドルにすぎず，こうした経済力水準で資源の効率的配分を促進させ，効果的に経済成長に必要な各種社会資本を形成するためには，少数の開発拠点への資源の集中はやむを得ない選択であった。開発拠点はソウル市，仁川市を中心とする首都圏，アメリカおよび日本との貿易で地理的に有利な釜山市，蔚山市を中心とする東南海岸工業ベルト地帯が選択されたが，この選択が生産活動の北西―南東ラインの形成に繋がり，今日の地域間不均衡という問題の原因のひとつとなっている。

　第2次国土総合開発計画は1982～91年を計画期間として策定され，人口の地方定着と生活環境改善を目標とし，韓国ではこの時期から首都圏への人口・経済活動の集中抑制と圏域開発の推進が図られることになった。この時期以降，工業団地開発もそれ以前の大都市や臨海地域から地方中枢都市へ，さらには農工並進が強調され農村工業化が重視されるとともに，農村地域でも行なわれるようになった。立地促進業種も製造業から知識集約産業あるいは情報・通信産業などへ変化し，また，例えば資源備蓄施設との複合団地などを含む多様な展開も行なわれた。こうした工業・産業分散政策は，地域格差の縮小に少なからず貢献したものと考えられる。

　第3次国土総合開発計画は1992～2001年を計画期間として，国民福祉向上と環境保全が重要目標となる。西海岸産業地帯と地方都市の育成を通じた地方分散型国土開発が推進されようとした。このように，80年代から90年代にか

けて地域間の経済的バランスの回復が重視されつづけたが，首都圏への集中が依然として続いているのはすでに見たとおりである。また，環境問題についても世界的に生活環境への関心が高まるなかで，韓国における今後の課題は依然として多い。

　第4次国土総合計画が第3次計画終了以前に策定されたのは，こうした計画目標がなかなか進展しないことに加えて，過密現象や生活環境の悪化など開発の弊害が明らかに認識されるようになったことにも拠っていると思われる。第4次計画では，①　共にいきる均衡ある国土（地域間の統合），②　自然のなかの緑ある国土（開発と環境の調和），③　競争力のある開放的国土（東北アジア地域との経済的連携），④　躍動的な統一国土（南北韓の統合）の4つが目標として挙げられている[9]。

(2)　経済開発5カ年計画

　国土計画とともに韓国の開発政策の根幹を形成してきた経済開発5カ年計画も地域および地域間経済発展にとって重要な開発事業を含んでいる。各計画ごとに主要開発事業を挙げてみよう。第1次経済開発5カ年計画（1962〜66）は蔚山工業団地開発，第2次（1967〜71）は京釜・京仁高速道路建設が挙げられる。この2つの計画はともに第1次国土計画以前の計画であるが，その内容は国土計画と軌を一にしており，首都圏および東南海岸工業ベルト開発であり，北西－南東ラインの形成であった。

　第3次計画（1972〜76）の主要事業としてはセマウル運動（新しい町づくり事業），次の第4次計画（1977〜81）では重化学工業団地の建設が重点事業となった。この重化学工業団地建設は国土計画と同じく拠点開発政策である。第5次計画（1982〜86）ではアジア大会やオリンピックの準備が行なわれ，第6次計画（1987〜91）では首都圏に5つの新都市を建設し住宅200万戸の建設が推進された。これらの開発事業は住宅価格の安定化といった目標を持つものではあるが，経済活動の分散を積極的に促進するものではないであろう。

第7次計画(1992〜96)における仁川国際空港および京釜高速鉄道の建設も国際化時代に対応する社会資本の隘路打開という目標があるが,地域間バランスという点では以前と同様であると考えられる[10]。

韓国の国土開発政策は,このように概ね資源の効率的配分を重視して進められてきたと言ってよいであろう。その成果は確かに目覚しいものであったが,地域間不均衡や環境問題,さらには物流費用の増加や各種建築物の安全性への危惧といった経済的・社会的問題も派生させている。第4次国土計画はこうした諸問題に適切に対応すべく,名称も以前の「国土総合開発計画」から「国土総合計画」と変更して,前述のような目標を掲げて策定されたのである。地域経済の観点からすれば,自然環境の保全により重点を置きながら地域間バランスの回復を図るとともに,国際的な地域間競争時代にあって各地域の主体的な取り組みを期待してもいるものと言えよう。

5 今後の地域開発——仁川市を中心として

ここでは仁川市の事例を中心に,地域レベルにおける開発政策を考察するが,その前に韓国における新しい地域開発の背景となっている国内外の経済環境の変化を要約しておこう。

(1) 内外経済環境の変化と地域経済

韓国にとって重要な国際経済環境の変化としては,第1に中国経済の改革開放以後における飛躍的な発展とそれに伴う市場の拡大があげられる。1978年以降の数次にわたる経済・財政改革を経て,99年には私有財産制度を整備するなど大きく変化しつつある中国の経済成長・発展は目覚しい。韓国への影響としてはプラスとマイナスの両面がある。

世界市場への中国の参入によって，韓国の市場シェアが縮小していることは否めない。韓国の主な貿易対象国であった米・日をはじめとする各国市場で，価格競争力のあった韓国の諸製品は厳しい競争を経験している。こうしたマイナス面は確かに存在するものの，その一方では，近い将来に巨大な市場を手に入れる可能性が開けていると見ることもできる[11]。中国のWTO加入を織り込んでみれば，開放政策下における経済発展はむしろ市場と投資先の拡大というプラスの面が大きいと見ることが可能であろう。

　経済の現状を克服すると同時に，韓国独自の経済政策対応をさらに積み重ねて，将来の隣国の発展を充分に活用することが必要である。これからの韓国と中国は，貿易や経済諸関係はもちろんのこと，地方政府や市民団体などによるさまざまな交流も活発になると予測できる。韓国としては，中国の発展はむしろ大きなチャンスなのである。

　国際経済環境における第2の重要な変化は，言うまでもなく情報・通信の高度な発展による経済の国際化である。現在急速に進行している，この情報技術の革新は国家の興亡盛衰が決定されるといわれるほどの重要性があると考えられる。先端情報通信網の構築は韓国だけでなくほとんどすべての国にとって必須のインフラストラクチャーであり，その整備は最重要課題であるといってよい。

　韓国においても，既述したように産業構造はすでに大きく変化しつつある。最近の主要輸出産業である家電製品，鉄鋼，石油化学，造船などの資本集約的な産業は，今後その成長が鈍化すると予想される一方で，通信および機械産業は21世紀の先導的産業になるとすでに予想されている[12]。

　こうした国際経済環境の変化のなかで，各地方政府もその地域開発において産業構造の高度な変容と同時に中国との経済関係の深化を視野に入れた開発政策を形成し実施していくことを求められている。もちろん，その場合にも当該地域の地域特性を熟知したうえでの効果的で効率的な開発政策の実施でなければならない。

　地域開発にとって重要な国内における条件変化は，何よりも地方化または分

権化である。地方財政の支出・収入の動向に分権化への動きが見られるのは，第3節で述べたとおりであるが，政治的にも1991年には30年ぶりに地方議会が開催され，95年6月には地方政府の首長選挙が実施され，地方自治制度が急速に復活しつつある。

経済の発展や都市化の進展とともに，地域における公共サービスへの地域住民の需要は拡大しつつあり，各地方政府は豊かとはいえない財政力によって住民のこうした欲求に応えることを求められている。近年，地方収入に占める国からの補助金の割合は，傾向的に低下しており，地域の財政的な自立はごく現実的な課題でもある[13]。国・地方を通じる財政制度の変更も必要とされるであろうが，地域経済の開発とそれによる地方財政の自立化が強く要請されている。この背景には，各地域の首長が任命されていたときとは異なり，選挙で選ばれた首長の力量を問う場合に，地域経済開発の成否が重要な判断材料と考えられるようになったこともある。

国際的な要因に加えてこうした地方化の進展によって，韓国の各地域は自立的な開発努力を積極的に展開することを求められようになった。最後に，国際化・地方化という状況の変化を踏まえて地域経済開発を進めてきた仁川市のケースを取り上げよう。

(2) 仁川市の地域経済開発

仁川市は，ソウルの西37kmに位置する1883年に開港（韓国で3番目）した港湾都市である。行政区域は8つの自治区と2つの郡からなり，面積は958km^{2}で韓国の特別・広域市のなかで最大の面積である。人口は250万人を超え，ソウル市，釜山市に次ぐ韓国第3位の人口規模の都市となっている。

表9-5に示されているように，仁川市の年当たり実質経済成長率は1988～96年間で全国よりも高い8.5％であった。産業別の成長率を見ると，運輸・通信業が最も高く（13.6％），次いで金融・保険・不動産・事業サービス（13.1％），電気・ガス・水道業（12.9％）となっている。産業各部門の成長率を全国の産

表 9-5 仁川市の経済状況

(単位:10億ウォン, 1,000人, %)

区　分	1988年 金額	構成比	1992年 金額	構成比	1994年 金額	構成比	1996年 金額	構成比	1988-96年成長率 A仁川市	B全国	A-B
民間産業部門	5,630.4	96.9	11,611.1	96.6	14,216.9	96.5	18,200.4	95.3	8.71	8.35	0.35
農林水産業	76.7	1.3	123.7	1.0	154.7	1.0	349.8	1.8	9.56	1.35	8.21
鉱業	25.0	0.4	25.3	0.2	35.0	0.2	56.3	0.3	5.38	-3.37	8.74
製造業	2,966.8	51.0	5,851.8	48.7	6,976.6	47.3	9,064.5	47.5	6.94	7.55	-0.60
電気・ガス・水道	211.2	3.6	353.8	2.9	514.4	3.5	553.2	2.9	12.88	11.89	0.98
建設業	463.4	8.0	1,410.2	11.7	1,642.5	11.1	2,070.9	10.8	9.70	11.51	-1.82
卸売・小売業等	554.6	9.5	867.8	7.2	1,030.4	7.0	1,275.1	6.7	6.57	6.50	0.07
運輸・通信業等	512.2	8.8	971.2	8.1	1,274.2	8.6	1,585.1	8.3	13.57	10.81	2.76
金融・保険・不動産・事業サービス	645.9	11.1	1,633.5	13.6	2,120.5	14.4	2,655.6	13.9	13.11	11.85	1.25
地域・社会・個人サービス	174.7	3.0	373.8	3.1	468.7	3.2	590.0	3.1	8.70	9.42	-0.72
政府サービス生産者	187.6	3.2	457.5	3.8	628.8	4.3	963.7	5.0	7.62	3.46	4.17
対家計民間非営利部門	99.3	1.7	203.9	1.7	246.2	1.7	347.3	1.8	5.49	7.02	-1.53
地域内総生産合計	5,812.0	100.0	12,018.4	100.0	14,738.1	100.0	19,089.2	100.0	8.52	7.91	0.60

注:成長率は1990年価格による年当たり実質成長率である。
資料:韓国統計庁『韓国統計年鑑』1998年版。

業別成長率と比べると, 鉱業や農林水産業がかなり高く, 仁川市の経済成長は仁川産業の中心である製造業だけによるものではないことがわかるが, これは1995年に京畿道の甕津 (Onjin) と江華 (Kanghwa) という島嶼部, 同じく金浦郡の黔丹面 (Kumdan-myun) が仁川市に編入されたということにもよる。また, 政府サービス生産者部門の成長も比較的に大きいが, これは仁川市主導の大規模な地域開発政策が推進されてきたからであると推測される。実際に, 松島 (Songdo) 新都市メディアバレー造成, 文鶴競技場建設, 江華第2大橋建設などの大規模事業が行なわれてきた。仁川国際空港の整備も, 国の事業ではあるが, 仁川における長期的大規模事業である。

ここで, 仁川市の地域開発政策, トライポート (Triport) 政策について簡単に触れておこう。トライポートとは3つの港, テレポート (Teleport, 松島新都市メディアバレー), シーポート (Seaport, 仁川港), エアポート (Airport, 仁川国際空港) の開発およびその連携による国際物流の拠点化を重点施策の1つとす

る仁川地域の開発計画であり，仁川市の主体的な事業であると同時に中央政府との緊密な連携のもとに進められている事業でもある。

　テレポートは，第6次経済5カ年計画の首都圏住宅需給政策の一環として，松島の周辺を埋め立て新都市を造成する計画が，一山（Ilsan），盆唐（Bundang）などの新都市建設によって住宅200万戸建設がほぼ完成したために，情報化社会に対応すべく情報産業育成のための研究団地造成に目的が変更されたものである。松島新都市は現在17.7km^2（基本構想の約45％）が第1段階の埋立てとして完了し，この新都市に21世紀の高度情報化時代を牽引する先端産業やソフトウェア産業を育成し，韓国型シリコンバレーの形成を目指すものである。松島新都市計画は地方政府が主体的に地域開発を実行する代表的な事例として注目されている。

　シーポートは，仁川市の港湾としての歴史や地理的特性を活かしながら，中国などとの貿易量の拡大，人的交流の拡大に備えた仁川港の整備・拡大計画である。韓国と中国の貿易・交流の活発化にとって両国の沿岸地域の開発は必要不可欠であり，そのとき韓国内における仁川の地理的な有利性と重要性は明らかである。対中国貿易の前進基地として制度的・物理的準備を整えるための計画である。韓国の港湾は国の管理化にあり仁川市主導の開発には一定の制約があるが，現在，仁川港と釜山港の自治公社化が検討されており，将来は地方政府による港湾の開発，管理，運営も視野に入れられる可能性がある。

　エアポートは，第4次国土総合計画および第7次経済5カ年計画によって進められた国主導の大事業であり，東北アジアのハブ空港建設を目指している。2001年開港を目標に事業が進められているが，この開港によって仁川だけでなく韓国全体がきわめて大きな利益を受けることは疑いないところである。その上に，仁川市にとっても国際都市として確たる位置づけが得られるものと期待される開発事業である。

6 おわりに

　国際化,情報化,そして地方化(分権化)という国内外の社会経済環境の変化に対応して,韓国の地域開発は新しい段階を迎えている。主体的で自立的な地域開発が,将来の高度な情報化社会を先取りしつつ果敢に進められようとしている。環境問題に対する取り組みも,本稿では充分には触れられていないが,今後の重要な考慮事項のひとつである。

　こうした地域開発にあたって,各地域の歴史的,経済的,地理的なさまざまな特性が充分に把握され,それを踏まえた効果的な開発努力が必要とされている。いわば地域の潜在的な可能性を開発することが必要であるが,その場合に,地方化による各地域・各地方政府の財政的自立の促進は不可欠の条件であると考えられる。

　これまでの中央集権的な地域開発の結果から判断するかぎり,自立的な開発政策の実施それ自体が望ましい方向であることは疑いない。しかし,各地域がその地域だけの利益を追求しようとすれば,時には重複投資などによって,資源の効率的な配分を阻害する可能性もある。地域間の競争が激しくなれば,そうした事態が起こるのはある意味では避けられないかも知れず,その場合には韓国全体の競争力が低下することもあり得よう。

　地域格差是正と同時に国際競争力を確保するには,既存の都市地域におけるインフラストラクチャーや公共サービスの適切な整備・供給とともに遅れた地域における生産性の向上を図らなければならない。地域の潜在力を如何に発揮するかは,その地域だけにとどまらず,国全体にとっても重要な課題である。かなり微妙な調整を含む効果的かつ効率的な資金配分は,中央政府の任務としていっそう確立されなければならないであろう[14]。

　その意味で,地方政府による自立的で自律的な地域開発が当然であるとして

も，中央政府の調整者としての機能はこれまで以上に発揮されなければならない局面があり得る。地域間の社会・経済的バランスや国土の均衡ある発展を追及するとすれば，将来的な国全体の利益を視野に入れた中央政府と地域の特性を踏まえた地方政府との緊密な連携の下における共同的な事業展開が求められるであろう。仁川市で行なわれてきた地域開発は，韓国の地域開発にとってひとつのモデルとなるものと思われるのである。

注

1) 韓国の経済発展と工業化政策については，笠井［1996］，渡辺・朴［1983］，渡辺［1990］など多くの文献がある。
2) もちろん，支出額などの数量によって分権化の程度を測ることには限界があるが一応の目安にはなろう。
3) 韓国の財政収入は，1950年代にはアメリカをはじめとする海外からの援助資金に大きく依存していたが，その後の経済成長によって，財政の海外依存は急速に払拭されていった。一般政府経常収入に占める海外からの移転財源の割合は1957年が45.6％，67年が15.9％，73年が1.8％であった（韓国銀行『経済統計年報』）。
4) ある推計によれば，租税誘因（tax incentives）による減免税額は国税だけで10億ウォン以上に達したときもあり，租税収入額に占める減免税額の割合が30％以上に達したときもある。しかし，こうした大規模な租税支出は，80年代に入って急速に減少し，80年代のなかごろまでには税収入の10％前後まで低下してきたという。Choi and Kwack［1990］p.253，表14.1を参照。この他に韓国の租税政策に関しては，Kim［1990］などが精密な分析を展開している。
5) 1980〜95年データによる租税収入のGDP弾力性は，制度変更の効果を含むものであるが，国税が1.04であるのに対して地方税は1.44であった（石川［1999］）。地方税制度に関してはOh［1992］なども参照。
6) 地域区分は，ソウル市，釜山市，大邱市，仁川市，光州市，大田市，京畿道，江原道，忠清北道，忠清南道，全羅北道，全羅南道，慶尚北道，慶尚南道，済州道の6市，9道の15地域であるが，市制による地域統計区分の変更のためデータが利用できない場合があり地域数はときに減少する。1997年7月15日付けで慶尚南道の蔚山市が広域市に指定されたが，利用できるデータが無いため本稿では

独立した地域として取り扱っていない。
7) 図のKim-Mills推計およびYim推計は両方とも，Kim and Mills [1990] p.415, Table 23.3によっている。
8) ソウル市，釜山市だけでなく，仁川市，大田市，光州市，大邱市などにおいても人口は着実に増加し，これらの都市は相次いで行政上の地位を格上げされている。立地規制などの政策効果も作用して，ソウル市や釜山市の人口増加率が1980年代には低下し，90年代にはさらに小さくなるなかで，その他の都市では人口増加率はいくらか低くはなるものの，依然として高い増加率が維持されている。大都市への人口集中が第2位以下の中小都市の成長によって次第に緩和されて，大都市の人口は相対的にも，場合によっては絶対的にも減少するという予測はこれまでのところ妥当なように見える。都市システムの長期的変動ついては，Geyer and Kontuly [1993] を参照。
9) 国土開発計画については，韓国国土研究院 [1999]，陣英煥・金昌縣 [1998] 等による。
10) 各経済開発計画の概要については，陣英煥・金昌縣 [1998] p.84等による。
11) 中国が2010年以前に韓国の最大の交易国になると同時に最大の投資先国になるという予測も行なわれている。李・全・趙 [1997] p.97などを参照。
12) こうした各産業の趨勢については，韓国産業研究院 [1994] を参照。
13) 地方政府収入に占める補助金の割合は，1975年には42.3％であった。それが85年に29.4％に低下し，87年は36.0％に上昇したが，92年には24.1％まで低下した。90年代半ばは26％程度であり，最近年の97年では26.7％である（資料は行政自治部『地方財政年鑑』各年版）。韓国の地方財政調整に関しては崔 [1998]，石川 [1999]，Kim [1977] などによる分析がある。
14) 地域開発における中央政府の役割についてはHong [1997] 等を参照。

参考文献

Choi, Kwan and Kwack, Taewon [1990] "Tax Policy and Resource allocation in Korea," in J. K. Kwon (ed.) *Korean Economic Development*, Greenwood Press, 1990, pp.247-262.

崔源九 [1998]『地方財政制度の現状分析と財源移転制度の適正化に関する研究－日本と韓国の財源移転制度を中心に──』（明治大学大学院政治経済学研究科・学位請求論文) 1997年度。

Geyer, Hermanus S. and Thomas Kontuly [1993] "A Theoretical Foundation for the Concept of Differential Urbanization," *International Regional Science Review*, Vol.15, No.2, pp.157-177.

Hong, Sung Woong [1997] "Regional Policy in Export-led Industrialization: The Korean Experience," in M. Chatterji and K. Yang (eds.), *Regional Science in Developing Countries*, Macmillan, pp.163-182.

石川祐三 [1999]「韓国の地域経済と地方財政調整」『鹿児島経大論集』第40巻第1号。

陣英煥・金昌縣 [1998]『国土政策の評価と発展方向』国土研究院。

笠井信幸 [1996]「韓国の発展戦略と発展メカニズム再考」, 服部民夫・佐藤幸人編『韓国・台湾の発展メカニズム』アジア経済研究所, 第1章。

韓国国土研究院 [1999]『第4次国土総合計画 2000 ~ 2020(案)』国土研究院。

韓国産業研究院 (KIET) [1994]『21世紀韓国産業のビジョンと発展戦略』産業研究院。

Kim, Dong-Kun [1990] "The Role of Fiscal Policy in the Economic Development in Korea: A View of Political Economy," in G. Krause-Junk, ed., *Public Finance and Steady Economic Growth*, Foundation Journal Public Finance.

Kim, Kyung-Hwan and Edwin S.Mills [1990] "Urbanization and Regional Development in Korea," in J. K. Kwon (ed.), *Korean Economic Development*, Greenwood Press, pp.411-427.

Kim, Wan Soon [1977] "The Equalizing Effect of Financial Transfers: A Study of Intergovernmental Fiscal Relations," in C. K. Kim (ed.), *Planning Model and Macroeconomic Policy Issues*, Korea Development Institute, pp.314-348.

李昌在・全戴旭・趙顯埈 [1997]『中国経済の浮上と韓国の対応』(政策研究97-08) 対外経済政策研究院。

Oh, Yeon-Cheon [1992] "The Local Tax System," in K.Choi, D-K.Kim, T.Kwack, and K-Y.Yun (eds.), *Public Finance in Korea*, Seoul University Press, pp.388-408.

渡辺利夫・朴宇熙編 [1983]『韓国の経済発展』文眞堂。

渡辺利夫編 [1990]『概説 韓国経済』有斐閣。

補章　九州地域を中心とした産業連関モデルの分析

呼子　徹

1　はじめに
2　九州・全国産業連関表
3　投入係数と九州各県の産業特性
4　九州のスカイライン分析
5　九州産業連関表の予測
6　おわりに

1 はじめに

　産業連関表は各産業間の投入産出関係を行と列に見たもので，そのかかわりをすべての項目と構成に分け縦横に加工すれば多くの表とグラフで表すことができる。できるだけ多くの情報を提示するために補章をもうけた。

　九州地域産業連関表は1960年表がはじめて作成され，5年ごとに九州産業局から発表されている。需要額は中間需要と最終需要から計測でき，供給額はその域内生産額に移輸入額を加えたものとして計測できる。

　　　　中間需要額＋最終需要額＝域内生産額＋移輸入額

　実物取引として経済の動きを眺めると生産財は中間生産物と最終生産物に分かれフロー概念で集計してやると中間生産物に対する生産と需要は産業連関表として現わされる。最終生産物に対しては国民所得推計表，国際収支表として現わされる。この最終生産物に対する需要項目が産業連関表の最終需要項目に現わされているところから国民経済計算表と同じ局面を見ていることになる。地域経済の特質を浮き彫りにする上で必要であり，全国表では示すことができない地域独自の特徴や細かい動き，産業構造の変化を知ることができる。地域間の経済の比較をすることでその地域の特質を明確に知ることができる。その分析で地域間の格差が認められれば，その解消の手段として政策的にも活用できることになる。地域の産業間の取り引きを細かく分析できるし，地域と地域の経済的繋がりを具体的に見ることが可能となる。

　九州産業連関表は1980, 85, 90年の実質表を，県ベースでは90年表の実質表を使い分析する。全国ベースの産業連関表は1951年以来作成され95年表にいたっているので，九州産業連関表の取り得ない部分は全国表を基準に考慮する。計量モデルとの関連は九州産業連関表で取り得ない各年ごとの情報と県民経済計算のより長い時系列の情報を産業連関モデルの中に反映させること，また九

州の産業構造の動きと現状を分析し，その予測と政策に役立てることである。1990年については各県別の産業連関表から九州内の各県の特徴を比較し，九州全体の特質を考える。

とくにコンピュータの高度技術によって効率の良いプログラムや機器の開発が，大きく影響を与えていることから，ここではEconomate-WとEconomate-IOを使い産業連関モデルが分析されている。そのデータも1998年版経済企画庁産業連関表，1999年度版地域産業連関表に基づいている。パソコン用に開発されたプログラムで誰でも手軽に利用することができる。最大の特徴は計量モデルと産業連関表の結合を図って両分析の特徴を把握できるところ，複雑な数値間の機能分析が簡単に行えること，産業連関モデルから将来の予測，政策に活用できることなどがあげられる。補章と第3章のすべてのデータ加工は両ソフトで行いその結果をMicrosoft Excelに取り込み図表を作成した。

2　九州・全国産業連関表

産業連関表は各産業部門間の中間財の動きを表す内生部門と各産業間の費用構成を見る付加価値部門，そして生産された財やサービスの最終消費としての最終需要部門に分けて考えることができる。1年間にわたっての財貨・サービスの生産・消費を記録したもので，とくに中間部門の記録に特徴がある。

中間投入全体に対する産業の割合は製造業が最も高く，次いでサービス業と続いている。これを全国と比較すると全国の製造業は10ポイントもの大きな差が見られる。九州内の製造業の中間財やサービス財の取り引きがまだまだ少ないことを示している。しかし，九州内のサービス部門は1985年の18.6％から90年には21.0％と全国の18.9％を2.1ポイント上回っている。これは九州内の製造業の中間財取り引きは小さいけれどサービス化が相対的に早くから高いことを示している。

表補-1 九州地域産業連関表 1990年（実質表）

(単位：100万円)

	農林水産業	鉱業	製造業	建設	電・ガ・水	商業	金融・保険	不動産	運輸	通信・放送	公務	サービス	分類不明
1 農林水産業	386321	597	1688573	15533	0	794	0	5	362	0	233	96391	1053
2 鉱業	0	1228	494152	129123	196993	0	0	0	5	0	92	453	410
3 製造業	618228	40293	7938494	2320674	119598	296893	64359	12444	282272	29893	262219	2453765	239083
4 建設	8643	2131	72432	20560	35393	26413	5395	146342	23954	2034	17740	56489	583
5 電・ガ・水	13348	12990	476732	50973	45373	85469	8417	11811	48356	13831	78152	338022	13856
6 商業	104962	12585	998285	421202	24714	89830	7458	5787	54200	4945	36351	546973	45993
7 金融・保険	106399	18563	257717	96677	49136	220756	133100	204340	136614	9700	9256	198106	13291
8 不動産	839	3191	65431	25432	15754	270190	44561	31502	74887	8287	5005	169579	7190
9 運輸	91819	13114	527383	187043	35952	157064	29621	4052	375851	19992	54015	180239	16883
10 通信・放送	2244	1917	43154	33648	8686	128771	35261	1667	26596	40624	30800	223743	3276
11 公務	0	0	0	0	0	0	0	0	0	0	0	0	22134
12 サービス	55541	42081	1165701	588768	214456	451113	182706	65079	233207	124516	194594	916227	51052
13 分類不明	14015	5817	167725	144697	19295	69731	20358	58455	32904	6593	9446	147660	1506
14 中間投入計	1402359	154507	13895779	4034430	765350	1797024	531236	541484	1289208	260415	697903	5327647	416310
15 金属屑	0	0	23587	-714	0	0	0	0	0	0	0	0	0
16 家計外消費支出	25584	17814	370418	140281	39811	170026	63698	18415	87317	26029	48975	297548	10056
17 雇用者所得	282484	74404	3004954	2036582	366210	3166478	920240	195659	1525786	424667	1591869	5772236	17251
18 営業余剰	1061580	41513	1720312	940236	274662	743933	365931	1392923	226167	94582	0	1422976	95246
19 資本減耗引当	330007	33935	935557	298990	402705	308003	112502	1304205	277648	230381	54878	1056452	60649
20 間接税（除関税）	101656	12102	898869	98580	96005	203933	126151	305009	83452	36548	6501	365360	2812
21（控除）補助金	-31264	-9016	-48262	-10448	-14478	-39378	-90623	-15005	-46606	-331	0	-26698	-31
22 付加価値計	1770047	170752	6881848	3504221	1164915	4552995	1497899	3201206	2153764	811876	1702223	8887874	185983
23 九州内生産	3172106	325259	20801214	7537937	1930265	6350019	2029135	3742690	3442972	1072291	2400126	14215521	602293

補章　九州地域を中心とした産業連関モデルの分析

	中間投入計	家計外消費支出	民間消費支出	一般政府消費支出	総固定資本	在庫純増	輸移出	最終需要計	輸入	国内生産
1 農林水産業	2189862	8562	428706	0	52413	762	1192551	1682994	−700450	3172406
2 鉱業	822456	0	2	0	−861	−12053	87323	74411	−571608	325259
3 製造業	14678215	243707	6207020	0	3325939	156937	10855149	20788752	−14665753	20801214
4 建設	418109	0	0	0	7119828	0	0	7119828	0	7537937
5 電・ガ・水	1197330	302	572704	105780	0	0	58600	737386	−4451	1930265
6 商業	2353285	109385	3799994	0	827877	11360	2350828	7099444	−3102710	6350019
7 金融・保険	1453755	18	830696	0	0	0	30683	861397	−286017	2029135
8 不動産	721848	0	3107088	0	0	0	5472	3112560	−91718	3742690
9 運輸	1693028	24837	1132878	371	60667	2684	1608624	2830061	−1080117	3442972
10 通信・放送	580387	7900	447784	0	0	0	79001	534685	−42781	1072291
11 公務	22134	0	44946	2333046	0	0	0	2377992	0	2400126
12 サービス	4285041	808156	8271944	1907825	95875	0	1003026	12086826	−2156346	14215521
13 分類不明	698202	0	2310	0	0	0	71573	73883	−169792	602293
14 中間投入計	31113652	1202867	24846072	4347022	11481738	159690	17342830	59380219	−22871743	67622128
15 金属屑	22873									
16 家計外消費支出	1315972									
17 雇用者所得	19378820									
18 営業余剰	8380061									
19 資本減耗引当	5405912									
20 間接税（除関税）	2336978									
21（控除）補助金	−332140									
22 付加価値計	36485603									
23 九州内生産	67622128									

資料：『九州地域経済の産業連関分析』通商産業省九州通商産業局，1995年．

表補-2 全国産業連関表 1990年（実質表）

(単位：10億円)

	農林水産業	鉱業	製造業	建設	電・ガ・水	商業	金融・保険	不動産	運輸	通信・放送	公務	サービス	分類不明
1 農林水産業	1916	2	13021	154	0	10	0	0	0	0	0	1154	94
2 鉱業	0	8	13430	967	3501	0	0	0	0	0	0	19	57
3 製造業	3927	556	165002	30773	3101	4954	1090	186	4731	466	2209	24386	3903
4 建設	42	8	746	169	468	472	169	3219	446	28	216	977	105
5 電・ガ・水	74	54	8540	844	640	1161	127	226	1005	171	671	3716	201
6 商業	602	114	14792	4969	384	2688	135	52	493	47	244	4721	825
7 金融・保険	731	186	9648	1988	1068	6379	3177	2017	1781	146	67	3586	170
8 不動産	4	18	1263	446	114	3182	1067	87	598	126	64	2997	122
9 運輸	456	82	8487	3553	362	2062	262	32	3787	254	396	2016	272
10 通信・放送	10	7	907	314	49	1378	919	14	260	339	237	2624	213
11 公務	0	0	0	0	0	0	0	0	0	0	0	0	344
12 サービス	55	70	12392	4683	1018	5325	3105	1185	1418	1088	1667	12005	508
13 分類不明	247	56	5217	1290	230	760	884	216	343	180	157	1742	44
14 中間投入計	8066	1168	253465	50153	10937	28371	10933	7234	14874	2844	5932	59935	6860
15 家計外消費支出	144	91	7662	1527	417	2059	1202	112	898	223	360	3251	7
16 賃金・俸給	1476	467	56347	26163	4914	34056	16728	3769	14947	4155	12715	53615	144
17 営業余剰	6137	218	27945	6443	2207	5791	7627	22917	2514	915	0	16103	479
18 資本減耗引当	1963	235	16526	3465	4853	3467	1483	14739	2679	1818	629	9569	949
19 間接税（除関税）	379	57	14942	1220	1298	1654	1575	2321	814	170	32	4010	493
20 (控除)補助金	-1233	-197	-2413	-8938	124	2261	-1384	-6508	-1713	293	-903	-17700	2115
21 付加価値計	8863	870	121001	29881	13811	49288	27231	37350	20139	7573	12832	68846	4188
22 国内生産	16929	2038	374467	80034	24750	77659	38164	44584	35013	10417	18764	128780	11048

補章　九州地域を中心とした産業連関モデルの分析　269

	中間投入計	家計外消費支出	民間消費支出	一般政府消費支出	総固定資本	在庫純増	輸移出	最終需要計	輸入	国内生産
1 農林水産業	16352	116	4091	0	258	101	53	4619	−4041	16929
2 鉱業	17983	0	12	0	0	131	11	155	−16100	2038
3 製造業	245322	2211	64886	0	50217	2742	43122	163185	−34035	374467
4 建設	7064	0	0	0	72971	0	0	72971	0	80034
5 電・ガ・水	17433	3	6106	1196	0	0	13	7319	−3	24750
6 商業	30066	1088	39292	0	4827	135	3200	48541	−948	77659
7 金融・保険	30939	0	7638	0	0	0	409	8047	−823	38164
8 不動産	10088	0	34498	0	0	0	0	34498	−2	44584
9 運輸	22009	170	10636	−40	628	45	4658	16098	−3095	35013
10 通信・放送	7275	0	3212	0	0	0	77	3290	−148	10417
11 公務	344	0	341	18080	0	0	0	18420	0	18764
12 サービス	44529	12592	59727	14259	0	0	730	87311	−3059	128780
13 分類不明	11373	0	0	0	0	0	1619	1619	−1944	11048
14 中間投入計	460772	16183	230442	33494	128900	3153	53898	466071	−64196	862646
15 家計外消費支出	17949									
16 賃金・俸給	229491									
17 営業余剰	99293									
18 資本減耗引当	62372									
19 間接税（除関税）	28965									
20（控除）補助金	−36196									
21 付加価値計	401874									
22 国内生産	862646									

資料：マクロエコノメトリックス研究会編『全国産業連関表』東洋経済新報社，1995年。

表補 - 3 全国・九州生産額推移 80-85-90-95r

(単位：10億円)

	九　州			全　国			
	1980年	1985年	1990年	1980年	1985年	1990年	1995年
1 農林水産業	2768	3090	3172	16460	17746	16929	15951
2 鉱業	405	337	325	2643	1925	2038	1735
3 製造業	16609	18590	20801	229071	291058	374467	357869
4 建設	5853	5313	7538	65725	56018	80034	92423
5 電・ガ・水	1371	1856	1930	13315	20484	24750	22579
6 商業	4275	4805	6350	53854	61148	77659	89007
7 金融・保険	3527	1643	2029	15938	24049	38164	36694
8 不動産		2826	3743	35460	35807	44584	62749
9 運輸	2100	2662	3443	24444	27456	35013	32921
10 通信・放送		768	1072	6799	8265	10417	14891
11 公務	1725	2238	2400		17057	18764	
12 サービス	8351	10233	14216	108845	101843	128780	192337
13 分類不明	644	561	602	8005	8011	11048	8334
域内生産	47628	54921	67622	580562	670867	862646	927490

構成比

	九　州			全　国			
	1980年	1985年	1990年	1980年	1985年	1990年	1995年
1 農林水産業	5.8	5.6	4.7	2.8	2.6	2.0	1.7
2 鉱業	0.9	0.6	0.5	0.5	0.3	0.2	0.2
3 製造業	34.9	33.8	30.8	39.5	43.4	43.4	38.6
4 建設	12.3	9.7	11.1	11.3	8.4	9.3	10.0
5 電・ガ・水	2.9	3.4	2.9	2.3	3.1	2.9	2.4
6 商業	9.0	8.7	9.4	9.3	9.1	9.0	9.6
7 金融・保険	7.4	3.0	3.0	2.7	3.6	4.4	4.0
8 不動産		5.1	5.5	6.1	5.3	5.2	6.8
9 運輸	4.4	4.8	5.1	4.2	4.1	4.1	3.5
10 通信・放送		1.4	1.6	1.2	1.2	1.2	1.6
11 公務	3.6	4.1	3.5		2.5	2.2	
12 サービス	17.5	18.6	21.0	18.7	15.2	14.9	20.7
13 分類不明	1.4	1.0	0.9	1.4	1.2	1.3	0.9
域内生産	100.0	100.0	100.0	100.0	100.0	100.0	100.0

補章　九州地域を中心とした産業連関モデルの分析　271

対前年増加率

	九州		全国		
	1985年	1990年	1985年	1990年	1995年
1 農林水産業	11.7	2.7	7.8	−4.6	−5.8
2 鉱業	−17.0	−3.4	−27.2	5.9	−14.9
3 製造業	11.9	11.9	27.1	28.7	−4.4
4 建設	−9.2	41.9	−14.8	42.9	15.5
5 電・ガ・水	35.4	4.0	53.8	20.8	−8.8
6 商業	12.4	32.2	13.5	27.0	14.6
7 金融・保険	−53.4	23.5	50.9	58.7	−3.9
8 不動産		32.4	1.0	24.5	40.7
9 運輸	26.8	29.4	12.3	27.5	−6.0
10 通信・放送		39.6	21.6	26.0	42.9
11 公務	29.7	7.3		10	
12 サービス	22.5	38.9	−6.4	26.4	49.4
13 分類不明	−12.8	7.3	0.1	37.9	−24.6
域内生産	15.3	23.1	15.6	28.6	7.5

年間平均伸び率

	九州		全国		
	1985年	1990年	1985年	1990年	1995年
1 農林水産業	2.2	0.5	1.5	−0.9	−1.2
2 鉱業	−3.7	−0.7	−6.1	1.1	−3.2
3 製造業	2.3	2.3	4.9	5.2	−0.9
4 建設	−1.9	7.2	−3.1	7.4	2.9
5 電・ガ・水	6.3	0.8	9.0	3.9	−1.8
6 商業	2.4	5.7	2.6	4.9	2.8
7 金融・保険	−14.2	4.3	8.6	9.7	−0.8
8 不動産		5.8	0.2	4.5	7.1
9 運輸	4.9	5.3	2.4	5.0	−1.2
10 通信・放送		6.9	4.0	4.7	7.4
11 公務	5.3	1.4	0.0	1.9	0.0
12 サービス	4.1	6.8	−1.3	4.8	8.4
13 分類不明	−2.7	1.4	0.0	6.6	−5.5
域内生産	2.9	4.2	2.9	5.2	1.5

資料：通商産業省九州通商産業局『九州地域経済の産業連関分析』通商産業省 1995年。マクロエコノメトリックス研究会編『全国産業連関表』東洋経済新報社, 1995年。

3 投入係数と九州各県の産業特性

　投入係数表はある部門の財貨，サービスの生産に投入された原材料などの量を，その財の生産量などで割った比率を示しているので，ある部門の生産で欠かせない投入原材料の大きさを知ることができる。また，ある部門の生産物を他の部門にどれだけ投入したかを知ることができる。他の部門に与える影響，またはその強さを表している。この係数の大きさがその生産額の内容を表示しているため，生産に必要な原材料の多いさ，所得，利潤などが読み取れることになる。現実には生産技術が変化する場合に投入係数も変るのでそれぞれの読みが変ってくることになり生産過程や産業間で異なった生産関係がとられることになる。そこで投入係数の安定性のために予測期間についての投入係数は不変が仮定され計測される。実際に投入係数の比較を九州，九州内の県別に行ってみる。

補章　九州地域を中心とした産業連関モデルの分析　273

表補−4　九州内各県別産業別投入係数1990年実質表

	福岡	佐賀	長崎	大分	熊本	宮崎	鹿児島	九州1985	九州1990
1 農林水産業	0.016723	0.037601	0.025170	0.020681	0.038428	0.068766	0.065611	0.040933	0.032384
2 鉱業	0.010856	0.005172	0.010866	0.037899	0.004136	0.004598	0.005465	0.017961	0.012163
3 製造業	0.217902	0.198583	0.182127	0.255830	0.196171	0.200684	0.169874	0.249357	0.217062
4 建設	0.009246	0.007429	0.009805	0.007353	0.008405	0.008694	0.010152	0.009118	0.006183
5 電・ガ・水	0.018415	0.021908	0.015149	0.018649	0.016139	0.014570	0.014004	0.022648	0.017706
6 商業	0.031900	0.041303	0.033810	0.032779	0.034779	0.034804	0.032854	0.032180	0.034801
7 金融・保険	0.024997	0.029263	0.029160	0.22899	0.029992	0.020123	0.024150	0.026415	0.021498
8 不動産	0.014137	0.006373	0.010951	0.009007	0.014237	0.009727	0.011737	0.012327	0.010675
9 運輸	0.035646	0.034960	0.033702	0.030382	0.035885	0.024729	0.043938	0.026722	0.025037
10通信・放送	0.010235	0.007187	0.009599	0.007245	0.007237	0.008227	0.010983	0.008060	0.008583
11公務	0.000355	0.000411	0.000560	0.000000	0.000174	0.000564	0.000000	0.000573	0.000327
12サービス	0.067954	0.059794	0.067901	0.062389	0.056524	0.067746	0.060957	0.040108	0.063367
13分類不明	0.009632	0.010084	0.010016	0.008876	0.010491	0.010717	0.010654	0.009350	0.010325
14中間投入計	0.467999	0.460070	0.438817	0.513989	0.452598	0.473948	0.460380	0.495752	0.460111
15金属屑	0.000000	0.000000	0.000000	0.000000	0.000000	0.000000	0.000000	0.000703	0.000338
16家計外消費支出	0.021102	0.026126	0.020947	0.017486	0.019448	0.017168	0.017571	0.019715	0.019461
17雇用者所得	0.292960	0.291917	0.301568	0.235528	0.292615	0.285219	0.291629	0.270871	0.286575
18営業余剰	0.121798	0.130093	0.137905	0.145480	0.142151	0.133176	0.136420	0.119803	0.123925
19資本減耗引当	0.068930	0.073553	0.078258	0.064437	0.070720	0.071639	0.072909	0.067997	0.079943
20間接税（除関税）	0.030113	0.022688	0.028040	0.027134	0.026598	0.023429	0.023724	0.031062	0.034559
21（控除）補助金	−0.002902	−0.004446	−0.005536	−0.004054	−0.004131	−0.004580	−0.002633	−0.005903	−0.004912
22付加価値計	0.532001	0.539930	0.561183	0.486011	0.547402	0.526052	0.539620	0.503545	0.539551
23域内生産	1.000000	1.000000	1.000000	1.000000	1.000000	1.000000	1.000000	1.000000	1.000000

表補-5 ① 九州内各県産業別影響力係数1990年実質表

	福岡	佐賀	長崎	大分	熊本	宮崎	鹿児島	九州1990	全国1990
1 農林水産業	0.93619	0.94608	0.94728	1.02189	0.98249	1.04336	1.00072	1.00894	1.04526
2 鉱業	1.10593	1.15855	1.10943	1.08729	1.27895	1.11625	1.10102	1.07623	1.14177
3 製造業	1.04754	1.00749	1.04342	1.07754	1.06389	1.12099	1.10044	1.11737	1.25628
4 建設	1.02054	1.00465	1.00869	1.05263	1.03761	1.00488	1.01919	1.04098	1.22054
5 電・ガ・水	1.03199	1.06123	1.02421	0.97421	0.93754	0.93751	0.96174	0.99540	0.89409
6 商業	0.96909	0.97313	0.97229	0.98607	0.98127	0.96781	0.97893	0.95426	0.90839
7 金融・保険	0.95452	0.94689	0.97517	0.98598	0.90474	0.96333	0.96951	0.94519	0.83319
8 不動産	0.86160	0.91390	0.88632	0.89929	0.83723	0.86696	0.88147	0.86772	0.73835
9 運輸	1.11004	1.10785	1.09085	1.11251	1.09161	1.01393	1.09473	0.99879	0.98437
10 通信・放送	0.95167	0.94770	0.95032	0.95373	0.91653	0.96680	0.93131	0.93249	0.83402
11 公務	0.91515	0.91618	0.95198	0.94270	0.89614	0.92787	0.87619	0.93979	0.89385
12 サービス	0.96529	0.94287	0.95468	0.99264	0.93190	0.96209	0.94772	0.97834	1.03887
13 分類不明	1.13047	1.07348	1.08536	0.91352	1.14011	1.10822	1.13703	1.14451	1.21102
	13.00000	13.00000	13.00000	13.00000	13.00000	13.00000	13.00000	13.00000	13.00000

② 九州内各県産業別感応度係数1990年実質表

	福岡	佐賀	長崎	大分	熊本	宮崎	鹿児島	九州1990	全国1990
1 農林水産業	0.77457	0.85634	0.87433	0.88322	0.94025	1.06801	1.00972	0.92960	0.74275
2 鉱業	0.74455	0.77827	0.78619	0.77632	0.76082	0.75770	0.74395	0.78526	0.59636
3 製造業	1.41925	1.03449	1.09937	1.42715	1.29343	1.12631	1.15823	1.57557	3.22738
4 建設	0.85913	0.87856	0.87285	0.88862	0.86131	0.87524	0.88502	0.83581	0.69581
5 電・ガ・水	0.92898	0.91237	0.96404	0.91136	0.80278	0.89312	0.91826	0.96550	0.81878
6 商業	0.98217	1.11355	1.01134	0.99889	1.08846	0.98614	0.95730	0.94808	0.96729
7 金融・保険	1.10376	1.19300	1.15806	1.08057	1.08952	1.03717	1.10856	1.06512	1.08541
8 不動産	0.89067	0.85178	0.90017	0.89529	0.91323	0.88927	0.88966	0.88916	0.72671
9 運輸	1.22585	1.30227	1.19568	1.15837	1.41028	1.00539	1.27664	0.96629	0.89260
10 通信・放送	0.36050	0.86658	0.87584	0.87854	0.83523	0.87537	0.87921	0.86867	0.70108
11 公務	0.74105	0.78240	0.79212	0.75759	0.74783	0.80061	0.72079	0.77077	0.59105
12 サービス	1.65307	1.56711	1.62024	1.47119	1.48446	1.83731	1.57074	1.56356	1.24121
13 分類不明	0.81644	0.86329	0.84877	0.87289	0.77240	0.84837	0.88193	0.83661	0.71357
	13.00000	13.00000	13.00000	13.00000	13.00000	13.00000	13.00000	13.00000	13.00000

表補-6 九州内各県別産業別中間投入率1990年実質表

	福岡	佐賀	長崎	大分	熊本	宮崎	鹿児島	九州1990	全国1990
1 農林水産業	42.3	43.3	41.3	43.4	43.3	52.1	53.6	44.2	47.6
2 鉱業	46.8	48.2	46.3	44.7	63.4	49.0	47.9	47.5	57.3
3 製造業	65.5	62.3	66.9	68.4	64.6	69.2	67.2	66.8	67.7
4 建設	53.3	53.7	57.2	54.6	56.6	54.9	55.9	53.5	62.7
5 電・ガ・水	50.4	40.5	49.2	38.2	31.2	26.4	29.6	39.7	44.2
6 商業	30.5	29.3	29.2	29.9	33.2	29.5	31.8	28.3	36.5
7 金融・保険	28.5	25.9	29.1	29.6	24.2	27.9	29.6	26.2	28.6
8 不動産	16.2	18.9	15.8	16.0	12.8	14.1	16.7	14.5	16.2
9 運輸	50.2	52.9	49.2	51.3	54.6	37.3	52.0	37.4	42.5
10 通信・放送	27.7	25.5	26.2	25.4	25.6	27.4	25.8	24.3	27.3
11 公務	26.4	26.8	29.8	25.3	24.8	27.7	20.5	29.1	31.6
12 サービス	37.3	35.8	37.0	37.8	36.0	37.7	37.1	37.5	46.5
13 分類不明	69.9	69.0	70.4	31.5	82.9	71.2	79.6	69.1	62.1
14 中間投入計	46.8	46.0	43.9	51.4	45.3	47.4	46.0	46.0	53.4

4 九州のスカイライン分析

　スカイライン分析によって産業の各部門ごとに域内の生産額，内需波及額，輸出入波及額を計算し，各部門の生産比率や自給率，輸出入率を見ることができ各地域経済の特徴を捉えることができる。九州内の域内生産額は福岡が多くの産業部門で4～5割を占め他県との違いを示している。農林水産業は九州全体の13.6％，公務は29.2％と最も低い。最も構成比の高いのは商業で58.7％，次いで運輸の53.8％，金融・保険の45.7％と九州の中心的役割を持つ人口規模，商圏の広さと活発化によって経済が集中している姿を見ることができる。

　最終需要に影響される生産活動は各産業ごとに見ると関連する産業の中間需要や最終需要に答えるように生産がなされている。最終需要の生産誘発額を逆

表補-7 1990年九州のスカイライン分析

(単位:100万円、%)

	九州内生産額	内需波及額	輸出波及額	輸入波及額	生産比率	自給率	輸出率	輸入率
1 農林水産業	3,172,406	3,289,994	3,304,217	3,421,751	4.7	96.4	100.4	104.
2 鉱業	325,259	1,004,511	665,355	1,344,604	0.5	32.4	66.2	133.
3 製造業	20,801,214	27,950,168	20,749,883	27,898,710	30.8	74.4	74.2	99.
4 建設	7,537,937	7,592,188	165,598	219,847	11.1	99.3	2.2	2.
5 電・ガ・水	1,930,265	2,140,323	777,771	987,823	2.9	90.2	36.3	46.
6 商業	6,350,019	7,587,418	3,756,475	4,993,854	9.4	83.7	49.5	65.
7 金融・保険	2,029,135	2,530,182	828,800	1,329,830	3.0	80.2	32.8	52.
8 不動産	3,742,670	3,945,539	371,312	574,158	5.5	94.9	9.4	14.
9 運輸	3,442,972	3,171,944	2,738,061	2,467,017	5.1	108.5	86.3	77.
10 通信・放送	1,072,291	1,121,611	309,178	358,495	1.6	95.6	27.6	32.
11 公務	2,400,126	2,407,912	14,489	22,275	3.5	99.7	0.6	0.
12 サービス	14,215,521	16,154,465	3,220,613	5,159,536	21.0	88.0	19.9	31.
13 分類不明	602,293	814,163	394,265	606,131	0.9	74.0	48.4	74.
14 中間投入計	67,622,128	79,710,418	37,296,015	49,384,032	100.0	84.8	46.8	62.

行列とその需要項目で計算できる。最終需要生産誘発額は最終需要の内どの部門が各生産額をどれだけ誘発したかをみるものである。最終需要の生産誘発額は製造業で最も高く, サービス業が次に高い。最終需要1単位がどれだけの生産を誘発したかを見る生産誘発係数の大きさで分析すると製造業の中でも大分の生産誘発係数が大きいのが目立つ。農林水産業では宮崎, 商業で福岡, サービス業で福岡・長崎・熊本が他の県よりわずかに高い。域内生産誘発額に対する生産誘発係数は福岡が最も高く, 大分, 熊本が続いている。

最終需要を構成する各項目から見ると生産誘発依存度によって, 域内生産がどの最終需要から影響を受けたかを知ることができる。最も影響が強いのは移輸出, 民間消費支出で総固定資本形成, 一般政府消費支出が次いで高い。誘発される割合が低いのは家計外消費支出, 在庫純増である。これを各業種別に見ていくと, 一般政府消費支出の公務総固定資本形成の建設業, 民間消費支出の不動産業, 金融・保険業, 移輸出の農林水産業, 製造業がきわだっており, それぞれの需要項目により大きく影響されている姿を見ることができる。

表補-8　各県別生産誘発額・生産誘発係数

九州内各県別産業別生産誘発額1990年実質表

	福岡	佐賀	長崎	大分	熊本	宮崎	鹿児島	九州1990
1 農林水産業	431,142	234,016	399,015	322,285	583,591	548,926	631,244	3,172,438
2 鉱業	90,692	15,057	34,369	44,203	50,807	11,483	33,641	325,259
3 製造業	9,240,119	1,326,212	1,424,521	3,219,553	2,457,951	1,446,667	1,833,522	20,801,247
4 建設	2,730,646	538,599	828,157	953,569	1,034,404	734,652	1,150,856	7,537,938
5 電・ガ・水	734,004	152,920	339,188	160,721	90,990	110,972	291,784	1,930,268
6 商業	3,728,062	412,907	759,806	570,555	936,492	444,691	823,890	6,350,027
7 金融・保険	926,353	144,577	267,909	195,212	277,889	139,480	268,070	2,029,147
8 不動産	1,524,566	186,437	568,781	289,648	539,075	278,865	461,416	3,742,691
9 運輸	1,852,455	197,486	451,241	331,467	436,013	191,400	542,355	3,442,979
10 通信・放送	424,108	48,784	112,364	86,658	133,029	75,159	143,673	1,072,292
11 公務	700,892	134,919	317,789	221,598	392,695	199,944	301,472	2,400,126
12 サービス	6,025,543	810,561	1,640,679	1,227,968	2,022,984	1,136,308	1,708,978	14,215,531
13 分類不明	283,683	45,396	66,144	68,601	52,746	45,258	86,176	602,295
14 中間投入計	28,692,266	4,247,871	7,209,963	7,692,028	9,008,666	5,363,804	8,277,076	67,622,237

九州内各県別産業別生産誘発係数1990年実質表

	福岡	佐賀	長崎	大分	熊本	宮崎	鹿児島	九州1990
1 農林水産業	0.018205	0.060192	0.061346	0.048723	0.074726	0.116341	0.087228	0.053426
2 鉱業	0.003830	0.003873	0.005284	0.006683	0.006506	0.002434	0.004649	0.005478
3 製造業	0.390173	0.341120	0.219009	0.486735	0.314729	0.306612	0.253364	0.350306
4 建設	0.115304	0.138535	0.127323	0.144161	0.132450	0.155705	0.159030	0.126944
5 電・ガ・水	0.030994	0.039333	0.052148	0.024298	0.011651	0.023520	0.040320	0.032507
6 商業	0.157421	0.106205	0.116814	0.086257	0.119913	0.094249	0.113849	0.106938
7 金融・保険	0.039116	0.037187	0.041189	0.029512	0.035582	0.029562	0.037043	0.034172
8 不動産	0.064376	0.047954	0.087446	0.043789	0.069026	0.059104	0.063760	0.063029
9 運輸	0.078222	0.050796	0.069375	0.050110	0.055829	0.040566	0.074945	0.057982
10 通信・放送	0.017908	0.012548	0.017275	0.013101	0.017034	0.015929	0.019853	0.018058
11 公務	0.029596	0.034703	0.048858	0.033501	0.050283	0.042377	0.041659	0.040420
12 サービス	0.254434	0.208487	0.252242	0.185645	0.259033	0.240833	0.236154	0.239398
13 分類不明	0.011979	0.011676	0.010169	0.010371	0.006754	0.009592	0.011908	0.010143
14 中間投入	1.211559	1.092609	1.108476	1.162887	1.153515	1.136823	1.143763	1.138801

5 九州産業連関表の予測

　九州産業連関表推定のための計量モデルの最終需要の大きさが表示され，その下に九州産業連関表の構造推定値と予測値が示されている。九州内産業連関表の最終需要の項目別，産業別，輸入額，各予測年の需給バランスについて見ることができる。

　計量モデルと産業連関表の結合を図って両分析の特徴を把握できる。時系列の長い期間の情報を取り入れること，計量モデルの生産・消費・分配の多角的な面から複雑な数値間の機能分析が簡単に行えること，産業連関モデルによる内生部門の詳細な分析，各部門の産業特性，地域別の比較から多くの特徴を見ることができる。計量モデルと産業連関モデルの相互の関連を捉えることで将来の予測，政策に活用できることなどがあげられる。

6 おわりに

　計量モデルと産業連関モデルの繋がりを考えてきたが，地域の経済の構造や動きを計量モデルから分析し，ブロックを拡大していくことで条件や他の変数の動きを取り入れることができる。そして，より重層的な因果関係を捉える方法が考えられる。その複雑な要素からなる計量モデルの需要面を捉え，産業連関モデルの関連づけ，地域の産業構造や中間財部門（内生部門），外生部門を産業間の変化として分析できる。また，地域間産業連関モデルであれば地域間の各産業の取引を細かに分析できる。その地域間はある国の地域とも，国間の地域として，世界のブロック圏の地域を考えより拡大的に適応させていくこと

ができる。計量モデルの時系列的なデータと産業連関モデルの横断面的データを相互に考慮することで，より高度な課題も分析をしていくことができる。

　九州経済の独自性，気候や自然豊かな風土を活用すること，高齢化社会に対応する施設や人材を養成すること，観光・保養地としての活用を図ること，環境型産業の育成をする中で国際性も持たせることなどが強く考えられる。21世紀型の対応の必要性，たとえば国際化，情報化，高齢化に対応できる産業構造への移行，情報通信インフラを早急に充実させること，起業精神の昂揚を絶えず図り地域経済の活力を維持すること，経済の自立，地域ブロック経済の育成などが考えられよう。とくに製造業の活力をますます強める必要と九州の地理的な特徴を国際化や高齢化社会に適応できるように整備発展させることである。移輸出入の割合は年毎に増加傾向にあって地域間の経済交流は盛んになっているが，移輸入に頼る九州経済の姿に変化は少ないようである。したがって，これからの九州経済は外需に対応すると同時にできるだけ内需を拡大する型の経済システムを構築する必要がある。情報通信の高度発展による基盤整備と情報産業の育成と発展を推し進める必要がある。各種の規制緩和による自由化の推進は九州経済に大きくのしかかる勢いで迫っているとも考えられる。規制の下での温存や育成はもはや望めない環境であり，九州経済の自立を新しい方向づけとして支えていくことである。

表補-9 九州産業連関表 1995年予測

	農林水産業	鉱業	製造業	建設	電・ガ・水	商業	金融・保険	不動産	運輸	通信・放送	公務	サービス	分類不明
1 農林水産業	376479	467	1733224	12229	0	606	0	4	287	0	183	101176	1337
2 鉱業	0	820	432606	86700	140027	0	0	0	3	0	61	406	444
3 製造業	632403	33118	8553155	1917727	104626	238019	41079	10791	234895	21292	215716	2703494	318684
4 建設	6452	1278	56950	12399	22595	15453	2513	92608	14547	1057	10650	45419	567
5 電・ガ・水	12356	9662	464829	38119	35921	62008	4862	9269	36416	8915	58182	337030	16714
6 商業	131781	12696	1320130	427206	26536	88391	5843	6159	55358	4323	36704	739660	75245
7 金融・保険	103074	14449	262965	75738	40708	167606	80456	167812	107663	6543	7211	206708	16778
8 不動産	848	2593	69687	20775	13623	214121	28115	27003	61601	5835	4070	184690	9474
9 運輸	102658	11781	621055	168939	34376	137627	20665	3840	341852	15564	48568	217049	24597
10 通信・放送	2739	1880	55486	33182	9068	123198	26859	1725	26412	34530	30237	294183	5211
11 公務	0	0	0	0	0	0	0	0	0	0	0	0	20301
12 サービス	102436	62360	2264476	877221	338257	652062	210261	101750	349897	159904	288629	1820069	122692
13 分類不明	18322	6110	230947	152812	21572	71443	16606	64781	34993	6001	9931	207913	2565
14 中間投入計	1489548	157214	16065510	3823045	787310	1770535	437258	485743	1263924	263964	710142	6857795	614608
15 金國雇	0	0	0	0	0	0	0	0	0	0	0	0	0
16 家計外消費支出	0	0	0	0	0	0	0	0	0	0	0	0	0
17 雇用者所得	0	0	0	0	0	0	0	0	0	0	0	0	0
18 営業余剰	0	0	0	0	0	0	0	0	0	0	0	0	0
19 資本減耗引当	0	0	0	0	0	0	0	0	0	0	0	0	0
20 間接税（除関税）	0	0	0	0	0	0	0	0	0	0	0	0	0
21（控除）補助金	0	0	0	0	0	0	0	0	0	0	0	0	0
22 付加価値計	2132203	168263	8276564	3416572	1094677	5084989	1165843	2935359	2257177	804131	1873603	10507473	227781
23 九州内生産	3621751	325477	24342074	7239617	1881987	6855524	1603101	3421102	3521101	1068095	2583745	17365268	842389

補章　九州地域を中心とした産業連関モデルの分析　*281*

	中間投入計	家計外消費支出	民間消費支出	一般政府消費支出	総固定資本	在庫純増	輸移出	最終需要計	輸入	国内生産
1 農林水産業	2225992	11978	477001	0	79218	21944	1450772	2040913	645154	3621751
2 鉱業	661067	0	1558	0	0	6156	185145	192859	528449	325477
3 製造業	15024999	188428	6708780	0	3445465	70875	12638920	23052468	13735393	24342074
4 建設	282487	0	0	0	6957130	0	0	6957130	0	7239617
5 電・ガ・水	1094283	324	604513	117190	0	0	70422	792449	4744	1881987
6 商業	2930030	99168	4209695	0	669392	11492	1427930	6417677	2492183	6855524
7 金融・保険	1257710	0	615757	0	0	0	17046	632803	287412	1603101
8 不動産	642434	0	2785019	0	0	0	1367	2786386	7719	3421102
9 運輸	1748570	16884	1220798	267	49812	2272	1563452	2853484	1080953	3521101
10 通信・放送	644712	28	412665	0	0	0	49505	462198	38815	1068095
11 公務	20301	0	44731	2518713	0	0	0	2563444	0	2583745
12 サービス	7350016	1033755	7441580	1636279	0	0	1344491	11456104	1440851	17365268
13 分類不明	843997	0	0	0	0	0	616415	616415	618022	842389
14 中間投入計	34726598	1350564	24522096	4272449	11201017	112739	19365464	60824329	20879695	74671231
15 金属屑	0									
16 家計外消費支出	0									
17 雇用者所得	0									
18 営業余剰	0									
19 資本減耗引当	0									
20 間接税（除関税）	0									
21 （控除）補助金	0									
22 付加価値計	39944633									
23 九州内生産	74671231									

表補-10 九州産業連関表 2000年予測

	農林水産業	鉱業	製造業	建設	電・ガ・水	商業	金融・保険	不動産	運輸	通信・放送	公務	サービス	分類不明
1 農林水産業	286882	274	1456241	11053	0	482	0	4	246	0	0	111279	1267
2 鉱業	0	410	310004	66838	94205	0	0	0	2	0	36	380	359
3 製造業	505837	20366	7543244	1819474	86628	198458	37169	11498	211562	18507	157129	3121170	316912
4 建設	3766	574	36653	8584	13652	9402	1659	72012	9561	671	5661	38265	412
5 電・ガ・水	8944	5377	370985	32729	26915	46789	3981	8938	29681	7012	38353	352120	15041
6 商業	129373	9582	1428968	497474	26967	90456	6489	8055	61195	4612	32814	1048089	91840
7 金融・保険	78079	8415	219632	68051	31920	132347	68943	169342	91833	5386	4975	226003	15801
8 不動産	671	1576	60752	19484	11150	176479	25147	28443	54844	5013	2931	210771	9313
9 運輸	89748	7918	598656	175188	31109	125423	20437	4473	336524	14786	38667	273883	26734
10 通信・放送	2615	1380	58397	37570	8960	122585	29002	2194	28388	35817	26284	405308	6184
11 公務	0	0	0	0	0	0	0	0	0	0	0	0	13891
12 サービス	147727	69142	3600742	1500585	504962	980256	343016	195481	568193	250592	379060	3788543	219982
13 分類不明	18729	4802	260297	185286	22826	76128	19203	88217	40278	6666	9245	306760	3260
14 中間投入計	1272371	129816	15944570	4422315	859294	1958806	555046	588657	1432308	349061	695281	9882572	720996
15 金属屑	0	0	0	0	0	0	0	0	0	0	0	0	0
16 家計外消費支出	0	0	0	0	0	0	0	0	0	0	0	0	0
17 雇用者所得	0	0	0	0	0	0	0	0	0	0	0	0	0
18 営業余剰	0	0	0	0	0	0	0	0	0	0	0	0	0
19 資本減耗引当	0	0	0	0	0	0	0	0	0	0	0	0	0
20 間接税（除関税）	0	0	0	0	0	0	0	0	0	0	0	0	0
21（控除）補助金	0	0	0	0	0	0	0	0	0	0	0	0	0
22 付加価値計	1743863	86471	7251350	4159938	949364	5927023	1358148	3356833	2633520	1034348	1752617	15370166	264384
23 九州内生産	3233411	243685	23316860	7982983	1736674	7697558	1795406	3842576	3897444	1298312	2462759	22227961	878992

補章　九州地域を中心とした産業連関モデルの分析

	中間投入計	家計外消費支出	民間消費支出	一般政府消費支出	総固定資本	在庫純増	輸移出	最終需要計	輸入	国内生産
1 農林水産業	1867856	10154	458555	0	57288	451	1464816	1991264	625709	3233411
2 鉱業	472234	0	2	0	−941	−7127	107259	99193	327743	243685
3 製造業	14047954	289016	6639185	0	3635317	92797	13333434	23989748	14720843	23316860
4 建設	200872	0	0	0	7782112	0	0	7782112	0	7982983
5 電・ガ・水	946865	358	612579	108852	0	0	71979	793767	3959	1736674
6 商業	3435913	129721	4064569	0	904886	6717	2887534	7993428	3731782	7697558
7 金融・保険	1120726	21	888533	0	0	0	37688	926243	251563	1795406
8 不動産	606574	0	3323420	0	0	0	6721	3330141	94139	3842576
9 運輸	1743547	29455	1211755	382	66310	1587	1975881	3285369	1131472	3897444
10 通信・放送	764684	9369	478961	0	0	0	97037	585367	51739	1298312
11 公務	13891	0	48075	2400793	0	0	0	2448869	0	2462759
12 サービス	12548280	958404	8847880	1963225	104793	0	1232033	13106324	3426643	22227961
13 分類不明	1041696	0	2471	0	0	0	87913	90384	253088	878992
14 中間投入計	38811093	1426497	26575986	4473251	12549765	94425	21302285	66422209	24618680	80614622
15 金属附	0									
16 家計外消費支出	0									
17 雇用者所得	0									
18 営業余剰	0									
19 資本減耗引当	0									
20 間接税（除関税）	0									
21（控除）補助金	0									
22 付加価値計	39944634									
23 九州内生産	80614622									

表補-11 九州産業連関表 2005年予測

	農林水産業	鉱業	製造業	建設	電・ガ・水	商業	金融・保険	不動産	運輸	通信・放送	公務	サービス	分類不明
1 農林水産業	290534	274	1562125	10092	0	407	0	4	205	0	106	155420	1506
2 鉱業	0	350	283626	52049	77124	0	0	0	2	0	26	453	364
3 製造業	537720	21395	8493642	1743794	87283	175846	26695	11098	184810	16203	138067	4575754	395420
4 建設	2921	440	30117	6004	10038	6080	870	50721	6095	428	3630	40938	375
5 電・ガ・水	8604	5112	378027	28387	24541	37517	2587	7807	23464	5556	30497	467162	16984
6 商業	168796	12356	1974842	585185	33348	98373	5720	9543	65611	4956	35389	1885895	140645
7 金融・保険	78604	8372	234206	61766	30458	111056	46891	154789	75972	4466	4139	313781	18671
8 不動産	705	1637	67620	18458	11105	154573	17853	27137	47358	4339	2545	305446	11486
9 運輸	104277	9092	736765	183514	34259	121466	16042	4719	321307	14149	37135	438860	36459
10 通信・放送	3317	1730	78470	42970	10773	129621	24856	2527	29594	37423	27561	709097	9208
11 公務	0	0	0	0	0	0	0	0	0	0	0	0	11926
12 サービス	283138	130963	7310046	2593000	917323	1566010	444166	340179	894904	395579	600525	10014053	494880
13 分類不明	25444	6447	374567	226943	29392	86205	17625	108815	44966	7459	10381	574736	5199
14 中間投入計	1504060	198167	21524053	5552163	1265646	2487156	603304	717337	1694288	490559	890002	19481595	1143122
15 金属屑	0	0	0	0	0	0	0	0	0	0	0	0	0
15 家計外消費支出	0	0	0	0	0	0	0	0	0	0	0	0	0
17 雇用者所得	0	0	0	0	0	0	0	0	0	0	0	0	0
18 営業余剰	0	0	0	0	0	0	0	0	0	0	0	0	0
19 資本減耗引当	0	0	0	0	0	0	0	0	0	0	0	0	0
20 間接税(除関税)	0	0	0	0	0	0	0	0	0	0	0	0	0
21 (控除) 補助金	0	0	0	0	0	0	0	0	0	0	0	0	0
22 付加価値計	2564100	181861	12571294	4469805	1090877	7226001	1040971	3320760	2751838	1240615	2136438	26247690	429802
23 九州内生産	3836471	311677	28515864	8892120	1950172	9184807	1596017	3909417	4184146	1589676	2831719	56130262	1150797

補章　九州地域を中心とした産業連関モデルの分析　285

	中間投入計	家計外消費支出	民間消費支出	一般政府消費支出	総固定資本	在庫純増	輸移出	最終需要計	輸入	国内生産
1 農林水産業	2020672	13362	556011	0	99444	14695	1751794	2435306	619507	3836471
2 鉱業	413994	0	1816	0	0	4122	223561	229499	331816	311677
3 製造業	16407727	210212	7820007	0	4325180	47461	15261383	27664243	15556106	28515864
4 建設	158658	0	0	0	8733462	0	0	8733462	0	8892120
5 電・ガ・水	1036245	361	704643	128772	0	0	85034	918811	4885	1950172
6 商業	5020657	110632	4906979	0	840304	7696	1724213	7589824	3425674	9184807
7 金融・保険	1143172	0	717749	0	0	0	20583	738332	285487	1596017
8 不動産	670262	0	3246324	0	0	0	1651	3247974	8820	3909417
9 運輸	2058045	18836	1423009	293	62530	1521	1887854	3394042	1267941	4184146
10 通信・放送	1107149	0	481018	0	0	0	59776	540826	58299	1589676
11 公務	1926	31	52140	2767653	0	0	0	2819793	0	2831719
12 サービス	25984766	1153265	8674806	1798002	0	0	1623460	13248914	3103418	36130262
13 分類不明	1518179	0	0	0	0	0	744315	744315	1111697	1150797
14 中間投入計	57551452	1506700	28583881	4694721	14060921	75495	23383625	72305342	25773651	104083144
15 金属附	0									
15 家計外消費支出	0									
17 雇用者所得	0									
18 営業余剰	0									
19 資本減耗引当	0									
20 間接税（除関税）	0									
21 （控除）補助金	0									
22 付加価値計	41803529									
23 九州内生産	104083144									

表補－12 九州産業連関表 2010年予測

	農林水産業	鉱業	製造業	建設	電・ガ・水	商業	金融・保険	不動産	運輸	通信・放送	公務	サービス	分類不明
1 農林水産業	230007	150	1360479	9208	0	338	0	4	182	0	74	218754	2127
2 鉱業	0	164	210678	40505	57844	0	0	0	1	0	15	544	438
3 製造業	446843	12326	7764675	1670118	80568	153418	26736	12129	172607	16570	101167	6760281	586256
4 建設	1772	185	20092	4196	6762	3871	636	40451	4154	320	1941	44137	405
5 電・ガ・水	6471	2665	312740	24603	20500	29622	2345	7721	19832	5142	20223	624597	22788
6 商業	172161	8736	2215826	687890	37781	105340	7031	12800	75212	6220	31826	3419744	255933
7 金融・保険	61860	4568	202765	56024	26626	91760	44476	160202	67197	4325	2873	439030	26216
8 不動産	579	932	61105	17475	10133	133308	17675	29316	43723	4386	1844	446082	16834
9 運輸	94711	5725	736163	192104	34564	115828	17561	5636	327997	15815	29741	708669	59081
10 通信・放送	3290	1189	85607	49113	11867	134597	29708	3295	32984	45670	24101	1250212	16292
11 公務	0	0	0	0	0	0	0	0	0	0	0	0	12166
12 サービス	424218	136030	12048746	4477614	1526665	2463372	802057	670287	1506961	729362	793364	26674998	1322880
13 分類不明	27021	4747	437607	277776	34672	96118	22559	151976	53671	9748	9721	1085166	9351
14 中間投入計	1468933	177417	25456483	7506626	1847983	3327931	970783	1093817	2304522	837559	1016888	41672215	2331267
15 金属屑	0	0	0	0	0	0	0	0	0	0	0	0	0
16 家計外消費支出	0	0	0	0	0	0	0	0	0	0	0	0	0
17 雇用者所得	0	0	0	0	0	0	0	0	0	0	0	0	0
18 営業余剰	0	0	0	0	0	0	0	0	0	0	0	0	0
19 資本減耗引当	0	0	0	0	0	0	0	0	0	0	0	0	0
20 間接税（除関税）	0	0	0	0	0	0	0	0	0	0	0	0	0
21（控除）補助金	0	0	0	0	0	0	0	0	0	0	0	0	0
22 付加価値計	2054350	20439	6789640	4345841	740604	8303986	1375226	3786197	3108334	1782871	1825163	39701741	647158
23 九州内生産	3558410	218606	28313694	9898004	2006250	10791142	1978530	4503534	4802622	2273430	2715165	59183336	1790280

補章　九州地域を中心とした産業連関モデルの分析

	中間投入計	家計外消費支出	民間消費支出	一般政府消費支出	総固定資本	在庫純増	輸移出	最終需要計	輸入	九州内生産
1 農林水産業	1821324	11328	527400	0	71916	263	1761799	2372706	635620	3558410
2 鉱業	310190	0	2	0	-1181	-4159	129005	123668	215252	218606
3 製造業	17803691	322428	7635968	0	4563505	54152	16036710	28612762	18102759	28313694
4 建設	128922	0	0	0	9769082	0	0	9769082	0	9898004
5 電・ガ・水	1099248	400	704549	120047	0	0	86572	911567	4565	2006250
6 商業	7036499	144718	4674809	0	1135926	3920	3472964	9432337	5677694	10791142
7 金融・保険	1187921	24	1021934	0	0	0	45329	1067287	276678	19785300
8 不動産	783390	0	3822385	0	0	0	8084	3830469	110326	4503534
9 運輸	2343595	32860	1393683	421	83241	926	2376479	3887610	1428583	4802622
10 通信・放送	1688286	10452	550870	0	0	0	116711	678033	92890	2273430
11 公務	12166	0	55293	2647706	0	0	0	2702999	0	2715165
12 サービス	53576555	1069203	10176268	2165135	131550	0	1481807	15023962	9417181	59183336
13 分類不明	2220633	0	2842	0	0	0	105737	108579	538932	1790280
14 中間投入計	90012421	1591412	30566004	4933308	15754038	55102	25621199	78521063	36500481	132033003
15 金域附	0									
15 家計外消費支出	0									
17 雇用者所得	0									
18 営業余剰	0									
19 資本減耗引当	0									
20 間接税（除関税）	0									
21 (控除) 補助金	0									
22 付加価値計	46531691									
23 九州内生産	132033003									

執筆者紹介 (執筆順)

石川　祐三（イシカワ　ユウゾウ）　担当：序章，第2章，第7章，第9章
　1947年生　明治大学大学院政治経済学研究科博士課程単位取得
　鹿児島経済大学経済学部教授

笠井　信幸（カサイ　ノブユキ）　担当：第1章
　1948年生　関東学院大学大学院経済学研究科博士課程単位取得
　秀明大学国際協力学部教授

呼子　徹（ヨブコ　トオル）　担当：第3章，補章
　1941年生　福岡大学大学院経済学研究科博士課程単位取得
　鹿児島経済大学経済学部助教授

田中　一史（タナカ　カズフミ）　担当：第4章
　1967年生　明治学院大学国際学部卒業
　日本貿易振興会海外調査部アジア大洋州課課長代理

衣川　恵（キヌガワ　メグム）　担当：第5章
　1949年生　中央大学大学院商学研究科博士課程修了（商学博士）
　鹿児島経済大学経済学部教授

土井　紀夫（ドイ　ノリオ）　担当：第6章
　1941年生　同志社大学大学院経済学研究科博士課程中退
　鹿児島経済大学経済学部教授

外間　安益（ソトマ　ヤスミツ）　担当：第7章
　1940年生　福岡大学大学院経済学研究科博士課程単位取得
　鹿児島経済大学経済学部教授

福永　敬大（フクナガ　タカヒロ）　担当：第8章
　1957年生　鹿児島大学法文学部卒業
　鹿児島県保健福祉部（県立大島病院医事課長）

崔　　源九（チェ　ウォング）担当：第9章
　1964年生　明治大学大学院政治経済学研究科博士課程修了（経済学博士）
　仁川発展研究院研究委員

＊所属および役職は平成12年3月現在のものである。

編　者
鹿児島経済大学地域総合研究所　　　　　　　　〒891-0191　鹿児島市下福元町8850
　　　　　　　　　　　　　　　　　　　　　　　　　　　　TEL 099-261-3211
　　　　　　　　　　　　　　　　　　　　　　　　　　　　FAX 099-261-3565

市場化時代の地域経済──九州とアジアの経済発展

2000年3月31日　第1刷発行

定価（本体3500円＋税）

編　者　鹿児島経済大学地域総合研究所

発行者　栗　原　哲　也

発行所　株式会社　日　本　経　済　評　論　社
〒101-0051　東京都千代田区神田神保町3-2
電話03-3230-1661　FAX03-3265-2993
装丁・大貫デザイン事務所
シナノ印刷・協栄製本

ⓒISHIKAWA YUZO, et al.　2000　　　　　Printed in Japan
ISBN4-8188-1203-X　　　　落丁本・乱丁本はお取替いたします．

R〈日本複写権センター委託出版物〉
本書の全部または一部を無断で複写複製（コピー）することは，著作権法上での例外を除き，禁じられています．本書からの複写を希望される場合は，日本複写権センター(03-3401-2382)にご連絡ください．

鹿児島経済大学地域総合研究所編

鹿児島経済大学地域総合研究所編
近代秩序への接近
―制度と心性の諸断面―
A5判　285頁　3300円

近代秩序形成の葛藤を社会学的原理論から，庶民の思考と行動形態の変化，警察との関係，生命保険にみる家族の変容，教育や文学，道徳心理等において多様に考察する。　（1999年）

鹿児島経済大学地域総合研究所編
地域のくらしと高齢化社会
―鹿児島県の社会生活環境と福祉―
A5判　320頁　3500円

「高齢化」はいま時代変動の強い要因となった。高齢化社会の先進県・鹿児島の実情とその分析を通して，日本社会の近未来を考える。
（1997年）

鹿児島経済大学地域総合研究所編
分権時代の経済と福祉
A5判　280頁　2900円

不況のしわ寄せを受け，多くの離島を抱えながらも地域の自立と分権をめざす鹿児島県。その経済の分析と福祉活動をメインに論究する同研究所研究叢書第1巻。　（1996年）

鹿児島経済大学地域総合研究所編
ボランタリー・エコノミーと地域形成
A5判　300頁　3500円

本書の主張は，管理社会を脱し参加と協同による人間中心の社会形成である。地域における市民事業，公と民のパートナーシップ，自治体のあり方，商・農・魚を考える。　（1998年）

荒巻健二著
アジア通貨危機とIMF
A5判　250頁　2800円

アジア危機の原因は各国の構造問題にあったのか，それともグローバル化した金融市場の不安定性の現われだったのか。IMF，米国と日本の対応の違いを検証する。　（1999年）

進藤栄一編
アジア経済危機を読み解く
―雁は飛んでいるか―
A5判　264頁　2800円

97年タイ・バーツ下落に始まるアジア通貨危機と日本経済の長期低迷の深刻化について，日本とアジアの知的世界が依拠しつづけてきたアジア型発展モデルに焦点を当て再検討する。（1999年）

加藤敏春・さくら総研環太平洋研究センター著
アジア・ネットワーク
―情報社会における日本の戦略―
四六判　379頁　2400円

アジアは，人口の膨張や環境問題等を抱えつつも，多様なネットワークの構築で経済の急成長をとげている。この新しいアジアにおける，日本の新たな政策を提言する。　（1997年）

大内秀明著
東アジア地域統合と日本経済
―アジア単一通貨への道―
四六判　340頁　2800円

1997年から98年のアジア通貨危機を契機に，東アジアの経済は大転換した。アジア経済の一体性はEUに対応した通貨統合による地域統合にすすむ可能性もある。　（1998年）

来間泰男著
沖縄経済の幻想と現実
四六判　340頁　2800円

沖縄経済の特質をふまえ，日本復帰後の状況分析から，自由貿易地域をめぐる議論とアメリカ軍事基地とその経済の関係等について問題の本質をさぐる。1998年度伊波普猷賞受賞。　（1998年）

表示価格に消費税は含まれておりません